사회복지 경영리더십

김성철·권정곤·김동빈·정광림·이정자 共著

이 도서의 국립중앙도서관 출판예정도서목록(CIP)은 서지정보유통지원시스템 홈페이지(http://seoji.nl.go.kr)와 국가자료공동목록시스템(http://www.nl.go.kr/kolisnet)에서 이용하실 수 있습니다.(CIP제어번호: CIP2018006531)

프/롤/로/그

리더십(leadership)의 정의는 그동안 많은 연구가 진행되었음에도 아직 합의된 연구가 이루어지지 않고 있다. 리더십은 조직의 목표 관리원의 동기부여 및 목표 설정 참여, 조직구성원들의 지속적 행동유지 차원으로 이해해야 하며 모든 경영활동은 리더의 효율적 리더십에 따른 구성원의 성공적 통합여부에 달려 있다고 하겠다. 리더십은 일정한 상황에서 구성원들이 목표를 달성할 수 있도록 영향력을 행사하는 과정이며, 그 영향력은 사람을 변화시키고 새롭게 하고 힘을 주고, 분발 고취시키는 행위를 말한다.

리더십의 첫 번째 요소는 긍정적인 영향을 미쳐 타인의 자발적 추종을 불러일으키는 능력이다. 우리가 흔히 '덕이 있는 리더'라 하는데, 덕이 있는 리더를 현대적으로 표현한 것이 바로 '긍정적 영향력'이라고 할 수 있다. 그러나 직원들이 자발적 추종을 이끌어내고 그들의 사랑과 존경을 받는 것이 중요하다고는 해도, 그것이 리더의 궁극적인 책임이자 목적이 되어서는 안 된다. 그래서 리더십의 두번째 요소는 전략적 사고를 통해 올바른 방향을 설정하고, 이를 효율적으로 실행해 성과를 창출하고 궁극적으로 조직이나 팀에 필요한 목표를 달성하는 것이다.

직급이 올라갈수록 리더의 상대적 초점은 긍정적 영향보다는 전략적 사고와 올바른 방향 설정, 그리고 효율적인 실행을 통한 목표달성을 향해야 한다. 직급이 올라갈수록 올바른 방향을 설정하고 도전과 자극을 통해 좀 더 높은 목표와 결과를 달성하게 하는 소위 '성과창출형 리더'로 거듭나야 한다.

자발적 추종을 리더십의 첫 번째 요소로 놓는 이유는 자발적 추종이 기반이 되지 않으면 직원들이 일을 제대로 하는지 감시하고 사사건건 간섭해야 하는 '감시비용(monitoring cost)'이 발생할 수밖에 없다. 비용이 높아질수록 리더는 마음이 여유를 잃게 되고, 자연히 미래에 대해 전략적이고 창의적인 사고를 할 수도 없다. 일일이 지시하고 간섭하느라 미래에 대한 준비와 올바를 방향을 찾으려는 노력을 소홀히 한다면, 결국 리더로서의 경쟁력을 잃게 된다. 직원들 스스로 일하게 만들고 이를 통해 더 큰 성과를 창출하는 리더는 오히려 약간의 여유가 느껴지도록 '일 중심의 관리'가 아닌 '사람 중심의 관리'를 해야 한다.

본서에서는 리더십의 개요와 카리스마 리더십, 상황적 리더십,수퍼리더십, 코칭 리더십, 진성리더십, 셀프 리더십, 감성리더십, 윤리경영리더십, 공유리더십, 전략적 리더십, 서번트 리더십을 사회복지경영적입장에서 살펴보았다.

본서는 사회복지경영리더십으로서 경영자가 가져야 할 리더십을 정리하였으며 본서를 통하여 사회복지경영의 리더십이 향상되기를 바라며 출판사의 사장님과 편집부 모든 직원들에게도 깊은 감사를 드린다.

저자 대표 김 성 철

목 / 차

제1장

리더십(leadership)

1. 리더십의 개념

1) 리더십의 정의

리더십(leadership)의 정의는 그동안 많은 연구가 진행되었음에도 아직 합의된 연구가 이루어지지 않고 있다. 일반적으로 리더십은 지휘력, 지도력, 영향력 등으로 불리고 있으며, 한 개인이 다른 구성원에게 이미 설정된 목표를 향해 정진하도록 영향력을 행사하는 과정으로 정의하고 있다. 그래서 리더십은 조직의 목표 관리원의 동기부여 및 목표 설정 참여, 조직구성원들의 지속적 행동유지 차원으로 이해해야 하며 모든 경영활동은 리더의 효율적 리더십에 따른 구성원의 성공적 통합여부에 달려 있다고 하겠다. 리더십은 일정한 상황에서 구성원들이 목표를 달성할 수 있도록 영향력을 행사하는 과정이며, 그 영향력은 사람을 변화시키고 새롭게 하고 힘을 주고, 분발 고취시키는 행위를 말한다(김성철, 2007).

종합적으로 정리하면, 리더십이란 목표의 설정과 달성을 위하여 개인이나 집단에 영향을 미치는 과정이며, 과업수행집단의 활동을 지휘하고 조정하는 능력이고, 한 사람이 다른 사람에게 특정한 목표를 달성하도록 하기 위하여 동기화하는 행동이다. 이러한 리더십의 정의에는 두 가지 중요한 특징이 있다. ① 리더십은 조직체성원들에 대한 권위, 혹은 권력의 위계적 관계이다. ② 리더와 성원들 간의 협동적인 관계이다(김치영, 최용민, 2006).

2) 리더십의 특성

리더십은 공식적 또는 비공식적 조직을 막론하고 인간관계에 있어 지대한 관심사로서 보는 관점에 따라 개념을 달리 규정하고 있다. 즉, 리더십은 모든 조직활동에 동기를 부여하고 촉진하여 다양한 집단활동을 일정한 목표로 향하도록 일체감을 조성하는 기능으로 볼 수 있다. 이에 리더십은 다음과 같이 몇 가지의 특성을 가지고 있다. ① 리더십의 활동 중심은 개인이다. ② 리더십은 역동적 행위이다. ③ 리더십은 사람에게 영향력을 주기 위한 활동이다. ④ 리더십의 가장 중요한 요인은 영향력이다. ⑤ 리더십의 목표는 목적달성이다. ⑥ 리더십은 의도적이다. 그리고 리더십은 몇 가지의 목표를 지니고 있다. ① 조직 및 집단목표의 선택, ② 조직 및 집단 내외에서 발생하는 여러 가지 사건에 관한 해석, ③ 목표 달성을 위한 업무 활동의 조직화 및 구성원의 동기 유발, ④ 구성원들 간의 협동관계 및 팀워크의 유지, ⑤ 조직 및 집단하부로부터 지지와 협조의 도출이라고 할 수 있다(김치영·최용민, 2006).

따라서 리더십은 집단의 단합과 사기(morale)를 증대시키고 또한 집단구성원의 개별적인 발전을 촉진시킬 수 있도록 집단 내의 상호작용을 통제하는 것을 의미한다고 볼 수 있다. 이러한 관점에서 리더십은 관리자의 관리능력을 수행하는 데 절대적이며 필수적 요건이라 하겠다. 특히 발전목표를 달성하기 위하여 의식적인 변동을 가져오려는 과정에서는 집중적이고 의욕적이며 능숙한 내외관계의 관리가 필요하기 때문에 지도력 발휘는 지도자들의 중요한 역할이라 하겠다.

2. 리더십의 이론

리더십의 이론을 결정하는 요인은 무엇인가를 고찰하는 것이 중요하다. 즉, 누가 지도자이며 누가 지도자가 될 수 있는가에 관한 이론과 가정은 아직도 많은 논쟁의 대상이 되고 있다. 따라서 리더십의 주요이론을 몇 가지 제시하면 다음과 같다(박연호, 2000:340-344).

1) 자질이론

자질이론(trait theory)은 특정인이 특정자질을 갖고 있기 때문에 지도자가 될 수 있다고 보는 견해이다. 리더십에 대한 초창기 연구에서는 효과적인 지도자에게는 남다른 특성이 있다고 보고 개인적 특성을 추출하고자 노력하였다. 이를 리더십의 자질이론이라고 한다. 이에 바너드(C. I Barnard)는 인성적 자질과 능력의 측면에서 박력과 지구력, 결단력, 설득력, 책임감, 기술적 능력을 리더십의 자질적 요소로 들고 있다(Chester I. Banard, 1948: 80-110; C. I. Barnard, 1946:23-26). 따라서 카츠는 지도자의 자질 세 가지 기능을 다음과 같이 제시하고 있다.

[1] 기술적 기능 : 인간관계를 위한 전문지식 그 자체 또는 전문지식에 대한 분석적 능력을 말한다.

[2] 대인적 기능 : 인간관계 개선의 능력과 협동노력 확보의 능력, 그리고 집단분위기 안정의 능력을 말한다.

[3] 구도화 기능 : 조직활동 전체를 주관할 수 있는 능력, 즉 조직전체의 복잡성을 이해하고, 자기 자신의 활동이 조직전체에 어떻게 관련되고 있으며 조직의 어디에 적합한가를 알 수 있는 능력을 말한다.*

---

* 카츠의 리더십 기능을 조직의 관리기능과 관련시켜 보면, 대체로 구도화 기능은 상위층으로 갈수록 확대되는 반면에 기술적 기능은 하위층으로 갈수록 커진다. 그러나 인간관계를 다루는 기능은 모든 관리계층에 공통적으로 필요한 것이다.

그러나 자질론에 대하여 제시해 보면, ① 과연 그와 같은 우수한 자질을 구비한 사람이 현실적으로 존재할 수 있는가, ② 그 자질 중 우선순위를 결정할 수 있는가, ③ 자질이 풍부하더라도 상황에 따라 충분히 리더십을 발휘할 수 있겠는가 등이 한계점으로 지적되고 있다.

2) 행동이론

행동이론은 조직성과와 이러한 성과를 내는 지도자의 행동양식 간의 관계를 규명하고자 하는 견해이다. 즉, 지도자의 특성추구에 실패하게 된 리더십연구는 외부로 나타나는 지도자의 행동을 관찰하는 방향으로 진행되고 있다. 이에 지도자의 행동에 착안하여 리더십의 이론을 연구의 대상으로 삼는 것이 리더십의 행동이론이라 할 수 있다. 이와 함께 지도자와 구성원과의 관계를 중심으로 지도자의 행동스타일을 연구하는 추종자 중심이론이 전개되고 있다. 즉, 추종자 중심이론은 리더십의 결정요인이 추종자의 태도나 능력에 달려 있다고 보는 이론이다.

3) 상황이론

상황이론은 어떤 상황에 따라 리더십 발휘의 효과성과 리더십 유효성이 결정되는 이론으로 보는 견해이다. 리더십에 관한 자질이론이나 행동이론 등의 연구들은 주로 어떤 유일한 리더십을 발견하려고 하는 것이다. 최근에 상황이론은 리더십의 유효성이라는 관점에서 지도자가 처한 상황적 변수가 다르면 효율적인 리더십 유형도 달라진다는 주장이 각광을 받고 있다. 즉, 효과적인 리더십 유형은 상황에 따라 결정되어야 한다고 보는 관점이다. 그러나 상황에 따른 리더십 발휘의 효과성에 대한 설득력이 약하므로 리더십 유효성을 상황과 관련지은 상황적 리더십유형 이론이 등장하였다.

대표적인 상황적 리더십 이론으로는 다양한 이론들이 있지만, 여기서는 피들러의 상황이론을 중심으로 살펴보고자 한다. 피들러(F. E. Fiedler)는 지도자라 함은 영향력과 권력을 행사하는 것이 본질적이라고 전제하면서, 지도자가 영향력을 행사하려면 그가 처한 상황별로 그 행사태도가 달라야 한다고 주장하였다. 즉, 지도자의 행동유형들은 그 상황변수(지도자와 성원관계, 과업구조, 지도자의 직위권력)의 중요성 여하에 따라 효과성이 판가름되며 그 상황에 따른 리더십 행동이 요구된다는 것이다. 즉, 지도자에게 상황변수의 결합에 따라 호의적인 상황과 비호의적인 상황이 존재한다는 것이다.

피들러는 지도자의 유형을 '가장 싫어하는 동료작업자'(least preferred co-worker : LPC)라는 설문을 통해 지도자를 분류하였다. 피들러는 LPC점수가 높은 사람, 즉, 가장 싫어하는 동료를 호의적으로 설명한 사람은 집단지향적 또는 관계지향적 지도자로 분류되는 반면에 LPC점수가 낮은 사람, 즉, 가장 싫어하는 동료를 비호의적으로 기술한 사람은 과업지향적인 지도자로 분류하였다. 이에 상황과 지도자의 분류를 통해 리더십 유형과 성과의 관계를 [그림 1-1]과 같이 제시하고 있다.

[그림 1-1] 리더십의 유형과 성과예측

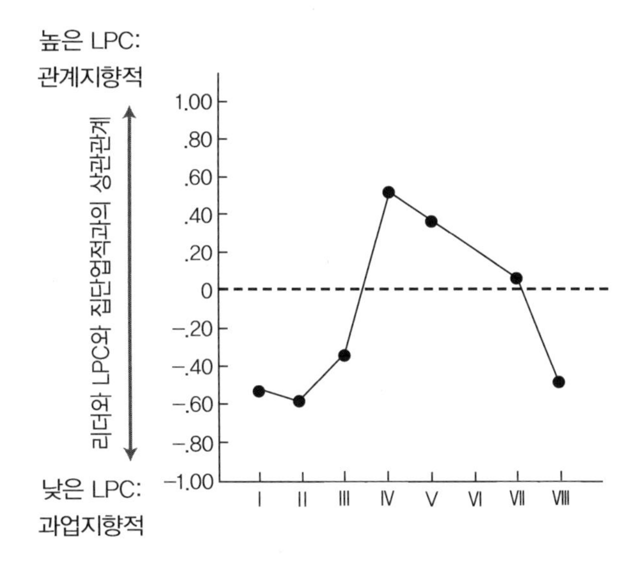

3. 리더십의 유형

리더십의 유형은 기관조직이나 집단의 구성원에 대한 지도자의 전통적인 행동방식을 뜻하므로 지도자의 성격이나 상황 및 목표 등의 요소에 의해서 다양하게 분류할 수 있다. 따라서 리더십의 유형을 두 가지 차원으로 제시하면 다음과 같다.

1) 1차원 유형

리더십의 1차원 유형은 화이트와 리피트의 유형인 권위형, 자유방임형, 민주형의 세 가지인데, 이들의 특징을 요약하면 다음과 같다(Ronald Lippitt & Ralph K. White, 1985:406-511).

[1] 권위형(authoritarian) : 지도자 자신의 판단이 최상이라고 생각하기 때문에 종업원의 의견은 받아들이지 않고 항상 자신의 욕망과 신념에 의하여 종업원의 복종만을 강요하는 형이다.

[2] 자유방임형(laissez-faire type) : 지도자 자신은 의사결정 등에 전적으로 관여하지 않고 수동적이며 국외자로 행동하고 종업원들의 자의적 활동이 되게끔 하는 형이다.

[3] 민주형(democratic type) : 의사결정 내지 업무활동에 있어서 집단참여 및 집단중심적이며, 지도자는 이에 적극적인 토의나 적절한 조언의 역할을 하는 형이다.

최근에는 리더십이 주어진 상황 속에서 목표달성을 향하도록 노력하고자 할 때 개인과 집단에 영향을 미치고 있음이 사실이다. 리더십에는 다른 사람과 더불어, 그리고 다른 사람을 통하여 목표를 달성하는 일이 포함되고 있다. 따라서 과업과 인간관계라는 양측 면에 대한 관심을 갖지 않으면 안 되며, 이 양자에 대한 관심의 농도에 따라 리더십 유형이 결정지어지게 된다는 것이다. 예컨대, 권위형 또는 민주형이 무엇을 의도한 것이냐에 초점을 두게 되면 결국 전자는 과업, 후자는 인간관계의 성향을 띠고 있는 것으로 나타나 있다. 따라서 이들 유형에 있어서 전통적인 설명을 달리하여 과업과 관계성이라는 관점에서 생각을 해야 될 것이다.

2) 2차원 유형

리더십의 2차원 유형에는 '구조주도와 배려'의 리더십과 '성과기능과 유지기능'의 리더십으로 구분하면서, 이를 구체적으로 설명하면 다음과 같다.

(1) 구조주도와 배려의 리더십

구조주도와 배려의 리더십은 미국 오하이오대학의 경영연구소(The Bureau of Business Research, 1945)에서 지도자의 행동에 관한 연구의 내용이다. 즉, 어떤 집단에게 목표달성을 지도하게 될 때 크게 두 가지로 구분하고 있다. ① 구조주도(initiating structure)란 지도자와 종업원 사이의 관계를 명확히 밝혀 주고, 조직의 유형이나 의사전달의 통로 혹은 절차 등을 잘 정리할 수 있는 지도자의 행동을 말한다. ② 배려(consideration)란 우호적인 분위기, 상호 신뢰, 존경, 온정 등을 지도자와 종업원 사이에 마련해 주는 지도자의 행동을 의미한다(Fred Luthans, 1989:454-455).

오하이오 대학의 연구조사팀은 지도자의 행동에 관한 자료를 수집하기 위해서 지도자의 행동기술설문지(leader behave description questionnaire: LBDQ)를 만들어 냈다. 이 조사표는 지도자가 실제로 어떻게 행동하는가를 기술하도록 작성된 것이다. 연구조사자들은 LBDQ 항목을 바탕으로 하여 지도자가 행사하는 행동의 유형에 관한 자료를 요인분석 하였다. 이렇게 하여 연구에서는 리더십이 '구조주도'와 '배려'의 혼합에 의해서 이루어진다는 것을 밝혀냈다. 따라서 이 연구에 의하면 지도자의 행동이란 하나의 단일 연속선상에서 이루어지는 것이 아니라, 양축을 바탕으로 한 [그림 1-2]와 같이 2차원 상에서 이루어진다는 것이다.

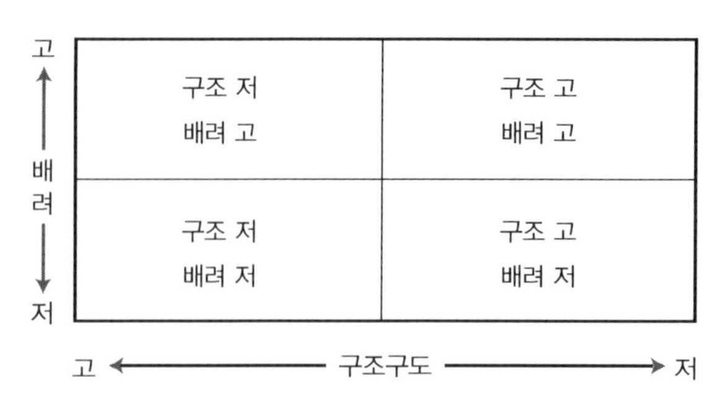

[그림 1-2] 리더십의 4분면

(2) 성과기능과 유지기능의 리더십

성과기능과 유지기능의 리더십은 일본에서 미스미가 개발한 유형이다. ① 성과기능(performance)이란 목표달성이나 과제해결을 지향하는 기능이다. ② 유지기능(maintenance)이란 집단의 자기보존 내지 집단의 과정 그 자체를 유지하려는 기능이다. 그리고 성과기능을 촉진시키고 강화하는 행위를 리더십 P행동, 유지기능을 강화하는 행위를 리더십 M행동이라 할 수 있다. 기관조직에서 P행동은 목표달성을 위한 압력이나 계획 등을 말하며, M행동은 신뢰, 존경 등으로 볼 수 있다. 그리고 이 두 가지 행동에 따라 리더십의 유형을 [그림 1-3]의 4분면으로 분류할 수 있다.

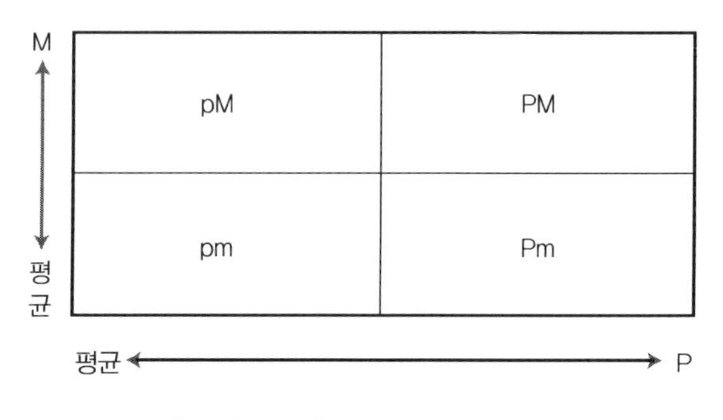

[그림 1-3] PM이론의 4분면

PM이론에 의하면, 지도자가 어느 유형에 속하는가를 알기 위해서 먼저 종업원들에게 P차원과 M차원에 관한 질문서를 보내 지도자가 행위를 평가하도록 하여 P점수와 M점수를 구한다. 여기서 각 지도자의 P, M 평균점수를 따져서 평균보다 높은 점수는 대문자로, 평균 이하는 소문자로 나타내어 PM, pM, Pm, pm의 네 가지 유형이 만들어진다. 이들 각 유형별 지도자의 유효성을 살펴보면 사기, 팀워크, 정신위생, 커뮤니케이션, 성과 등의 면에서 PM형의 지도자가 속한 집단이 가장 높고, 그 다음 pM형과 Pm형, pm형의 순으로 나타났다.

3) 3차원 유형

리더십 3차원 유형의 대표적인 것은 레딘(W. J. Reddin)의 '3-D Theory'인데, 그는 2차원 유형의 '기본형'을 토대로 이 이론을 발전시켜 이른바 3차원 유형(3di-mention model)을 제시하였다(William J. Reddin, 1970).

3차원 유형의 리더십에 대한 기본형을 보면, '과업지향'(task oriented)과 '인간관계지향'(human relation oriented)의 두 가지 요소를 결합하여 [그림 1-4]와 같이 기본형을 만들었다. 레딘은 기본형(분리형, 관련형, 헌신형, 통합형)인 2차원의 Grid형을 제시한 다음, 여기에 [그림 1-5]와 같은 효과성(effectiveness)이라는 요소를 도입하여 3차원 유형으로 전환시키고 있다. 그는 제시된 기본형이 주어진 상황에 적합한가, 부적합한가에 따라서 [그림 1-6]에서 보는 바와 같이 여덟 가지 리더십형이 나타나고 있다.

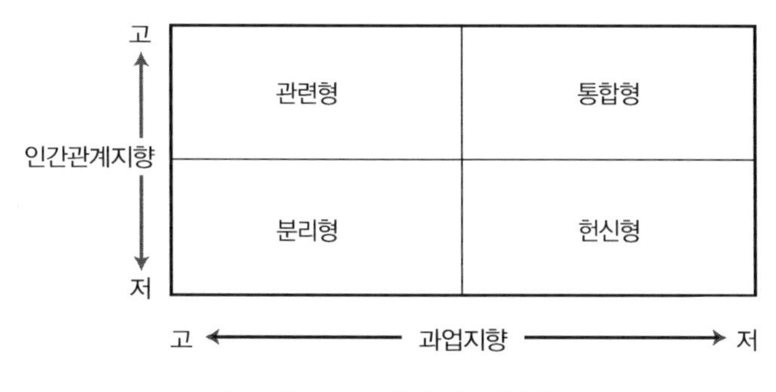

[그림 1-4] 레딘의 기본형

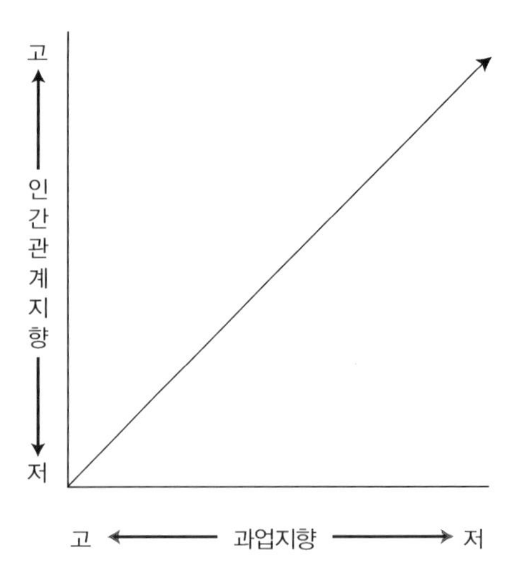

[그림 1-5] 레딘의 3차원 유형

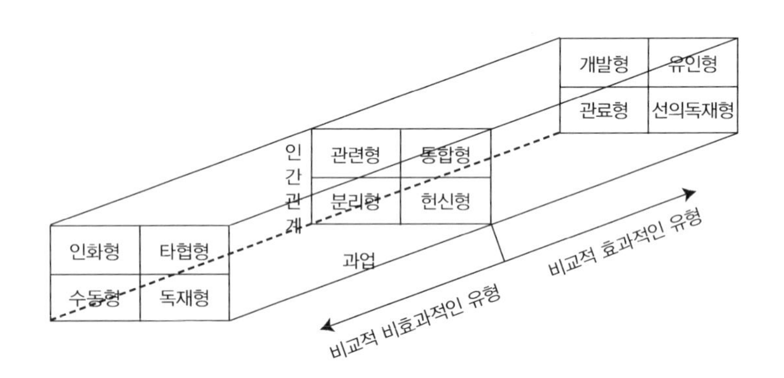

[그림 1-6] 레딘의 8대 리더십 유형

[그림 1-6]에서는 '기본형'이 상황이 적절한 경우에는 비교적 '효과적 유형'이 되고, 그렇지 못한 경우에는 '비효과적 유형'이 된다. 예컨대, '통합형'이 상황이 적합하면 '유인형'이 되고 그렇지 못한 경우는 장기적 안목이 없는 '타협형'으로 된다는 것이다. 따라서 이들 여덟 가지 형태의 특징을 보면 다음과 같다.

[1] 수동형(deserter) : 매사에 수동적이고 소극적인 평가를 받는 리더십 패턴이다.

[2] 인화형(missionary) : 인간관계와 조화에 흥미를 갖는 인화적 리더십 패턴이다.

[3] 독주형(autocrat) : 신뢰성이 없고 목전의 과업에만 흥미를 갖는 리더십 패턴이다.

[4] 타협형(compromiser) : 장기계획이 없고 목전의 문제만을 보는 리더십 패턴이다.

[5] 관료형(bureaucrat) : 규칙과 절차에 따르고 양심적인 평가를 받는 리더십 패턴이다.

[6] 개발형(developer) : 신뢰성 있는 평가를 받고 구성원을 개발시키는 리더십 패턴이다.

[7] 선의형(benevolent) : 반발을 사지 않고 업무를 수행시키는 리더십 패턴이다.

[8] 유인형(executive): 훌륭한 동기를 유발시키고 팀워크 관리를 하는 리더십 패턴이다.

4. 리더십의 기술

조직의 관리자는 다양한 리더십 기술을 갖추어야 한다. 사회복지행정은 조직변화의 맥락에서 이루어지며, 조직도 인간처럼 다양한 단계의 삶의 사이클을 갖는다. 그에 따라 관리자들은 각기 다른 형태의 리더십기술을 갖출 필요가 있다. 한 개인이 관리자로서의 일생을 살아가는 동안에도 시점마다 각기 다른 기술들이 요구된다. 카츠(R. Katz)는 지도자가 갖추어야 할 세 가지의 리더십기술을 다음과 같이 제시하고 있다(김영종, 2010).

(1) 인간관계기술

사회복지기관의 행정업무와 조직관리는 혼자서 수행하는 일(solo performance)이 아니다. 어떤 기관조직에서도 관리자는 개인이나 집단과 효과적으로 일할 수 있어야 한다. 의사소통을 장려하고, 개인별 동기 구축을 돕고, 역동적 문제해결 집단을 구성해야 한다. 이러한 관리자 과업의 핵심은 인간관계(human relations) 기술에 달려 있다. 이는 리더십 목적뿐만 아니라 기획이나 예산과정까지 포함한 조직 내의 모든 과업수행의 효과성을 좌우하고 있다.

모든 조직관계의 근원은 곧 사람들의 관계이기 때문이다. 휴먼서비스 조직에서 이러한 인간관계 기술은 더욱 강조된다. 서비스를 의도하고, 만들고, 실행하고, 평가하는 모든 조직 과정이 제공자와 대상자, 평가자들 간의 인간관계들로 이루어진다. 휴먼서비스 조직은 불확정적 기술을 가지므로 업무 표준과 같은 기계적 관계보다는 긴밀한 대인적 의사소통으로 교류해야 할 필요성이 매우 크게 나타난다. 리더십 기능의 대부분은 인간관계기술에 귀착된다. 리더십이란 다른 사람들을 움직여서 일이 되도록 하는 것이다. 이 과정에서 리더 혹은 관리자는 사람들에게 동기를 부여하고, 역량을 강화시켜주고, 지원해 주는 역할을 한다. 이 역할의 대부분은 인간관계의 맥락에서 수행되므로, 인간관계 기술이 리더십 기능의 핵심이 된다.

(2) 의사결정기술

사회복지행정의 근간은 조직구성원의 의사결정과정에 있다고 해도 과언이 아니다. 의사결정(decision making)은 바람직한 결과를 성취하는 대안수단을 확인해 내는 것이다. 불확정적이고 개별화된 인간욕구를 다루는 휴먼서비스의 특성상 완벽한 합리성(rationality)은 대개 합목적성을 의미한다. 특정한 목적을 실현하기에 적합할 때 이를 합리적이라 한다. 그래서 합리성이라 할 때는 수단 자체로서는, 목적이 무엇인지와의 연관성이 중요하다. 휴먼서비스에서는 의사결정을 단순히 합리성 기준으로 시행하기 힘들다.

사회복지행정 관리자는 의사결정 리더십에서 '민감성'이 중요하다. 의사결정 리더십은 합리성 만큼이나 혹은 그 이상으로 중요하게 간주된다. 휴먼서비스의 목적설정, 개입전략, 실행과정, 평가과정에서는 무수히 많고 작은 의사결정들이 수반된다. 이러한 의사결정은 대개 관리자 독단으로 수행되어 다양한 이해관계자들과의 개별적 혹은 집단적 관계에서 이루어진다. 참여적 의사결정이나 집단적 의사결정의 방법은 독단적 의사결정보다 훨씬 고급스러운 리더십기술을 필요로 한다.

(3) 전문개입기술

휴먼서비스 조직에서 전문적 기술(technical skil)은 개별업무자가 소지하는 측정담당 분야에 대한 기술이다. 인간관계기술과 의사결정기술을 제외한 나머지 업무관련 기술이다. 전문적 기술이 관리자 기술전반에서 차지하는 비중은 관리자가 상급으로 이동해 갈수록 줄어든다. 리더가 조직위계에서 차지하는 위치에 따라 리더십기술에 대한 요구가 달라진다. 대부분의 하급관리자들에게는 전문적 기술이 중요하다. 그러다가 이들이 승진을 통해 조직위계의 상부로 이동하게 되면, 전문적 기술은 상대적으로 중요성이 감소하게 된다.

반면에 의사결정기술이 더 중요시되는데, 이것은 조직위계의 하부에 있을 때는 그다지 중요시되지 않던 것들이다. 하급관리자로서의 능력을 인정받는 것은 관련 전문기술 때문이며, 이를 토대로 하급 관리자는 조직의 상부위계로 올라간다. 만약 승급한 관리자가 새로운 기술 요구에 적응하지 못하면, 개인과 조직 모두에게 부정적인 영향을 초래한다. 이것이 의미하는 바는, 관리자의 위계상황이 변화하면 그에 따라 새로운 리더십기술의 인식과 습득 노력이 중요하게 된다는 점이다(김영종, 2010).

제2장

카리스마 리더십(Charismatic Leadership)

1. 카리스마 리더십

카리스마란 용어는 신이 주신 선물(Gift)이란 뜻의 그리스어이며 본래 기독교 교리에서 사용된 개념으로 성령의 특별한 은혜로서 주신 선물이라는 의미로 사용되기도 했다. 이러한 신학적 용어를 사회과학 분야로 확장하여 사용한 학자는 베버(M. Weber)였다. 그가 처음으로 사회과학 분야에서 카리스마의 개념을 탐구한 이래, 정치학, 사회학, 심리학 등에서 카리스마의 다양한 측면이 연구되어 왔다(류기령,2007:7).

카리스마는 대중을 자발적으로 추종하게 만드는 힘이다. 지도자의 뛰어난 자질과 능력에 따른 믿음에서 카리스마를 느끼는 것이기에 물질적인 조건에 따른 대가로 얻을 수 없다. 베버는 카리스마를 가진 개인을 이 권위의 핵심이라고 보았다.

베버에게 카리스마 소유자는 타인을 사로잡을 수 있는 특별한 능력을 지니고 있는 자이다. 이에 카리스마 리더십을 비범한 사람에 대한 인식에 기반을 둔 권위형태로 기술한다.

그리고 카리스마 리더십은 리더에 대한 구성원의 헌신 및 리더의 신념에 대한 구성원의 믿음과의 관계에서 이루어진다고 보았다. 따라서 지도자의 실패는 집단 전체의 해체로 이어질 수 있고, 지도자의 카리스마가 대중들에게 증명되지 않을 때, 권위는 땅에 떨어지게 될 수 있다. 카리스마 리더는 위기와 사회적 혼란이 큰 상황에서 등장한다(위키백과,우리모두의백과사전:2).

하여 권위 있는 카리스마 리더십을 발휘하는 리더가 되기 위해 본장에서는 카리스마 리더십, 카리스마 리더십의 이론과 평가, 조직 몰입, 카리스마 리더십의 형태와 결과, 4단계로 살펴보고자 한다.

1) 개념

카리스마의 개념은 1920년대 베버(Weber)가 최초로 소개하였다. 그는 합법적 권리의 세 가지 형태를 전통적 권위, 법적 권위, 그리고 카리스마적 권위로 분류하고 그 중 카리스마적 권위에 기초하는 카리스마 리더십을 발표하여 지금까지 여러 사회과학 분야에서 연구되어 왔다.

카리스마에 대한 베버(Weber)의 주요한 관점을 살펴보면 그는 항상 숭고한 사명(Mission)을 내세우며 다른 사람들로 하여금 그를 믿도록 하는 능력이 뛰어나고, 비범한 성과나 사건을 만들어냄으로써 자신의 카리스마를 구성원들에게 수시로 입증하려는 특성을 갖는다.

그가 이끄는 집단의 구성원들 중 몇몇은 그들의 리더에 준하는 카리스마를 갖게 되고, 그러한 리더의 영향력은 시간이 지나가면서 카리스마의 일상화를 통해서 대체되게 된다.

또한 카리스마는 가치중립적이라는 과정을 갖는다(백기복, 2000).

카리스마 리더십이 본격적으로 연구되기 시작한 것은 리더십 분야의 저명한 학자인 하우스(House)가 1977년 카리스마 리더십 모델을 발표하고 난 후부터였다(양전형,2004:11).

바스(Bass)에 따르면 "구성원에게 사명감과 긍지를 심어주며 리더에 대한 존경과 신뢰를 갖게 하는 리더의 특성"으로 정의된다.

유사하게 하우스(House), 스팽글로(Spangle)는 "구성원이 비전과 영감을 통한 사명감을 가지게 하며 리더에 대한 존경, 신념, 충성심, 신뢰를 갖게 할 수 있는 리더의 개인적 능력"이라고 정의한다.

또한 클라인(Klein)과 하우스(House)는 카리스마란 "직무에서 요구하는 그 이상의 것을 산출하게 하며, 구성원들의 정력과 몰입(commitment)을 불러일으키는 불이다"라고 은유적으로 표현하기도 한다. 이들 정의는 모두 카리스마를 구성원에게 사명의식과 리더에 대한 강한 몰입 등을 표출하는 능력으로 정의하는 특성을 가지고 있으며, 리더의 특성과 행동에 대한 구성원의 지각에 의해 결정되며 구성원의 그 같은 지각은 리더십이 발휘되는 상황과 구성원 전체의 욕구에 의해 영향을 받는 것으로 이해되고 있다(방원석,2001:9).

2) 특성

베버(Weber,1947)는 카리스마 리더는 진기(unusual)하고, 예외적(exception al)이고, 혁명적(revolutionary)인 성향(특성)을 갖으며, 신비적이고 영웅적 특성으로 파악한다.

또한 베버의 주장에 따르면 카리스마란 원래 구성원들과 리더를 구분시켜 주는 원대한 목표와 능력 그리고 결단력 등 개인적 속성이었다. 이는 니체(Nietzsche)가 주장했던 초인(superman)의 개념이 카리스마 인물과 어느 정도 비슷하다고 볼 수 있는 데 범인은 다른 사람의 기대에 순응하지만 초인은 다른 사람들에게 기대를 초월할 수 있다고 하면서 초인은 새로운 가치관과 목표를 창조함으로써 미래를 만들어 가는 사람이며 매우 자기중심적이고 자아도취적인 사람이라고 했다.

그가 제시했던 카리스마 인물이 다른 사람에 개의치 않고 자기 자신에 대해서만 관심을 가지며 어떠한 물질적인 이득보다는 새로운 아이디어를 제시하는 일 그 자체를 좋아하여 새로운 아이디어를 추진하는 신비로운 금욕주의자였다(이강영.2006:12).

또한 베버(Bord, 1975)는 현대사회에 있어서 대중매체, 특히 영상음향매체의 발달에 기인하여 언변력이 카리스마 리더의 특징으로 부각되고 있다고 하면서 카리스마 리더는 생동감 있는 어투를 구사하며 어구와 문장 사이에 조금씩 간격을 두어 말하는 중요한 내용을 여러 차례 반복하여 말한다고 하였다.

그리고 카리스마 리더가 전달하는 메시지는 간단하며 화자나 청자가 공감대를 형성할 수 있는 내용을 주제로 이야기하고 청중들이 반응을 보이도록 유도한다고 하였다(방원석,2001:12).

하우스는 카리스마 리더십에 기여하는 개별 특성으로 자기 확신, 지배경향, 타인에게 영향을 미치고자 하는 욕구, 자기 믿음에 대한 강한 확신을 말하고 있다.

그러므로 카리스마 리더는 많은 속성의 집합체로서의 지각이 되고 있으며 대표적인 속성으로는 탁월한 능력, 독특한 인성, 풍부한 표현력, 자신감, 결단력, 통찰력, 내부적 갈등에 초연함, 언변력, 활력으로 볼 수 있다(이강영.2006:13).

3) 행동

하우스는 카리스마 리더를 행동으로 구분하려는 노력을 하였다. 그는 카리스마 리더를 특정 짓는 행동으로서 행동모델링, 이미지 구축, 명확한 목표의 제시, 높은 기대치의 제시, 구성원들의 능력에 대한 자신감의 표현, 동기유발 등을 제시하였다.

카리스마 리더십 행동은 콩거와 카눈고(Conger & Kanungo, 1987)의 연구에서 잘 나타나 있다. 그들은 카리스마의 귀인을 촉진하는 행동요소를 환경에 대한 민감성, 추종자 욕구에의 민감성, 비전제시 및 명확화, 개인적 위험감소, 비전통적인 행동의 다섯 가지로 제시하였으며, 또한 카리스마 리더십으로 분류될 수 있는 행위와 그렇지 않은 경우를 비교하여 정리하였다(류기령,2007:8).

2. 카리스마 리더십 이론들

1) 하우스(House)의 이론

하우스는 카리스마 리더십이란 구성원들에게 카리스마 효과를 주는 리더십이라 정의했다. 그는 카리스마 리더는 구성원들에게 특별한 카리스마 영향이 미치도록 유일한 방법으로 행동한다고 제시했다. 그는 리더의 카리스마 특징을 설명했는데, 개인적 성격은 지배적이고 다른 사람에게 열망을 주고자 하는 강렬한 열망이 있고, 자신감이 강하며, 그리고 자신의 도덕적 가치가 확고하다고 했다(박보식,2014:113).

또, 하우스는 사회과학의 여러 문헌들을 통해 카리스마 이론을 정립하였다. 그는 리더의 카리스마 행동특성을 강조하고 있는데 각각의 행동특성은 각각의 카리스마 효과에 차별적으로 영향을 미친다고 하였다. 즉 역할 모형화는 추종자가 매진해야 할 가치관과 신념을 전달하는 행위로 만일 구성원들이 리더를 숭상하고 동일시한다면 리더의 가치체계를 수용하며 이 과정을 통해 구성원의 성과를 향상 시킬 것이라고 말하고 있다.

그리고 카리스마 리더는 구성원들에게 자신이 능력과 성공의 화신이라는 이미지를 구축함으로써 리더에 대해 호의적으로 지각하여 리더에 대한 신뢰, 충성, 무조건적 수용, 자발적 복종 등을 유도하는데 이를 인상 관리라고 설명한다.

더불어 카리스마 리더는 이념적 목표와 집단의 사명을 구성원이 공유하고 있는 심층적인 가치관과 이상, 열망에 관련시켜 명확히 표출한다고 했다(이강영.2006:14).

한편 카리스마 리더는 행동의 모범을 보임으로써 구성원으로 하여금 자신의 행동을 모방하게 만드는데 이러한 역할모범(role modeling)은 리더의 행동을 모방하는데 국한되지 않고 만일 구성원이 리더를 추앙하고 동일시하게 되면 리더의 신념과 가치관을 그대로 따르려 하게 된다고 하였다. 이러한 과정을 통하여 카리스마 리더는 구성원의 만족과 동기유발에 상당한 영향력을 행사할 수 있다고 하였다.

카리스마 리더는 집단의 사명과 관련이 있는 동기를 불러일으키는 방식으로 행동하는 경향이 있다고 보았다. 성취동기는 복잡하고 솔선 수범을 요구하며, 끊임없는 노력을 요구하는 과업을 수행할 때, 권력동기(pewter motive)는 경쟁적이고 설득력을 요구하며 공격적인 행동을 필요로 과업을 수행할 때, 친교동기(affiliation motive)는 협조, 팀, 상호자원이 필요한 과업을 수행할 때 필요하다고 보았다(방원석.2001.17).

2) 샤미르(Shamir)의 이론

샤마르는 '자아개념이론'을 사용하여 카리스마 리더십을 설명하려고 하였다. 샤미르(Shamir et al) 등은 카리스마 리더가 어떻게 구성원에게 영향을 미쳐 성과를 내는지에 대한 심리적 과정에 관심을 두었다.

자아개념이론은 네 개의 하위요소를 포함하는데 개인적 동일화, 사회적 정체성, 내면화, 자기 효능감(selfefficacy)이다. 개인적 동일화는 구성원이 자신과 리더를 동일시하여 리더와 같은 태도를 갖거나 리더의 행동을 흉내 내는 것을 의미한다. 그렇게 함으로써 구성원은 리더가 가진 영광을 공유하게 된다고 여겨 훌륭한 리더와 함께 한다는 긍지를 가지게 된다. 개인적 동일화의 구성원에 대한 리더의 영향력은 커지게 된다.

사회적 정체성이란 개인이 특정집단과 동일시하는 것을 의미한다. 개인이 자신이 원하는 조직의 일원이 됨으로써 자부심을 느끼게 되는 것이 사회적 정체성 획득의 예가 될 수 있다.

카리스마 리더는 자신의 조직을 다른 조직과 차별화시켜 매력적인 정체성을 확립함으로써 사람들로 하여금 같이 참여하고 싶도록 만든다. 샤미르(Shamir)는 카리스마 리더십은 근본적으로 집단현상이므로 사회적 정체성의 형성이 중요한 역할을 한다고 했다(류기령,2007:13).

구성원들이 일관된 가치관과 정체성을 지니고 있을 때 카리스마 리더십의 효과는 더 커질 가능성이 있으며, 특히 조직의 비전과 사명이 구성원의 가치관 및 정체성과 연결되어 있는 상황에서 더욱 그러하다. 또한 카리스마 리더십은 업무의 구조화 정도가 낮고, 성과목표가 구체적으로 제시되지 않거나 측정이 어렵고, 성과를 달성할 전략이 구체적이지 않은 상황에서 효과를 거둘 가능성이 높다. 또한 조직이 위기상황에서 효과를 거둘 가능성이 높다.

샤미르(Shamir) 등의 카리스마 자아개념은 카리스마 리더십이 구성원들에게 미치는 심리적 영향과정을 구체적으로 제시하여 기존의 카리스마 리더십 이론의 취약점을 보완해 주고 있다는 점에서 의의가 있다. 하지만 이 이론의 조직상황과 구성원의 특성과 같은 상황조절 변수에 대한 충분한 설명을 하지 못하고 있다는 점에서 한계를 지니고 있다. 이 이론은 최근에 정립되어 아직까지 실증적 검증이 이루어지지 않고 있으며 어떠한 상황에서 보다 효과적인지를 밝히는 연구가 보완되어야 할 것으로 여겨지고 있다(이강영.2006:22).

3) 콩거와 카눈고(Conger & Kanungo)의 이론

콩거와 카눈고는 귀인현상(attribution phenomenon)을 기반으로 한 카리스마 리더십 이론을 제시하였다. 이들의 이론은 바스(Bass)와 아볼로(Avolio), 하우스(House)와 샤미르(Shamir) 등의 이론과 달리 카리스마 리더십이 구성원의 현 상태에서 미래의 상태로 변화되는 영향력 과정을 4단계로 나누어 제시하였다(방원석,2001:19).

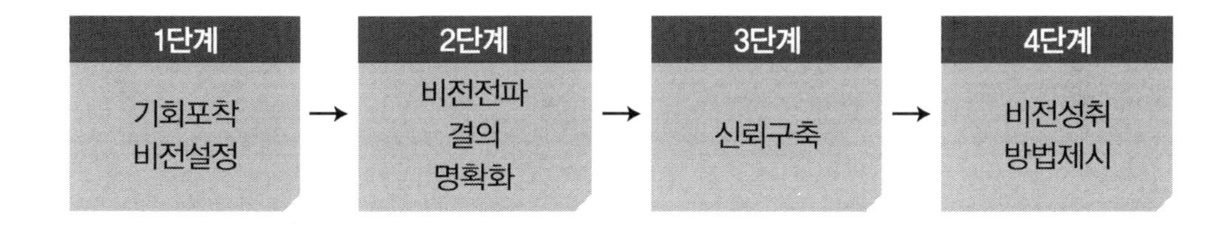

[1] 1단계는 비전 창출 - 리더는 현 상태에서 부족한 것을 찾아 창출한다. 비전은 구성원들이 조직체의 일원으로서 자아 가치를 느끼고, 목적의식을 갖게 되어 높은 동기가 유발된다.

[2] 2단계는 비전 전달 - 리더가 구성원에게 비전에 전념해야 한다는 확신을 갖게 한다. 특히 카리스마 리더는 현상의 본질과 결함, 미래의 비전, 비전이 현재의 결점을 제거하는 과정, 구성원들의 희망을 성취하는 방법, 비전을 실현하기 위한 행동계획 등을 효과적으로 제시해야 한다.

[3] 3단계는 신뢰 구축 - 리더가 비전을 달성할 수 있는 능력, 비전의 달성에 전념하는 인

상의 구축이 신뢰감을 갖도록 하는 것이다.

[4] 4단계는 비전 달성 - 리더는 구성원의 역량 강화를 통해 구성원들이 비전을 달성하는 데 적극적인 역할을 하고 있다는 자기효능감을 증가시켜야 한다(박보식,2014:117).

이러한 모델에 입각하여 콩거와 카눈고(Conger & kanungo)는 카리스마 리더십 스타일을 측정하는 설문을 개발하였다. 거듭되는 타당성 검증 결과, 카리스마 리더는 전략적 비전과 그의 구체화, 환경에의 민감성, 구성원들의 욕구의 민감성, 개인적 위험감수, 비전통적인 행동 등의 행동을 보이는 것으로 나타났다(류기령,2007:12).

4) 베버(Weber)의 이론

베버는 카리스마를 권력의 정당화 측면에서 합법적 권한의 세 가지 형태중 하나로 정의하였다. 특정인이 갖는 권력(Power)이 정당하다고 다른 사람들에 의해 인정되면 그의 권력은 권한(authority)이 된다고 보았으며, 이러한 권한을 세 가지 유형으로 구분하여 설명하였는데, 법적(합법적) 권한, 전통적 권한, 카리스마적 권한이다.

카리스마적 권한은 법적 권한이나 전통적 권한과 달리 사람들이 특정인의 특출한 속성을 믿고 따르기 때문에 발생하는 권한이다. 어떤 사람이 초인적 초자연적 상식을 뛰어 넘는 특성을 갖고 있다고 믿으면 그가 내린 명령을 따르고 그가 세우는 규칙을 지키려하며 그를 본받으려 하고 받게 된다. 베버는 이런 비범한 속성을 가진 사람이 리더로 인정받는다고 주장하였다(류기령,2007:10).

한편 카리스마 리더와 구성원들과의 관계는 표현적이고 감정적인 측면에 초점을 맞추고 있기 때문에 근본적으로 불안정하다고 보았다. 따라서 카리스마 리더십의 효과를 지속시키기 위해서는 제도화된 유형으로 변형되어야 한다고 보았는데 이러한 과정을 카리스마의 관례화(routinization)라 불렀다. 즉 카리스마가 안정성을 확보하기 위해서는 조직의 규칙과 제도에 의해서 관례화되어야 한다고 생각했던 것이다(방원석,2001:15).

베버는 이런 비범한 속성을 지닌 사람이 리더로 인정받는다고 주장하면서 카리스마의 핵심사항을 다섯 가지로 나열하였다.

[1] 사명에 대한 구성원의 신뢰 - 리더는 항상 숭고한 사명을 내세우며, 구성원이 자신을 믿도록 하는 능력이 뛰어나다. 자신의 운명과 사명을 동일시하고 구성원들의 욕구와 꿈을 내용으로 복종을 요구한다.

[2] 비범한 성과의 입증 - 리더는 비범한 성과나 사건을 창출함으로써 자신의 카리스마를 구성원들에게 수시로 입증해야 한다. 리더에 대한 능력과 힘을 적절히 공급하고, 구성원들에게 사명 달성에 대한 해택을 줌으로써 카리스마 리더라는 인식이 소멸되지 않도록 해야 한다.

[3] 카리스마 집단 형성 - 리더가 이끄는 집단의 구성원 중 일부는 리더에 준하는 카리스마를 갖게 된다. 카리스마 리더를 중심으로 질서를 유지하며 카리스마 집단을 형성한다. 종교 집단내의 집단처럼, 카리스마 리더를 정점으로 질서를 가지게 되며, 베버는 카리스마 집단이라 칭한다.

[4] 카리스마의 일상화 - 리더의 영향력은 시간이 지나면서 카리스마의 일상화를 통해 대체된다. 신비스런 리더의 존재에 대한 집단적 흥분이 시간의 흐름에 따라 일상적 과업 속으로 침전된다.

[5] 가치중립성 - 카리스마의 결과는 긍정적일 수도 부정적일 수도 있다. 간디, 알렉산드, 히틀러도 카리스마적 리더의 범주에 포함시켰고, 이런 부정적인 측면을 자세히 지적한다(박보식,2014:112).

5) 이론에 대한 평가

최초 카리스마적 리더십(charismatic leadership)에 대한 연구는 경영학자인 벨레우(D. Berlew)였다고 한다. 그는 관리적 리더십이 인간존중의 리더십이며, 감시적 리더십은 과업중심의 리더십이라고 말하면서 카리스마 리더십은 구성원의 자존이나 존재의미를 부여하는 능력을 강조하는 인간중심 지향성의 연장선에서 리더십의 단계를 구분하고 있다.

1920년대 베버(M. Weber)가 그의 저서 '관료제도론'에서 처음으로 권한의 한 형태로서 카리스마적 권한이라는 용어를 사용하기 시작했다. 베버는 권한을 전통적 권한, 카리스마적 권한, 합법적 권한으로 말하였다.

카리스마는 변혁적 리더십의 가장 중요한 요인으로서, 카리스마 요인은 구성원들에게 성공이나 성취에 대한 비전(vision)을 자신감과 열정으로 제시하여 구성원들로 하여금 그 비전에 강력하게 지지하게 만들어 그들을 이끌어 가는 능력을 말한다(유영기, 2013: 15).

또한 카리스마 리더십 이론이 핵심내용으로 하는 현상의 건설적 파괴와 새로운 비전의 추구는 20세기 말엽 전 세계적으로 조직 경영의 주제가 되고 있는 '조직혁신 운동'과 맞물려 커다란 파고를 형성하게 된 것으로 판단된다. 앞서 소개했던 다양한 카리스마 리더십 이론들의 형성과정에서도 볼 수 있었듯이, 이론의 구축과 현실의 사례들이 깊이 맞물려 하나의 흐름을 이루게 되었다. 즉, 성공적 사례들을 중심으로 이론이 구축되고 다시 이론을 현실에 적용하여 성과를 냄으로써 학자들의 더 큰 관심을 끌게 되는 결과를 낳았다.

카리스마 리더들은 종종 조직의 목표와 개인의 목표 간의 갈등 때문에 어느 한쪽을 선택해야할 경우가 있다. 카리스마 리더가 윤리적 기준을 넘어서게 되면 크게 믿고 의지하고 있는 구성원들을 자신의 개인적 야망이나 목적을 달성하는데 이용할 수 있다. 카리스마 리더는 남을 돕고 개발하고 공동의 비전을 달성하는 데 주어진 힘을 사용해야 한다.

이러한 스타일의 리더는 또한, 반대 의견에 대해서는 귀를 기울이지 않고 자신의 주장만을 고집스럽게 밀고 나아가 결국 파국을 초래하게 되는 경우도 있다. 이들은 확고한 자신감과 구성원들의 몰입, 그리고 설득력까지 갖추고 있으므로 웬만한 반대 의견을 극복하는 것은 별문제 되지 않는다. 그러나 그에게 카리스마가 기업을 파국으로 몰고 갔던 예는 어렵지 않게 찾을 수 있다.

피플스 익스프레스(people's Express)를 파산으로 몰아넣은 빈 회장이 그랬고, 비트라이스의 짐 투트(Jim Dutt), 그리고 1980년대 중반 창업 이래 최초의 적자를 기록한 후 퇴출당한 GM의 로저 스미스(Roger Smith)가 그랬다(백기복,2005:183).

3. 조직몰입

1) 조직몰입의 개념

조직몰입(organizational commitment)이란 조직문화와 관련 개인과 조직의 상호작용을 분석함에 있어 개발된 구성개념(construct)으로서 직무만족, 직무 몰입과 함께 조직 구성원 개인이 조직에 대해 갖는 특성을 나타내려고 이해하는 개념으로 중시되고 있으며, 특히 미국을 중심으로 하여 조직 관리자와 조직행동학자들 사이에 다양하고 광범하게 규정되어 측정 및 연구되고 있다(방원석,2000:28).

조직몰입에 대한 논의가 이처럼 활발하게 대두되고 있는 것은 조직몰입이라는 변수를 통해 인사 관리적 차원에서 유효한 요인을 탐색하는 데 적절하다는 평가를 받고 있기 때문이다.

베커(Becker,1960)는 조직몰입을 조직구성원들이 투입된 비용의 박탈을 두려워하여 조직에 대해 일정한 행위를 지속하려는 현상으로 정의하고 있으며, 칸텔(Kanter,1960)은 개인이 조직 구성원으로서의 자격을 유지하려는 일정한 의존관계라고 정의하면서 조직을 위해 충성심을 바칠 의사로 보고 있다.

오라일리와 채트먼(O'Reilly & Chatman,1986)은 조직몰입의 성격을 두 가지 차원에서 접근하고 있는 데 이것은 순종 및 교환차원과 일체감 및 내면화 차원이다. 순종 및 교환 차원은 조직 구성원들 간에 공유되는 신념으로 인하여 조직몰입의 발생되는 것이 아니라 특정 반대급부를 획득하려는 목적으로 발생한다는 측면을 강조한 것이다.

따라서 이 차원에서는 공적 태도와 사적 태도는 상반된 경우도 많이 나타나게 된다(이강영,2006:24).

이와 같이 조직몰입에 대한 관심이 증대되고 있는 이유는 조직몰입이 높은 구성원일수록 직무수행의 성과가 양호한 것으로 나타나고 있으며, 또 조직몰입도와 재적기관과는 정(+)의 관계로 이직율과는 부(-)의 관계로 밝혀지는 등 여러 연구에서 구성원의 조직에 대한 애착의 원인이 직무만족보다 더 좋은 측정도구로 드러나면서 비롯되었다(유영기,2013:38).

포르테(Porter,1976)는 조직몰입을 '조직을 위하여 높은 정도의 노력을 경주하려는 구성원의 의사, 조직에 남고자 하는 강렬한 욕망, 조직의 중요한 긍정적인 평가 및 조직의 목표에 부합하여 일하려는 의사'라고 정의한다.

스쿨(Scholl,1981)은 조직몰입을 '조직구성원으로 남아서 수행하고 혁신적이고 자발적인 행동을 하는 잠재적인 힘(potential)으로 보았으며, 따라서 투자(investment), 상호성(reciprocity), 사회적 정체감(social identity)이 크면 클수록, 선택 가능한 대안의 수가 적으면 적을수록 몰입 수준은 높아지는 것으로 보았다(방원석,2000:29).

2) 조직몰입의 유형

[1] 정서적 몰입 : 정서적 몰입(affective commitment)은 구성원의 충성심, 호의, 따뜻함, 소속감, 다정감, 행복감, 유쾌함 등과 같은 감정을 통하여 조직에 대한 개인적으로 느끼는 심리적 애착의 정도를 말한다. 이러한 몰입은 개인특성과 조직 및 직무관련 특성, 그리고 직무경험으로부터 나타난다. 조직 내에서 욕구가 충족 되거나 자신들의 기대에 부합하는 경험을 쌓아온 구성원들은 그렇지 않은 구성원들보다 조직에 대하여 더 강한 심리적 애착을 느낀다.

[2] 지속적 몰입 : 지속적 몰입(continuous commitment)은 구성원이 조직을 떠나는 비용이 크기 때문에 조직 구성원으로 남아 있다고 느끼는 개인적 정도를 말한다. 지속적 몰입은 구성원이 조직을 떠날 때 잃게 될지도 모르는 축적된 투자나 이해관계 요소들을 인지하게 될 때 그리고 조직에 남는 것과 비교할만한 대안이 불확실 때 형성된다(Becker,1960).

[3] 규범적 몰입 : 규범적 몰입(normative commitment)은 구성원이 조직의 목표, 가치, 사명의 내면화를 통해 조직에 대해 개인적으로 느끼는 심리적 애착의 정도를 말한다(이철영,2006:26-28).

3) 카리스마 리더십과 조직몰입

카리스마 리더십과 성과간의 관계에 대한 기존의 연구들은 이들 간에 유의적인 정의 관계가 있음을 일관되게 제공해 주었다.

하우스(House,1977,1985)는 카리스마 리더는 구성원의 높은 충성심, 몰입, 헌신, 리더에 대한 강도 높은 신뢰, 리더에 대한 동일시 등을 이끌어 낸다는 사실을 발견했다.

멀린(Mullin,1987)은 카리스마 시스템에서의 구성원들이 비 카리스마 시스템에서의 구성원들보다 더 높은 목표를 세우고, 동기부여와 성과의 수준도 더 높은 결과를 가질 것이라고 제안했다.

콩거와 카눈고는 카리스마 리더십을 귀인론적 입장에서 연구했는데, 모델에 따르면 카리스마 리더십은 리더 행위에 대한 구성원들의 인지에 기초를 둔 귀인이다. 카리스마 리더십은 구성원을 임파워 시킬 수 있고 신뢰를 주는 것으로 나타났다(방원석,2000:37).

4. 카리스마 리더십의 형태(유형)와 결과

1) 형태(유형)

본장에서는 비전-관련 행동, 리더 개인적 행동, 임파워링 행동의 세 가지를 중심으로 여덟 가지의 리더 유형을 분류했다.

[1] 기업가적 정글 파이터(entrepreneurial jungle fighter)이다.

맥코비(Maccoby,1976) - 이 유형의 리더는 비전-관련행동과 리더 개인적 행동은 보이지만, 임파워링 행동은 보이지 않는 경우이다. 맥코비(Maccoby)에 따르면 리더는 전통적인 관습을 탈피하는 리더로서 목표를 달성하기 위해 리더는 자기희생적이며 모험적이다.

[2] 지적 리더(intellectual leader)이다(Burns,1978) - 번스(Burns)에 따르면 지적 리더는 순간적인 욕구를 초월한 목적이나 가치에 관련되어 있는 리더를 의미한다. 이 유형의 리더는 비전-관련 행동과 임파워링 행동이 보이지만, 리더 개인적 행동은 보이지 않는다.

[3] 전략적 리더(strategic leader)이다 - 이 유형의 리더는 비전-관련 행동만 보이고 리더 개인적 행동과 임파워링 행동은 보이지 않는다. 전략적 리더십은 중요한 조직 미래를 만들 수 있는 변화를 주도하고, 전략적으로 생각하고, 유연하게 행동하는 능력을 가진 리더를 의미한다(Christen sen,1997,Ireland & Hitt,1999).

[4] 섬기는 리더(servant leader)이다(Greenleaf,1997) - 이 리더는 리더 개인적 행동과 임파워링 행동은 보이나 비전- 관련 행동은 보이지 않는다. 또 구성원을 우선시하고 구성원을 신뢰하며, 구성원에게 임파워링 되었다는 느낌을 제공한다.

[5] 자기 희생적 리더이다(Goode,1978,Choi&Mai-Dalton,1998,1999) - 이 유형의 리더는 리더 개인적 행동만 보여준다. 키오와 마이돌턴(Choi & Mai-Dalton)에 의하면, 자기희생적 리더는 자기가 가지고 있는 특권이나, 개인적 이해를 포기하는 리더 유형이다.

[6] 개별화된 리더이다(Dansereau et al). - 이 유형의 리더는 단지 임파워링 행동만 보여준다. 이 경우에 리더는 구성원들의 셀프-애피커시 지각을 높이게 되어 그 대가로 리더에게 큰 이익을 안겨줄 수 있게 된다. 개별화된 리더십이론에 의하면 리더가 구성원들에게 자부심 지원(self-worthy support)을 얼마만큼 주느냐에 따라서 구성원들은 리더에게 만족할만한 성과를 주게 되는 것이다.

[7] 만약에 리더가 카리스마 리더의 세 가지 행동차원 모두를 보여주지 않는다면 또 다른 형태의 리더라고 할 수 있다.

[8] 리더가 비전-관련 행동, 리더의 개인적 행동, 임파워링 행동 등 카리스마리더의 세 가지 행동차원을 모두 보여준다면, 그 리더는 카리스마 리더라고 할 수 있다(김종재,2002:11-13).

따라서 주제를 좁혀 카리스마 리더의 형태를 살펴보면 두 가지의 리더 행동차원인 비전-관련행동, 리더의 개인적 행동, 임파워링 행동을 보여주는 카리스마 리더는 다음과 같이 두 가지 형태로 나누어 볼 수 있다. 이는 사회화된 리더(socialized leader)와 개인화된 리더(personalized leader)이다(Howell,1988).

이 형태의 리더들은 모두 비전이나 사명을 이념적인 용어로 설정하고(비전-관련행동), 구성원에 대해서 개인적인 모범행동을 보이고, 추종자에 대해서 높은 기대감을 전달한다(김종재,2002:12).

2) 결과(부정적, 긍정적)

유클(G. Yukl)은 카리스마의 부정적 및 긍정적 효과를 제시했다.

(1) 카리스마의 부정적인 결과

① 구성원은 리더를 두려워해 제안을 하지 못하게 된다.

② 구성원은 리더의 인정을 받고자 비판을 억제한다.

③ 리더를 숭배해 리더에게 무오류성의 착각을 일으킨다.

④ 리더는 자신감과 낙관주의에 사로잡혀 위협에 눈멀게 된다.

⑤ 문제와 실패를 부정해 조직학습이 감소된다.

⑥ 위험하고 거창한 계획은 실패할 가능성이 있다.

⑦ 충동적이고 불합리한 행동은 신봉자와 적들을 만들어 낸다.

⑧ 리더에게 전적 의존함으로 유능한 후계자의 개발을 저해한다.

⑨ 후계자 개발의 실패는 궁정적으로 리더십 위기를 유발한다.

(2) 카리스마리더의 긍정적 결과

① 구성원은 심리적으로 경험하고 자신의 능력을 개발한다.

② 조직은 역동적인 환경에 적응할 수 있다.

③ 성취 지향적 문화를 창조한다.

④ 참여와 가치 지향적 조직을 창조해 구성원에게 활력을 준다.

⑤ 의사소통은 개방적이고 정보를 공유한다.

비윤리적 카리스마 리더들은 조직의 목적보다 개인적 목적에 치우치고, 개인적 비전을 진척시키며, 구성원을 착취하기 위해 선물이나 특별한 관계를 유지하려 한다. 반대로 윤리적 카리스마 리더들은 그들의 권력을 구성원을 위하고, 발전하게 하며, 공동의 비전을 달성하려고 한다. 비윤리적 카리스마 리더들은 반대 의견을 통제하고 일방적인 의사소통을 고집하는 한편, 윤리적 카리스마 리더들은 비판을 수용하고, 의사소통을 개방하며, 환류를 적극적으로 지지한다(정우일외,2010:389-390).

제3장

상황적 리더십(Situational Leadership)

1. 상황적 리더십

상황적 리더십(Situational Leadership Theory)은 전통적인 리더십의 보편적이고 이상적 리더십의 형태에서 발전된 상황적 요인에 따라 리더의 스타일이 달라질 수 있다는 주장을 피들러와 허쉬와 블랜차드(Fiedler[1964] & Hersey & Blanchard[1967])등에 의해 제시되어 발전하였다.

리더십이론이 생겨나면서 초기에 발전된 상황적 리더십 이전의 전통적 리더십은 개인적 특성이나 리더의 행동에 의해 리더와 비 리더를 구분하는 기준을 만들거나 조직의 성과를 귀인 하는 기준이 되는 리더십 특성이론과 리더십행동이론이 초기의 리더십이론을 대변하게 되었다.

이후 상황적 요인에 따라 리더십의 행동이 달라져야 한다는 주장이 나왔는데, 그 중 최근

까지 가장 발전된 이론인 상황적 리더십이론은 허쉬와 블랜차드(1982)에 의하여 정의된 이론으로 구성원들의 성숙도 수준에 따라 리더십스타일이 적합해야 한다고 제시된 이론이다(김기원,2008:1).

리더십이론의 원리처럼 리더의 스타일을 달리하면서 구성원들에게 자신의 영향력 발휘하는 최선의 리더가 되기 위하여 상황적 리더십, 상황적 리더십스타일의 4가지, 상황적 리더십의 강점, 그리고 문제점과 새로운 변수의 필요성으로 나누어 살펴보고자 한다.

1) 이론 배경

상황적 리더십이론은 리더십 스타일을 구성원에 맞춰 변화시켜야 한다는 이론이다. 상황적 리더십이 나오기 전 초기 리더십은 대부분 리더 고유의 특성이론과 행동이론에만 집중되었다.

리더십의 유효성은 리더의 육체적, 지성적, 인성특성이나 적절한 행동에 따라 나타나며 리더가 이러한 특성을 가지고 있거나 구성원에게 적절한 행동을 하면 효과적인 리더십을 보인다는 것이다.

따라서 특성이론이나 행동이론의 연구자들은 모든 상황에서 적용 가능한 보편적인 리더십이 존재한다고 믿었다. 그러나 특성이론이나 행동이론은 특정 상황에서는 효과적이지만 또 다른 상황에서는 효과적이지 못한다는 한계가 드러나면서 연구자들 사이에서 리더십은 리더의 보편적인 특성과 행동을 넘어서는 것이라는 의문과 함께 상황적 요소에 대한 연구가 진행되었다(Vecchio, Robert P).

버크(Burk)는 리더가 직면하는 여러 가지 상황 속에서 어떠한 방식으로 해결책을 찾는지 연구했고, 칼라일(Carlisle)은 리더가 직면하는 모든 상황을 초월하는 최상의 리더십 스타일은 존재하지 않는다고 주장하였다.

챔피(Champy)는 융통성 있고 여러 가지 다양한 수단에 의지하는 조직이 생존할 가능성이 높다고 주장하였다(Graeff, Claude L).

이들의 주장에는 기존의 특성이론과 행동이론이 암시했던 모든 상황을 초월하는 보편적인 리더십 스타일은 존재하지 않는다는 것을 전제하고 있었다. 그리하여 효과적인 리더십은 상황에 따라 다르다고 보는 상황이론이 등장하게 되었다. 상황이론은 리더 자체에 연구의 초점을 두는 것이 아니라, 리더가 직면한 상황에 연구 초점을 두는 방식으로 접근하였다.

허쉬와 블랜차드는 이러한 접근을 통해 리더십의 생명주기 이론을 만들었다. 이들은 과업지향성과 관계지향성이라는 리더이론의 전통적인 요소를 사용하여 상황적 리더십을 만들었다.

리더십의 생명주기 이론은 그 근원을 레딘(Reddin,1967)의 3차원 관리스타일이론(3-dimensional management style theory)에 기초하고 있다.

레딘의 이론에 따르면 관리자의 스타일(전제적, 사명제시적, 직무 유기적)이 관리자 혹은 관리자가 지휘 감독하는 집단이 직면한 상황과 일치할 때 효과성이 극대화 한다.

그러나 레딘의 이론은 구체적으로 상황변수를 제시하지 못하였지만 허쉬와 블랜차드는 리더십의 생명주기 이론에서 구성원의 성숙도를 상황변수로 제시하였다(김경수외,1999:1-3).

2) 초기이론

허쉬와 블랜차드는 리더십생명주기이론(life-cycle theory of leade rship)을 발표하였는데, 해당이론은 상황적 리더십이론의 기초 이론이다. 이는 리더십의 효과성을 설명하기 위해 리더 행동을 과업지향성과 관계지향성으로 나누고 각각의 특성을 구성원의 성숙도에 따라 조사했다. 이론의 중심적 규칙은 구성원의 성숙도가 증가할수록(또는 시간이 지날수록), 효과적인 리더의 행동에 과업지향성, 관계지향성은 감소한다는 것이다.

구성원의 생애초기(재직 초기라고 이해)에는 관계지향성은 낮고, 과업지향성은 높은 것이 이상적이다. 구성원이 초기를 지나 조금 더 성숙해지면 리더의 관계 지향적 지원은 더 필요로 하는 반면에 과업지향 정도는 감소한다. 구성원의 성숙도가 일정단계를 넘어서면, 관리자(리더)의 행동이 과업적이든 관계적이든 구성원의 효과적인 과업 수행에는 방해가 될 뿐이라는 것이다.

또한 이 생명주기이론에서 구성원의 성숙도를 구체적으로 높음, 중간, 낮음으로 단계별로 구분하고 각 상황마다 리더십 스타일을 정의해 상황적 리더십이론으로 발전 시켰다(한국기업교육학회,2010:2).

3) 이론의 발전

상황적 리더십이론은 레딘(Reddin,1967)의 3차원 관리스타일 이론(3-di mensional management style theory)으로부터 발전해왔다. 레딘에 따르면 관리자의 스타일이 관리 혹은 관리자가 지휘 감독하는 집단이 처한 상황과 일치할 때 효과성이 극대화된다는 것이다.

수명주기이론은 1982년에 이르러 보다 정교화 및 구체화되었는데 허쉬와 블랜차드는 이를 상황적 리더십 이론(situational leadership theory)이라고 명명하였다.

이 이론에 따르면 능력(ability & job maturity)과 의지(willingness & psychological maturity)의 함수로 표시된 구성원의 성숙도는 4단계로 구분되고(m1, m2, m3, m4), 리더의 행동은 명시적(telling), 설득적(selling & Persuading), 참여적(participating), 위임적(delegating)으로 구분되며, 구성원의 성숙도와 리더의 행동이 일치할 때 리더십효과성이 높아진다.

1985년에 블랜차드 등은 기존의 이론에 포함된 주요변수들에 대한 모호한 개념을 명확히 하려는 시도의 일환으로 상황적 리더십 이론을 수정하여 상황적 리더십II 이론을 제시하였다.

이와 더불어 구성원과의 일대일 상황(구성원 개개인의 성숙도)에서 적용되는 상황적 리더십 이론을 집단상황(집단의 성숙도)에까지 확대 적용하였다(Carew et al,1986).

또한 4가지 리드행동을 지시형(directing), 코치형(coaching), 후원형(supporting), 위임형(delegating)으로 수정하였다.

1988년에는 발달정도를 준비성의 정도(readiness level)로 수정하였다. 준비성(readiness) 개념은 직무에 대한 준비성(job readiness)의 전자의 개념은 능력(ability)과 후자의 개념은 의지(willingness)와 일치 한다.

이처럼 상황적 리더십 이론은 1969년 수명주기이론, 1982년도 상황적 리더십 모형, 1985년도 버전인 SLTII, 그리고 1988년도와 1996년에 수정된 버전으로 발전하여 왔으며, 이런 수정들은 리더십 이론이 가지는 개념적 모호성, 논리적 비일관성 혹은 내적 비일관성의 문제를 극복하려는 시도라고 볼 수 있다(김경수외,2005:294).

4) 이론의 한계점

상황적 리더십이론은 수명주기이론으로부터 등장한 이후 많은 발전을 해 왔다. 이와 함께 많은 연구가들이 상황적 리더십이론에 대한 연구를 수행하였다.

기존선행 연구 결과 상황적 리더십이론은 여러 가지 한계점을 가지고 있음이 밝혀졌다(백기복,2014:29).

(1) 상황변수 개념의 모호성

상황적 리더십 이론의 가장 큰 문제점은 상황변수 자체의 개념적 모호성이다. 상황변수로써의 구성원의 성숙도는 구성원의 노력과 의지로 구성된다. 이는 각각 정도에 따라 구성원의 성숙도는 4가지로 나뉜다.

가장 높은 단계와 가장 낮은 단계를 제외하고, 중간 단계에서 어느 것이 더 높은 성숙도인지를 밝히는 것이 애매하다는 것이다. 중간단계 중에서 어느 것이 더 높은 단계인지에 대한 명확한 구분점이 없다는 것이다.

이러한 것을 보안하기 위해서 상황변수는 구성원의 성숙도, 발전단계, 준비성의 정도로 수정 및 발전되어 왔지만, 매번 개념이 명확하지 못하여 많은 비판을 받아왔다(조용현,2005:6).

(2) 상황변수의 제한적 문제

상황적 리더십이론에서 다른 상황변수들도 중요하지만 구체적으로 성숙도나 준비성만을 고려한 것은 일면 타당하다. 하지만 특정과업 중심적인 상황변수는 지나치게 구체적이라고 말할 수 있다.

특정과업만 수행할 때만 나타나는 성숙도나 준비성으로 범위를 더욱 좁히는 것은 이론의 추상적인 면에서 문제가 있는 것으로 보인다(한국기업교육학회,2010:6).

(3) 리더십 스타일과 구성원의 성숙도 간의 모호한 관계

리더의 스타일과 구성원의 성숙도 유형을 연결시켰지만 어떠한 적합화된 과정을 통하여 성과를 나타내는지에 대한 설명이 부족하다.

따라서 이론의 타당성을 검증한 연구들도 리더십 스타일 유형과 구성원 성숙도 유형의 적합성이 성과에 미치는 효과에 대해 일관된 결과를 보이지는 않는 점을 통해서 한계점을 보인다.

(4) 현실 단순한 문제

이는 상황을 단 한가지로 단정 지어 분석하는 이론이기에 현실적으로 너무나 단순화시켜 이해하려한다는 비판을 받고 있다. 이는 보다 중요한 상황변수들이 제외된 채 단지 구성원의 성숙도라는 하나의 상황변수에 의존하여 리더십 과정의 모든 것을 설명하려는 것이 무리이다(백기복외,2012:239).

(5) 분석수준 관점에서의 문제

상황적 리더십이론의 한계점은 분석수준 관점에서도 지적할 수 있다.

상황적 리더십이론은 분석수준 관점에서 크게 개인 수준과 집단 수준으로 나누어 볼 수 있다. 이는 각 수준에서 상황적 리더십이론은 각기 다른 의미를 가진다.

이론에 대한 분석이나 측정에서 다른 수준의 변수들을 동일하게 취급하게 되면 집단의 오류를 범할 수 있다. 이러한 오류를 범하지 않기 위해서는 연구의 주제가 되는 현상이 어떤 수준에서 발생하는지를 정확히 할 필요가 있음을 지적받고 있다. 변수간의 관계 역시 분석 수준이 일치해야 하는 것이다(김경수외,2000;289-317).

(6) 적정수준의 보편성 부족

상황적 리더십이론은 이론으로써의 적정수준의 보편성을 가지고 있지 않다는 점에 대한 비판이 있다. 구성원의 성숙도는 구성원이 수행하고 있는 과업의 성격에 따라 달라질 수 있게 된다.

만약 구성원이 맡은 과업이 구성원에게 생소하거나 어렵다면, 그 과업에 대해서는 성숙도가 낮아지게 된다. 더 나아가 동일한 구성원이 수행하는 과업이 무엇인가에 따라서 구성원의 성숙도는 달라진다. 그리하여 상황변수는 구성원의 개인적 특성이라고 이야기 할 수 없으며, 구성원의 개인적 가치나 특성 등을 종합적으로 평가하는 것이 아니라는 점이다. 하지만 구성원마다 대응하기 쉽지 않고 이론이라는 전제하의 보편성이 부족하다는 점이 보완해야할 점으로 작용되고 있다(조용현,2005:21).

2. 상황적 리더십 스타일의 4가지

1) 지시형

리더는 구체적인 지시와 명령을 내리고 업무수행을 면밀하게 감독하는 리더십이다. 즉 지시형(Directing)은 직무지향 행동이 높고 관계지향 행동(HD:High Directive)이 낮은 영역이다.

수행능력은 없지만 정열과 의욕이 있는 사람에게는 지시형 리더십이 적합하다. 여기서 리더는 지시적 행동을 주로하고 지원적 행동을 부수적으로 한다.

구성원에게 업무의 목표가 무엇이고 업무처리에 관한 좋은 방법을 이야기하며, 어떤 방법으로 업무를 완수할 수 있는지에 대한 계획도 세워주는 것이다. 리더가 혼자서 모든 문제를 해결하고 결정하며 구성원은 결정에 따르는 것이다(한국기업교육학회,2010:2).

2) 코치형

코치형 리더는 어떻게 목표를 달성할 것인가에 대한 방법을 제시하는 행동을 취할 것이다. 구성원이 일을 하려는 의지가 있는데, 확실한 목표가 없거나 일의 수행의 의지가 조금 부족할 때 효과적으로 코치를 해주어 구성원이 이끌 수 있을 것이다.

리더의 방향을 제시하고 구성원의 쌍방향 커뮤니케이션을 촉진시키며, 구성원의 편에서 그들의 자신감과 동기를 갖도록 도와주는 것이다. 구성원이 업무수행에 있어서 자신감을 갖게 되면, 리더는 더 이상 지시할 필요가 없어지고 리더는 개방적인 의사소통을 유지하도록 해야 하는데, 특히 구성원이 배운 것을 활용하고자 노력하는 경우에 구성원의 말을 경청하고 도와줌으로써 이러한 자세를 견지해야 하는 것이다(김기원,2008:11).

3) 참여형(지원형)

리더가 업무달성을 향해 부하직원의 노력을 촉구하고 지원하며 의사결정에 관한 책임을 구성원과 나누는 리더십이다.

즉 지원형(Supporting)은 직무지향행동이 낮고 관계지향행동이 높은 영역이다. 수행능력은 있으나 자신감 또는 의욕이 없는 사람에게는 지원형 리더십이 적합하다. 지원적인 행동을 주로하고 지시적인 행동을 부수적으로 하되 구성원의 업무수행에 원조하고, 그들의 제안을 경청하는 것이다.

리더는 구성원들의 자신감을 북돋기 위해 격려하고 칭찬할 필요가 있다. 지원형 리더십이 필요한 사람에게는 업무수행능력이 있기 때문에 지시적으로 나갈 경우 오히려 역효과를 낸다. 새로운 목표를 제시하고 의욕을 향상시킬 수 있는 원조가 필요하다(한국기업교육학회,2010:6).

4) 위임형

구성원들의 능력과 동기 모두 높은 경우로 과업과 관계성 행위 모두 줄이고 권한을 대폭 위임하는 것이 바람직하다.

따라서 효과적인 지도성(코치)을 발휘하려면 구성원의 성숙도에 맞는 지도성유형을 결정해야 한다. 집단이 미성숙할 때는 지시형이 효과적이고, 집단이 적절히 성숙할 때는 지도형이 효과적이며, 집단이 좀 더 성숙할 때는 지원형이 효과적이고, 집단이 매우 성숙할 경우에는 위임형이 효과적이다. 이러한 경우에는 리더가 일일이 지시하고 감독할 필요가 없고 스스로 알아서 할 수 있는 분위기만 만들어 주면 된다(김영기,2010:14).

3. 상황적 리더십의 강점(실무자를 위한 강점)

1) 높은 신뢰성

상황적 리더십은 잘 알려져 있고 많은 조직에서 리더십 훈련을 위해 빈번하게 활용되고 있다. 또 현장에서 높은 평판을 얻고 있다.

허쉬(Hersey)와 블랜차드(Bianchard,1993)의 보고에 의하면 포천 500대기업 중 400개 이상의 기업에서 이 리더십 훈련프로그램이 중요한 성공을 거두고 있다고 한다. 또 많은 기업들이 이 상황적 접근법은 한 개인을 훈련시켜 유능한 리더가 되게 하는 믿을 만한 훈련모델을 제공해 주고 있는 것으로 인식한다(김남현역,2013:142).

2) 실용성

상황적 리더십의 두 번째 강점은 실용성이다. 상황적 리더십은 이해하기 쉽고 직관적으로 알아차릴 수 있으며, 다양한 상황에 쉽게 응용될 수 있다.

어떤 리더십접근법은 복잡하고 정교한 '리더십행동의 측정방법'을 내놓고 있으나 상황적 리더십은 쉽게 사용할 수 있는 단순한 측정법을 제공하고 있다. 그리고 이 접근법은 파악하기 쉽도록 상식적 수준에서 설명되고 있기 때문에 이 접근법의 배후에 숨어있는 아이디어를 쉽게 터득할 수 있게 되어 있다. 그리고 상황적 리더십접근법이 제시하고 있는 원칙들을 회사 등 다양한 상황에 걸쳐 쉽게 적용할 수 있다.

3) 행동 처방

실용성의 강점과 매우 유사한 것으로서 세 번째 강점은 상황적 접근법이 리더십행동을 처방하고 있다(prescriptive value)는 점이다. 많은 리더십 이론들의 특성이 서술적(descriptive)이지만 상황적 접근법은 처방적이다. 여러 가지 상황에서 해야 할 리더행동과 해서는 안 되는 리더행동을 말해주고 있기 때문이다.

예를 들어 그 구성원의 유능성수준이 매우 낮을 경우 리더에게 지시적 행동유형을 처방해 주고 있고, 다른 한편 그 성원이 유능성이 있으나 자신감이나 헌신성이 결여되어 있을 경우 지원적 행동을 통해 영향을 미치도록 처방하고 있다. 이 처방들은 리더십 효과성을 촉진하고 제고시키는 유용한 지침을 제공해주고 있는 것이다.

4) 융통성 개념

상황적 리더십의 네 번째 강점은 리더행동의 융통성 개념을 강조하고 있다는 점이다(Graeff,1983:Yukl,1989).

상황적 리더십은 리더가 구성원들의 발달수준을 알아내고 거기에 따라 자신의 리더행동을 적응시켜야 한다는 것을 강조하고 있다.

따라서 리더는 단일한 행동유형을 가지고는 적절하게 영향을 미칠 수 없게 된다. 그래서 리더는 상황의 요구에 맞추기 위해 자신의 행동유형을 기꺼이 변경해가야 한다. 그리고 상황적 리더십은 구성원들이 상이한 과업을 수행할 때마다 거기에 따라 다르게 행동한다.

그래서 유능한 리더는 과업의 요구(상황)와 구성원의 요구(상황)에 따라 자신의 리더행동유형을 기꺼이 변경시키는 행동유형이 유연한 리더이다(김남현역,2013:143).

5) 자신감

상황적 리더십의 다섯 번째 강점은 구성원들을 그가 하고 있는 과업에 따라 다르게 지도해야 한다는 것을 상기시켜주고, 또 구성원들을 도와 새로운 기술을 학습할 수 있도록 하여 과업수행에서 보다 더 자신감을 갖도록 해야 한다는 것을 상기시켜 주고 있다는 점이다(fernandez & Vecchio, 1997:Yukl,1998).

이와 같이 상황적 리더십이 강조되는 것은 구성원들은 나름대로 특유한 유능성의 수준과 헌신성의 수준이 다르기 때문에 거기에 따라 리더십행동의 유형을 달리하고 더 나은 업무 수행을 하도록 그들을 도와야 한다는 것이다(김남현역,2013:144).

4. 상황적 리더십의 문제점

1) 이론적 측면

(1) 성숙도와 관련된 개념적 모호성

상황적 리더십이론이 가지는 첫 번째 문제점은 직무와 관련된 성숙도의 개념적 모호성으로 1977년 버전에서 제시한 성숙도는 능력과 동기(의욕, 의지)로 정의되었지만 극도로 낮은 성과에 영향을 미치는 요인은 과연 능력인지 동기인지 결정하는 것이 불가능하다는 것이다(김경수외,1999:296).

한계점에 대한 비슷한 선행연구로서 알닥과 브리프(Aldag & Brief,1981)의 성숙도에 대한 비판을 들 수 있다. 그들에 의하면, 중간 성숙도 수준이 논리적 정당성을 결정하고 있다는 사실입니다. 이와 같은 성숙도 개념의 모호성에 따라 어떤 리더십 스타일이 구성원의 성숙도에 적합한가에 관한 한계성이 파생되게 된다.

이에 대한 선행연구는 그레이프(Graeff,1983)의 선행 연구를 우선 들 수 있다. 그는 허쉬와 플랜차드가 주장한 성숙도에 따라 리더행동 관계가 문제가 있음을 지적하였다. 이 경우 리더는 자긍심과 자신감을 높이기 위해서 관계 지향적 행동을 보이는 것이 더 적합하다고 주장한다. 그러나 허쉬와 블랜차드는 이와 같은 논리와는 반대로 높은 직무관련행동과 낮은 관계행동을 보여야 한다는 반대 주장을 옹호하고 있다고 주장하여 이를 비판하고 있다(Graeff,1983).

그레이프는 관계행동의 정의에 대해 비판하기를 쌍방향의 커뮤니케이션과 사회정서적인 후원(제 2상환)으로 정의되므로 관계행동에 대한 조작적 정의의 문제가 대두된다는 것이다(조용현,2005:18).

따라서 성숙도에 대한 개념적 모호성의 문제는 능력과 의지 중에서 어느 것이 성숙도에 보다 중요한 영향을 미치는가에 초점을 맞추기보다는 능력과 의지 중에서 한 가지만 높은 구성원에 대해 중간 정도의 성숙도를 보유하고 있다고 봄으로 해결될 수 있다고 판단된다.

왜냐하면 상황적 리더십이론의 중요성은 성숙도에 적합한 리더행동을 찾는데 있기 때문이다(김경수외,1999:297).

(2) 리더행동과 성숙도간의 관계

성숙도 수준에 있어 능력을 너무 중시한다는 것 자체가 상황적 리더십이론의 이론적인 타당성을 위협하는 요인이 될 수 있다는 점을 그레이프(Graeff,1983)는 밝히고 있다.

또한 그는 관계행동의 정의에 대한 비판을 제기하고 있는바 제2상한(Quadrant2)에서 쌍방향의 커뮤니케이션과 사회정서적인 후원으로 정의되고, 반면 3상한(Q3)에서는 쌍방향의 커뮤니케이션을 통한 참여적 의사결정으로 정의 되어 관계행동에 대한 조작적 정의의 문제가 대두된다는 것이다.

리더행동과 성숙도에 대한 그레이프의 첫 번째 비판은 이론가들이 어떤 근거에 기초하여 이론을 정립하는가에 따라 달라진다고 볼 수 있다. 즉 그레이프가 주장한대로 능력과 의지가 낮은 구성원에 대해 구성원의 자신감과 의지를 높이기 위해 관계 지향적 행동을 보여주어야 한다는 것이 한편으로는 타당하지만 반대로 능력과 의지가 낮은 구성원에 대해 무엇을 수행해야 하고 어떻게 수행해야 하는가에 대한 지시적 행동을 보이는 것 역시 구성원의 성과를 높이는 방안이 될 수도 있다(김경수외,1999:2948).

따라서 이 경우 개인의 성숙도는 각각 개인수준과 집단수준에서 성립하는 변수이므로 각기 다른 수준의 변수라고 할 수 있다. 그러므로 변수간의 관계가 성립하기 위해서는 각 변수간의 분석수준이 일치해야 함에도 불구하고 이를 소홀히 했다고 볼 수 있다. 따라서 상황적 리더십이론의 타당성을 위해 분석수준을 고려하여 파악해야 할 것이다(조용현,2005:18).

2) 실증적 측면

상황적 리더십이론의 타당성을 검증한 연구들은 햄볼톤과 쿰퍼트(1982)의 연구를 제외하고는 대부분 이론의 타당성을 밝히는데 실패해 왔다. 그러나 햄블톤과 쿰퍼트(1982)의 연구에 대하여 베키오(1987)는 샘플링의 문제, 관리자 자신들이 평가한 자신의 리더십스타일로 인한 부정확한 측정의 문제, 일반적으로 널리 사용되고 있는 리더행동 측정도구보다 타당성이 검정되지 않은 LEAD라는 측정도구를 사용한 점, 그리고 연구대상자들이 상황적 리더십이론에 대해 이미 알고 있기 때문에 연구대상자들이 이론의 타당성을 보여주기 위한 방향으로 설문응답을 했을지도 모른다는 점으로 이들의 연구결과에 대해 주의를 기울일 것을 제안하고 있다.

페르난데즈와 베키오(Fernandez & Vecchio,1997)는 32명의 리더와 332명의 구성원들로부터 수집한 자료를 분석한 결과 유사한 직무(within-jobs)를 수행하는 구성원들에 대하여 뿐 아니라 다른 직무(across jobs)를 수행하는 구성원들에 대해서 리더행동과 성숙도간의 상호작용효과가 구성원들의 성과에 대해 유의적이지 못하다는 것을 발견하였다.

그러나 이러한 발견은 상황적 리더십이론이 타당한가에 대한 문제와 직결되지 않을 수도 있다. 왜냐하면 분석수준을 고려 시 상황적 리더십이론이 가지는 의미가 각각 다를 수 있기 때문이다.

실제 베키오(1987)는 상황적 리더십이론을 집단수준에까지 확장시켜 연구할 것을 제안하였는바 이를 위해서는 리더가 일정한 스타일에 기초하여 구성원에 대해 일정한 행동을 한다는 가정과 집단의 성숙도 여하에 따라 리더행동과 집단성과간의 관계가 조정될 것이라는 예측이 이루어져야 할 것이다.

또한 만일 이러한 가정이 옳다고 한다면 상호작용효과가 없다는 것을 의미하므로 이론자체의 수정이 요구되는바 기존에 경쟁관계에 있는 리더십이론들과 비교가 이루어진 후 검증이 이루어져야 할 것이다(김경수외,1999:299-300).

5. 상황적 리더십(SLT)의 새로운 변수의 문제점과 필요성

1) 문제점

상황적 리더십은 이론적으로나 실증적으로 많은 문제점을 가지고 있다.

우선 리더십의 스타일을 설명하기 위해 나눈 기본적인 개념에 대한 모호성이 제기 되었고, 그에 대한 실증연구조차도 명확하게 설명하지 못하고 있는데 비록, 이전 연구들에 상황적 리더십에 대한 실효성들이 의문점으로 남아 있고, 이론에서 설명된 각각의 변수들에게서도 설명력이 부족하다 하더라도 상황적 리더십에 대한 긍정적인 요소들 또한 존재한다. 첫 번째로 융통성의 측면에서 상황이 바뀜에 따라 리더의 행동이 달라져야한다는 이유이고, 두 번째로 상황적 리더십에 입각하여 리더의 행동에 대해서 기능적인 측면을 표현할 수 있다(Yukl,1981).

특히 상황에 따라 리더의 행동에 대한 규명은 조직에 있어서 좋은 성과를 얻는데 매우 중요하므로, 상황적 리더십은 상당히 의미 있는 모델이 될 수 있고, 실효성이 검증되지 못한 부분에 있어서는 새로운 연구의 시도를 통하여 상황적 리더십의 설명력을 더욱 명확히 할 필요가 있다(김기원,2008:16).

2) 필요성

상술한 바와 같이 상황적 리더십이론(SLT)의 상황변수는 몇 가지 문제점을 가지고 있으며, 이를 해결할 수 있는 변수의 도입이 필요하다. 그러면 어떠한 상황변수가 필요한가?

[1] 상황변수가 갖는 고유한 성격은 리더와 구성원간의 관계 속에서 파악되는 변수이다. 이는 리더가 구성원과의 관계에서 구성원의 상황에 맞는 리더십 행동을 한다는 것을 의미하는 것으로, 구성원들의 수준에 따라 구성원들을 각기 다르게 대해야한다는 것을 알 수 있다. 허쉬 등(1996)의 최근 저서에 "만약 구성원들의 동기나 욕구가 각기 다르다면, 리더는 구성원들을 각기 다르게 대해야할 것이다"(If the needs and

motives of his followers are different, theymust be treated differently:188).

여기서 중요한 것은 '리더가 구성원들을 어떻게 판단할 수 있을까?' 하는 점이다. 허쉬 등은 리더가 구성원과의 관계 속에서 얻어지는 지각과 관찰의 결과라고 말한다. 리더가 구성원과의 관계에서 리더는 구성원들을 보고 관찰하고 경험함으로써 그들에 대해서 판단을 하게 되고, 이에 따라 구성원들의 욕구나 동기 정도를 알 수 있다는 것이다.

[2] 성숙도나 준비성의 경우도 마찬가지다. 이들도 구성원과의 관계 속에서 지각하고 관찰하여 얻어진 기준이라고 할 수 있다. 이 경우 성숙도나 준비성은 구성원에 대한 판단이나 평가의 문제라고 할 수 있을 것이다. 리더가 구성원을 어떻게 판단하고 평가하는가의 관점에서 성숙도나 준비성을 파악할 수 있는 것이다.

[3] 발달단계, 성숙도, 준비성은 모두 구성원들에 대한 평가차원의 변수라고 말할 수 있으며, 상황변수의 문제는 구성원들에 대한 평가차원의 문제라고 할 수 있다. 따라서 상황변수가 가지는 개념적 모호성을 해결하기 위해서는 리더가 구성원을 판단하고 평가하는 기준이 보다 명확하고 보편적이어야 할 것이다.

이러한 점들을 고려해 볼 때, 상황변수의 문제점을 극복하기 위해서는 구성원의 성숙도나 준비성이 보다 정태적이고 안정적인 변수로 대체되어야할 필요가 있음을 말할 수 있다(조용현,2005:24).

6. 결론

허쉬(Hersey)와 블랜차드(Bianchard,1993)의 상황적 리더십이론은 그 주제로 특성이론, 행동이론의 보편적이고 이상적인 리더십스타일에 중점을 둔 한계성을 극복하기 위해 제시된 상황이론의 형태로 발전되었다.

이러한 상황적 리더십 이론은 직무 지향적 행동, 관계 지향적 행동의 행동에 초점을 맞추어서 각각의 행동의 형태의 높고 낮음으로 지시형, 코치형, 후원형, 위임형의 네 가지 스타일로 구분 되었다.

하지만 상황적 리더십이론은 논리적 비일관성과 실증적 한계점들로 많은 연구자로부터 지적 받아 왔으며 이론을 검정할 만한 상황에 대한 새로운 기준들이 요구되어 상황적 리더십의 새로운 변수의 필요성이 제기 되었다.

특히 상황에 따라 리더의 행동에 대한 규명은 조직에 있어서 좋은 성과를 얻는데 매우 중요하므로, 상황적 리더십은 상당히 의미 있는 모델이 될 수 있고, 실효성이 검증되지 못한 부분에 있어서는 많은 자료 수집을 통한 새로운 연구로 상황적 리더십의 보다 많은 강점을 검정할 필요가 있다(김기원,2008:62).

제4장

수퍼 리더십(Super Leadership)

1. 수퍼리더십이란?

리더는 구성원들이 스스로를 통제하고, 규제하고, 관리할 뿐만 아니라 자신의 능력을 발견하고 스스로를 극대화할 수 있도록 도와주는 것이다. 오늘날 바람직한 리더십형태가 '리더와 구성원 간에 영향을 주고받는 것'이라는 관점에서 지도자의 리더는 일방적이 아닌 구성원들이 자기 스스로를 리더하고 관리할 수 있는 역량과 기술을 촉진하는 것이 리더의 역할로 본다. 즉, 구성원이 타인의 리더가 아닌 자신의 리더가 되어 스스로를 통제하고 행동하는 것을 자기리더십이라고 한다면, 구성원이 자기리더십에 필요한 능력을 갖게 하는 리더십이 수퍼리더십이다(권영해,2012:8).

이처럼 조직 구성원들을 리더하고 관리하는 능력을 갖춘 최선의 리더가 되기 위한 방안으로 수퍼리더십, 수퍼리더십에 이르는 7단계, 수퍼리더십의 제반요소, 수퍼리더십 실천 그리고 최선의 수퍼리더십에 대하여 살펴보고자 한다.

1) 정의

수퍼리더십 이론을 주장한 만츠와 심스(Manz & Sims, 1980)는 리더십에 대한 전통적인 개념과 근본적으로 달리 접근했으며 수퍼리더십은 사람들의 셀프리더십을 자극하여 활성화하는 데에 주요 목표가 있으며, 외부 영향력은 셀프리더십을 이끌어내기 위해 과정상 필요한 것으로 본다. 자기 영향력은 외부 통제나 권위를 위협하는 것이 아니라 높은 성과를 낼 수 있는 중요한 능력으로 간주된다. 이 새로운 시각을 통해 무조건 리더의 뜻을 따르도록 하는 리더십과 달리 구성원들로 하여금 효과적으로 자신의 운명을 이끌어가도록 그들의 잠재력을 극대화하는 능력으로서 수퍼리더십이란 다른 사람들이 스스로 리드하도록 이끄는 능력이다(류승동,2005:6).

수퍼리더십 이론에서 수퍼리더란 다른 사람들로 하여금 스스로를 리더 하도록 이끌어 주는 사람이다. 수퍼리더는 다른 사람들로 하여금 다른 사람들을 도와 마침내 그들이 리더 없이도 자신들 스스로 일할 수 있게 만드는 사람이며, 세계의 무게를 홀로 떠맡지 않고 다른 사람들과 함께 나누는 리더이다. 즉 수퍼리더십은 리더가 구성원들을 스스로 판단하고 행동하고 결과에 책임질 수 있는 셀프리더로 만드는 리더십을 말한다. 수퍼리더십은 구성원이 셀프리더가 될 수 있도록 가르치고 이끄는 과정이라고 볼 수 있다(이승덕,2006:6).

[표 4-1] 전통적인 리더와 수퍼리더의 행동상의 차이점

전통적인 리더의 행동들	수퍼리더의 행동들
목표를 강조한다.	자기 강화를 격려한다.
팀을 감독하고 정보를 제공하며 해결방법을 제시한다. 문제를 일일이 꼬집어 말한다.	자기 관찰 및 평가, 자기 기대, 자기 목표 설정을 격려한다. 리어설을 격려한다.
영향력을 행사한다. 대화를 자주 한다.	자기비판을 격려한다.

* (C. C. Manz & H. P. Sims.1989:89)

2) 중요성

리더십(leadership)을 대부분의 사람들은 어떤 한 사람이 다른 사람으로 하여금 어떤 일을 하게하는 것으로 생각한다. 우리는 그것을 "영향을 미치는 것(influence)"이라 부르고, 리더란 다른 사람에게 영향을 미칠 수 있는 능력을 가진 사람으로 생각한다. 고전적인 리더는 "카리스마적(charismatic)"인, "영웅적(heroic)"인 리더로 설명되고 있다(김남현역2002:4).

우선 리더십이란 주로 사람의 내면에서 나오는 것이지 밖으로부터 오는 것이 아니라는 생각이다. 외부적 리더십은 최선의 경우, 각 사람의 내면에 존재하는 강력한 셀프리더십(Self-leadership)을 제공하고 셀프리더십의 불길이 타오르게 지원할 수 있다. 그리고 외부적 리더십은 최악의 경우, 이 같은 내부의 영향력과 외부적 영향력간의 갈등을 만들어 낸다. 이 같은 시각은 우리가 효과적인 리더십의 새로운 평가기준을 찾아내어야 한다는 것을 요구하고 있다. 그 같은 새로운 평가기준이란 다른 사람들의 의지를 자신의 의지에 굴복시키는 능력이라기보다는 자신들이 처한 상황을 자신들이 효과적으로 처리해 갈 수 있도록 도움을 줌으로써 다른 사람들의 공헌을 극대화시킬 수 있는 능력인 것이다. 우리는 이 같은 미묘하지만 매우 강력한 리더십접근법을 수퍼리더십-구성원들이 스스로 자신들을 리드해 갈 수 있게 만드는 리더십-이라고 부른다(이미진,2009:9).

3) 역할

[1] 수퍼리더는 스스로 훌륭한 셀프리더의 모델이 되어야 한다. 수퍼리더가 효과적인 셀프리더십을 보이게 되면 구성원들은 그들을 자신의 모델로 생각하고 관찰과 실습을 통해서 그것을 터득하게 된다. 이를 위해서 리더는 자기개발을 통해 자질과 능력을 개발하여 구성원들로부터 인정받고 신뢰받는 리더가 되어야 한다.

[2] 리더 자신이 셀프리더가 되는 것과 함께 구성원들을 셀프리더로 만들어야 한다. 그러나 구성원이 목표 수행에 필요한 능력이 없으면 자율적인 목표 설정은 물론 이를 자율적으로 통제할 수 없다. 따라서 구성원들을 셀프리더로 만들기 위해서는 구성원

들의 능력의 육성 및 개발이 중요하다.

[3] 집단을 구성원들의 자발적 활동을 격려하고 자극할 수 있는 자율적인 운영체제로 전환시키는 변화담당자로서의 역할이 필요하다. 조직 구성원들이 자발적 리더가 되고자하지만 조직의 문화나 사회, 기술 시스템, 조직구조상의 권한관계, 자원공급 등의 조직체계가 이러한 성향을 용인하지 않는다면 조직구성원들의 자발적 리더십은 현실화되기 어렵다. 이러한 자율적인 풍토를 용인할 뿐만 아니라 이를 고무하는 조직내부의 여건의 조성이 필요하다(최호승,2001).

2. 수퍼리더십에 이르는 7단계

1) 1단계 : 스스로 셀프리더가 되는 것

다른 사람에게 셀프리더십을 교육시키는 첫 단계는 자기가 셀프리더십을 실천하여 셀프리더가 되는 것이다(양동민,2005:21).

2) 2단계 : 셀프리더십의 모델링이 되는 것

모델링이란 주의, 기억, 행동화 그리고 동기부여의 4가지 단계로 이루어진 복잡한 단계이다. 즉 세상의 수많은 잠재적인 모델 중에 특정한 모델을 선택해서 주의를 집중하고 관찰한다.

일단 관찰하고 나면 기억을 위해 반복하거나 연습한다. 또한 모델 행동을 정확히 기억하고, 효과적으로 행할 수 있는 준비가 되어도 동기가 부여되지 않으면 행동은 일어나지 않는다.

3) 3단계 : 스스로 목표를 설정하도록 유도 - 방법으로는

[1] 리더가 목표를 세우는 모습을 보거나 목표 설정의 훌륭한 모델을 구성원들에게 제시

한다.

[2] 구성원이 목표설정에 참여하도록 유도한다. - 목표설정에의 참여는 리더와 구성원의 참여가 조화를 이루어 진행되어야 한다.

[3] 자신이 목표한 셀프리더십 기술을 알게 한다(이미진,2009:25).

4) 4단계 : 긍정적 사고유형을 창조

수퍼리더는 구성원이 현재의 수준보다 더욱 능력을 발휘할 수 있다고 믿음을 표현함으로써 긍정적인 사고 유형을 만들어 낼 수 있고 구성원의 셀프리더십을 개발할 수 있다(최호승,2001:26).

5) 5단계 : 보상과 건설적인 질책을 통한 셀프리더십 개발

수퍼리더로서 보상을 하는 방법은

(1) 보상의 적절성이다.

(2) 보상의 신속성이다. 목표 행동이 실행된 후 즉시 보상되어야 효과가 크다(Buchholz,S,1985).

(3) 개개인에 따라 양과 크기도 조절되어야 한다.

(4) 구성원이 결핍된 상태에 있을 때 보상의 효과가 커진다. 보상은 말을 통한 보상, 물질적인 보상 등이 있다(양동민,2005:21).

6) 6단계 : 팀워크를 통한 셀프리더십 조장

셀프리더십 문화를 가늠하는 척도의 하나는 팀의 수다. 다수의 팀들이 올바르게 기능하기 위해서는 상당한 셀프리더십이 요구된다. 셀프리더십이 발휘되는 이상적인 팀의 모습이 자율통제 팀이다.

7) 7단계 : 셀프리더십 문화 촉진

수퍼리더십이 최선의 결과를 이끌어 내어 조직 전체의 셀프리더십을 격려하고 지지, 강화하기 위해서는 총체적인 조직 환경을 설계하는 것이다(최호승,2001:27).

3. 수퍼리더십의 제반 요소

1) 모델링

모델링에 의한 교육의 기본적인 요소들과 모델링에 의한 학습의 기본적인 메카니즘 사이에는 서로 밀접한 연관이 있다. 교육 과정의 모델 제시, 리허설, 사회적 강화는 각각 학습과정의 주의, 기억, 동기부여와 관련이 있다(권영해,2012:13).

[표 4-2] 모델링에 의한 교육과 학습 메카니즘 사이의 관계

모델링에 의한 교육			
모델이 될 만한 행동 제시	리허설	사회적인 강화	실 행
모델링에 의한 학습 메카니즘			
주 의	기 억	동 기	행동화

* (Charles C. Manz & Henry P. Sims, Jr. Super Leadership.정재일역,1995:317)

수퍼리더십은 자율과 지시 사이에 미묘한 균형을 이루어야 하는 까다로운 과정이다(박용진,2009:18).

수퍼리더십의 핵심 요소들은 말로만 설명해 주어서는 부족하다. 중요한 수퍼리더십 행동을 생생히 보여주는 효과적인 모델이야말로 수퍼리더십의 본질을 전달하는데 꼭 필요한 요소이다. 모델링은 수퍼리더십의 첫째이자, 여러 면에서 가장 중요한 단계이다. 경영자는 다른 사람을 성공적으로 리더 할 수 있기를 기대하기 전에 자기 자신부터 효율적으로 리더 하는

법을 배워야 한다. 결국 리더 자신의 셀프리더십 행동이 다른 사람들에게 강력한 모델이 되는 것이다. 리더가 보여주는 본보기는 다른 어떤 방법보다 효과적으로 구성원들에게 전달된다(박철준,2015:11).

모델링 과정이 효과적으로 이루어지려면 주의 깊게 관리해야 한다. 신뢰할 만하다는 인상을 주고 생생하고 자상하게 바람직한 행동을 해 보인다면 리더는 모델링을 통해 다른 사람들에게 효과적으로 영향력을 미칠 수 있다. 구성원들도 자신이 관찰한 셀프리더십 행동을 효과적으로 간직하기 위해서는 몸짓으로나 마음속으로 연습, 혹은 리허설 할 기회를 가질 필요가 있다. 더하여 구성원들에게는 자신이 처한 환경에서 셀프리더십을 발휘할 자유와 스스로 셀프리더십 행동을 위한 자극이 필요하다(양동민,2005:9).

2) 목표 설정

수퍼리더가 힘을 쏟아야 할 중요한 일 중의 하나는 구성원들의 자기 자신의 목표를 설정하도록 격려하는 것이다. 이때 명심해야할 것은 목표 설정은 학습되는 행동, 즉 대부분의 경우 타고나는 것이 아니라 여러 번 반복을 통해 구성원이 발전시킬 수 있는 기술이나 일련의 행동이라는 점이다.

목표 설정은 학습되는 것인 만큼 수퍼리더의 역할은 모델로서, 코치로서, 교사로서 가르치는 것이다(박철준,2015:12).

목표 설정 방법을 구성원들에게 가르치는 데는 일반적인 틀이 있다. 첫째, 모방할 모델을 구성원에게 제시한다. 둘째, 구성원의 참여를 유도한다. 셋째, 구성원 자신이 목표로 셀프리더십 기술이 무엇인지 알도록 한다. 이 경우에는 목표 설정이 이에 해당한다. 여기서 첫째 모델 제시임을 주목하라. 모델 제시는 새로운 기술을 습득하기 위한 핵심 요소이다. 수퍼리더는 공식적인 권한을 가진 위치에 있으므로 구성원이 모방할 수 있는 개인적인 목표 설정 행동을 보여줄 책임이 있다. 리더가 목표를 설정하지 않으면서 구성원이 목표를 설정을 기대하기는 어렵다. 목표는 서로 다른 여러 계층 속에서 조화를 이루어야 한다. 자기 설정 목표를 포함한 구성원의 목표는 리더 조직의 목표와 일치가 필수다(권영해,2012:13-14).

3) 격려와 지도 그리고 보상과 질책

⑴ 격려와 지도 - 구성원은 효율적인 셀프리더십 발휘를 위한 격려와 지도를 필요로 한다. 리더는 구성원의 독창성과 자율적인 지시를 격려하고 확신시키는 중요한 원천이다. 구성원은 셀프리더십 기술에 관한 직접적인 지시를 할 수 있다(이승덕,2006:9).

⑵ 보상과 질책 - 리더는 보상과 질책을 능숙하게 이용할 수 있어야 한다. 이때 수퍼리더는 보상과 질책으로 추구하는 목표를 바꾸어야 한다. 과업수행보다 수퍼리더십 행동을 강조해야 한다.

구성원들이 독창성을 발휘했거나 자기 설정 목표, 자기 관찰, 자기 보상 등과 같은 셀프리더십 전략들을 효율적으로 이용했을 때는 적절한 보상이 주어져야 한다. 특히 이행에 따르는 실패를 적절히 눈감아 주는 것을 깊이 생각할 필요가 있다. 외부 통제에서 자율 통제로의 이행에는 심한 혼란이 따르게 마련이다. 구성원의 효과적인 셀프리더십을 바란다면 인내가 필요하다. 질책을 사용할 때는 구성원들을 셀프리더로 발전시키려는 목표와 균형을 이루어야 한다(박용진,2009:19).

4) 제반 타 요소 고려

제반 타 요소에 대한 신중한 고려도 조직의 셀프리더십 시스템을 구축하는데 필요하다. 구성원들을 역동적인 셀프리더로 양성하기 위해서는 셀프리더십의 스킬, 적절한 설비와 지원, 필요한 과업, 사회적 기술적 시스템의 설계, 구성원의 잠재력 발휘를 위한 재량권과 같은 다른 요소들이 지원되어야 하며 수퍼리더의 지도, 솔선수범 및 강화 또한 셀프리더십 문화 형성과 긴밀히 연결되어야 한다. 이로 조직문화가 새로이 형성되며 구성원이 셀프리더십을 함양하도록 자극과 강화를 줄 수 있어야 한다(이미진,2009:16).

5) 효과

수퍼리더십의 효과로는 능력으로부터 얻어지는 성과의 향상과 혁신의 증가, 구성원들의 열의와 동기, 향상 등이 있다.

수퍼리더십이 현대의 각 기업에서 뛰어난 구성원(셀프리더들)들을 배출하기 위한 가장 실행 가능한 메카니즘을 제공한다고 믿는다면 진정한 탁월함은 각 개인 내부에서 작용하는 셀프리더십 시스템을 촉진함으로써 성취될 수 있다. 이는 구성원의 순종만으로는 부족하다. 다른 사람들로 하여금 스스로를 리드하도록 이끌어 주는 것이야말로 활기, 창의성, 열정, 무한한 잠재력을 발굴하기 위한 열쇠이다(양동민,2005:11).

4. 수퍼리더의 행동특징

수퍼리더에 대한 행동 특성과 역할을 올바로 이해하기 위해서 리더십에 대한 견해를 역사적 맥락에서 살펴보면 4가지 리더의 유형으로 구분할 수 있다.

[표 4-3] 리더의 유형

구분	완력가적 리더	거래적 리더	공상적 영웅리더	수퍼리더
핵심사항	• 명령	• 보상	• 비전	• 셀프리더
힘의 유형	• 직위/권위	• 대가	• 상관적/고무적	• 공유
지혜와 방향제시의 원천	• 리더	• 리더	• 리더	• 대부분 추종자 (셀프리더)
하급자의 반응	• 두려움에 근거한 복종	• 계산적 복종	• 리더의 비전에 근거한 정서적 몰두	• 정신적 주인 의식에 근거한 몰두
전형적인 리더행동	• 감독/명령 • 목표할당 • 위협 • 엄한 책망	• 상호목표설정 • 비계획적인 개인보상 • 우발적인 물질적 보상 • 비계획적인 엄한 책망	• 리더의 비전에 대한 의사소통 • 리더의 가치관에 대한 강조 • 충고 • 영감적인 확신	• 효과적인 셀프리더 • 셀프리더십 모델링 • 창의적인 사고 • 셀프리더 팀의 조 · 보상과 건설적인 책망을 통한 셀프리더십 개발성

① 완력가적 리더십은 우리 문화에 두드러지게 나타난 가장 초기형태이자, 보스로서의 리더 개념을 잘 보여주는 대표적인 리더십이다. 완력가적인 리더가 특히 의존하는 지배 양식은 추종자들을 고분고분하게 만들기 위한 것으로 명령과 지시 목표할당, 위협과 징계 등이다.

② 거래적 리더십은 오늘날 시행되는 여러 가지 리더십 가운데 가장 일반적인 것으로 우리가 흔히 말하는 '거래자'식 접근이다.

거래적 리더는 구성원들의 임무 수행을 위해 보상에 초점을 둔다. 그리고 거래자적 접근에서는 리더의 행동양식 가운데 특히 두드러지는 4가지 범주가 있는데 상호 목표설정, 조건부 인간적 보상, 조건부 물질적 보상, 조건부 징계 등을 사용한다.

③ 공상적 영웅리더는 사람을 감동시키는 구석이 있다. 공상적 영웅 리더십은 전시와 같은 위급한 상황에서 목숨을 구할 수 있는 강력하고 직접적인 리더십이다.

④ 수퍼리더십은 조직 구성원들이 스스로 자신을 리드하도록 이끄는 것을 골자로 한다. 수퍼리더가 하는 일은 구성원 모두가 뛰어난 셀프리더가 되도록 개발하는 것이다. 또한 수퍼리더의 행동은 셀프리더십의 모범이자 대가이며 구성원들의 셀프리더십 전환을 촉진시키고 셀프리더십 문화를 조성하는 것이다(양동민,2005:7).

수퍼리더들이 강조하는 내용을 보면 다음과 같다.

1) 셀프리더십의 모범이자 대가

수퍼리더는 본인 스스로가 먼저 셀프리더가 됨으로써 다른 사람들에게 얻고자 하는 창의력, 업무개선 등을 통한 팀의 시너지 향상을 촉진시킬 수 있다. 또한 셀프리더가 되는 과정을 다른 사람들에게 보여줌으로써 그들 역시 셀프리더가 되려고 하는 동기를 갖게 한다.

2) 구성원들의 셀프리더십 전환 촉진

카리스마리더, 거래형리더 등 기존 리더십에서의 구성원들은 리더에게 의존적이며 스스로 결정을 내릴 수 없고 자발적으로 행동하지 못하는 구조로 영향을 받았다면, 수퍼리더는 구성원들 스스로를 리드하기 위해 그들 각각에 맞는 훈련과 학습의 기회를 제공한다.

3) 팀워크 조성

수퍼리더는 한사람의 역량보다 여러 사람의 역량을 모으는 것이 팀워크의 성과를 내는데 시너지효과를 볼 수 있다고 믿는다.

즉. 조직의 경쟁력과 효율성을 제고하기 위한 주요 수단으로 팀워크 조성을 사용한다. 팀 구성원의 역량을 고려하여 개인의 역량을 잘 구성함으로 팀의 성과를 최고의 수준으로 끌어올린다(이미진,2009:8).

4) 셀프리더십 문화를 조성

수퍼리더는 구성원들과의 끊임없는 의사소통을 통하여 가치관과 신념을 교환하고 구성원 각자의 책임소재를 분명히 함으로써 셀프리더십이 건전하게 정착할 수 있는 조직문화를 확립해 나간다.

문화는 마치 '회사에서 효과적인 성과를 만들어내는' 섬세하지만 많은 강력한 섬유(구조)를 짜는 것과 같다. 그리고 조직문화는 고객을 만나는 한사람의 구성원 같이 가장 약한 것 같지만 조직과의 연결고리가 되는 힘을 가질 수도 있다.

그래서 구성원의 셀프리더십이 극도로 중요하다. 남다른 강한 조직문화라도 단 한 번의 어긋남으로 인해 깨끗한 천 조각 위에 추한 얼룩처럼 두드러져 보일 수 있기 때문이다(김남현 역,2002:261).

5) 수퍼리더의 구성원의 역할

수퍼리더의 구성원들은 독립적이면서도 상호 의존적인 셀프리더들로 발전하며 조직에서 공헌도가 높다. 셀프리더로 발전한 구성원들은 실수로부터 자신의 역량을 개선해나가며 실수에 책임지는 것을 주저하지 않을 뿐 아니라 업무에 대한 주인의식, 자신감과 자부심이 넘친다(권영해,2012:12).

5. 최선의 수퍼리더십은?

1) 리더십의 유형

우리는 경쟁사회에서 살고 있기 때문에 어떤 관점이나 견해를 경쟁적 시각에서 다루게 된다. 예로 여러 가지 리더십 유형에 관해 논의할 때"어떤 리더십 유형이 최선의 것인가?"라는 질문을 자주 들으나 유형마다 그 나름대로 강점을 가지고 있다고 생각한다.

[표 4-4] 리더십의 유형에서 그 특성과 성과의 정리

유형	특성과 성과
독재형리더	단기적 업적. 단기적 학습. 낮은 유연성(융통성). 불만족, 높은 이직률. 낮은 개혁성, 응종.
비전형리더	높은 업적, 열정, 장기적 헌신, 정서적 몰입, 리더의 부재시 리더를 의존하는데서 오는 곤란성, 리더가 떠나면 이직의 가능성, 리더의 비전이 옳지 않거나 비윤리적인 경우의 문제점.
거래형리더	안정적인 좋은 업적, 임금에 대한 만족, 낮은 개혁성, 응종.
수퍼리더	높은 장기적인 업적, 단기적인 혼동과 욕구불만, 부하의 높은 개발수준, 매우 높은 유연성(융통성), 높은 개혁성, 리더의 부재 시에도 자율적으로 일하는 능력, 팀워크.

여기서 주목할 것은 네 가지 리더십 유형이 다른 사람들에게 영향을 미치는데 활용할 수 있다는 점과, 수퍼리더십이 다른 사람들이 스스로 자신들을 지휘(리드)할 수 있게 한다는 것은 21세기 리더십의 중요한 도전이다(양동민,2005:26).

2) 수퍼리더(Super Leader)

수퍼리더란 다른 사람들이 스스로 자신들을 지휘할 수 있게 하는 리더이다. 즉 구성원들이 자아리더십(self-leadership)을 갖도록 동기를 부여하고 도와주는 리더이다.

"수퍼(Super)"란 어떤 것을 뛰어나게 하는 지혜나 능력을 가리키는 말인데 이 같은 지혜나 능력을 많은 사람들이 소유하고 있다.

따라서 자기 주위에 있는 사람들이 자신들의 능력을 이끌어내도록 도움을 줌으로써 수퍼리더가 된다(이미진,2009:6).

그리고 수퍼리더는 다른 사람들의 강점을 신장시킴으로써 자신의 강점을 다각화 시킨다. 그래서 리더의 업은 구성원들이 자신들의 셀프리더십 기술을 개발하여 조직에 보다 충분히 공헌하도록 도와주는 것이다.

그래서 수퍼리더는 구성원들의 솔선, 주도, 자기 책임, 자신감, 자기 스스로의 목표설정, 긍정적인 기회적 사고 그리고 자기 스스로의 문제해결 등을 고무한다. 그리고 수퍼리더는 명령을 내리기 보다는 다른 사람들이 스스로 책임을 맡도록 고무한다.

수퍼리더십 시각은 영웅적 리더십을 초월한 개념이다. 과거의 경우 각광은 리더가 받으나 수퍼리더십의 경우 각광은 구성원이 받는다. 그래서 구성원들은 이례적인 헌신과 자신들의 일에 대한 주인의식을 경험하게 된다(김남현역,2002:60).

수퍼리더십은 자유방임이 아니다. 다른 사람들이 스스로 자신들을 지휘하도록 고무하는 적극적 리더이다. 때때로 사람들은 자율권부여와 자유방임을 혼돈되는 경우가 있다.

그러나 수퍼리더십에 있어서 두 단어는 분명히 같지 않다. 구성원의 기술, 자신감 특히 지식과 정보를 갖도록 하여 그들에게 '자율권을 부여하려는데 확실하게 초점을 맞춘 전략(Clearly focused strategy to empower)'인 것이다.

그래서 필요한 지식과 정보가 조직 내에 적절하게 저장되어 있는지를 확인하는 것이 효과적인 수퍼리더십을 위해 결정적으로 중요하다. 즉, "오늘날 지식근로자들은 수동적 데이터를 능동적 정보로 전환 시킬 수 있어야 하는데 여기에서 정보는 그 중심에 있는 것이다"(이미진,2009:6).

수퍼리더십은 셀프리더십의 배양과 실행을 자극하고 활성화하는데 주요 목표가 있으며 셀프리더십을 이끌어내기 위해 과정상 필요한 것으로 본다. 따라서 수퍼리더십은 사람들 내부의 셀프리더십을 자극하고 활성화하며 자기 영향력을 외부통제와 권위에 대한 위협이 아니라 높은 성과를 내기위한 중요한 능력으로 간주하는 근본적으로 다른 리더십이론이다(최호승,2001:18).

3) 수퍼리더십에 도전

수퍼리더십은 구성원들을 셀프리더로 만드는 사람이다. 즉 수퍼리더는 리더십의 초점을 구성원들에게 두고, 그들 스스로 자신을 지휘하도록 자율권을 부여하는 리더인 것이다.

수퍼리더십의 목표는 조직내의 구성원 모두가 셀프리더가 되도록 하는 것이며, 셀프리드 내면에 있는 잠재력을 자극하여 실무를 촉진하는 것이다. 즉, 수퍼리더는 구성원들이 가능한 최선의 셀프리더가 되도록 지휘(리드)하는 것이다(박철준,2015:43).

다른 사람들이 스스로 자신들을 리드 할 수 있게 하는 데에 내제된 모처럼 생각되는 점에 대하여는 약간의 지적인 조정이 필요하다. 이 같은 접근법은 리더가 리더십이나 권한을 가지고 있는 기본적 가정을 다시 생각하도록 도전하고 있는 것이다.

긴 안목에서 보면 수퍼리더십은 중대한 이익을 가져다준다.

즉, 업적의 증가, 개혁 및 성취감 등의 이익이 그것이다. 셀프리더십은 엔진이 되어 성공에 필요한 많은 에너지를 공급해 준다. 그리고 셀프리더십은 효과적인 팔로워십의 본질(the essence of effective followership)이기도 하다. 수퍼리더십은 셀프리더십의 여건을 조성해주고 개인들 간의 조정의 수단을 제공하며 능력 개발의 지원 메커니즘을 제공해 준다. 간단히 말해서 수퍼리더는 구성원의 셀프리더십을 고무하고 촉진한다(김남현역,2002:64).

아름다운 꽃도 향기를 잃으면 꽃으로서의 기능을 상실하듯 리더가 구성원들의 마음을 움직일 수 없으면 리더의 존재 의미를 상실한 것이다.

중국의 노자(도가사상의 시조)는 가장 좋은 리더는 "구성원이 리더가 있는지 없는지 모르는 경우와 구성원들이 순종하고 그에게 박수를 보내는 경우"라고 한 것을 만츠와 심스는 이를

'수퍼리더'요, 구성원들을 이끌어 가는 모습을 '수퍼리더십'이라고 하였다.

또한 만츠와 심스는 경영에 있어 수퍼리더십을 '나보다 똑똑한 구성원들이 많이 있다는 것을 인정하고 구성원들이 셀프리더십을 가지고 역량을 최대한 발휘할 수 있도록 환경을 조성하고 동기부여를 할 줄 아는 사람'이라고 하였다.

제5장

코칭 리더십(Coaching Leadership)

인간은 성취하도록 만들어졌고, 성공하도록 설계되었으며,

위대함의 씨앗을 품고 태어난 존재이다.

- 지그 지글러(Zig Ziglar) -

현대의 복잡한 환경 속에서 리더에게 요구되는 것은 급변하는 시대에 적합하고 조직에게 활기를 불어 넣을 수 있는 새로운 패러다임의 리더십 구현일 것이다. 현대의 조직구성원들은 과거와는 다르게 자신의 업무에 대한 자율성을 중시하고 개인의 성장과 발전을 통해 성과를 내고 조직에 기여 하고자 하는 욕구가 강하다. 그러므로 리더는 자신의 경험과 지식, 기술만으로 성과를 달성하고 문제를 해결할 수 있는 능력 뿐 아니라 무한한 가능성이 있는 구성원의 잠재력을 이끌어 내도록 동기를 부여하고 전문가로써 성장 발전할 수 있도록 지원과 피드백을 해줄 수 있는 능력까지 갖추어야 한다(한영수,2013:1).

코칭 리더십은 조직의 업무향상이나 개인의 성장과 발전을 위해서 새롭게 시도되는 21세기 새로운 리더십의 한 방향이다. 코칭 리더십은 인간이 가진 무한한 잠재력에 초점을 맞추고 코칭을 통해 조직구성원이 스스로 문제를 해결하도록 지원하고 개인의 성장과 발전을 통해 개인과 조직의 성과를 성취하도록 하는 수평적 리더십이다. 따라서 사람을 키우는 힘인 코칭과 코칭 리더십에 대해 살펴보고, 코칭 리더십의 기술과 효과 등에 대해 알아보고자 한다.

1. 코칭의 이해

1) 코칭의 개념

심리학교수이자 상담가이며 전문 코치로 활동한 게리 콜린스(Gary R. Collins)는 코칭에 대해 "개인이나 집단을 현재 있는 지점에서 그들이 원하는 지점으로 갈 수 있도록 인도하는 기술이자 행위"라고 말한다(게리 콜린스,2004:27). 또한 코칭전문가 존 휘트모어(John Whitmore)는 "코칭은 성과를 극대화하기 위해 묶여있는 개인의 잠재능력을 풀어주는 것이다. 사람들이 코치의 가르침에만 의존하지 않고 스스로 배우도록 도와주는 것이다."고 정의하고 있으며(존 휘트모어,2016:17), 코치 경영원 대표 고현숙 박사는 코칭의 개념을 "코칭은 코치 받는 사람의 개발을 목적으로 하며, 이를 통해 개인적 직업적인 성취를 도와주는 것이다."고 정의하고 있다(고현숙,2014:43).

즉, 코칭은 인간 그 자체를 존중하고 주도권을 철저하게 상대방에게 주고 스스로 장점과 탁월성을 발견할 수 있도록 지원하여 인정함으로써 상대방의 자긍심을 높여 최상의 변화와 성장을 이끌어내는 강력한 협력관계라고 할 수 있다(정재완,2015:55).

2) 코칭의 유래

코칭의 어원은 헝가리의 도시 코치(Kocsi)에서 개발한 마차에서 유래되어졌다. 전 유럽으로 퍼진 이 마차는 코치(Kocsi) 또는 코트리지(Kotdzi)라는 명칭으로 불리어졌으며 영국에서는 이를 코치(Coach)로 불리어졌다. 이 의미는 승객이 원하는 목적지까지 함께하는 개별 서비스라는 의미로 해석 될 수 있다(하원식,2011:6).

이후 1830년 영국 옥스퍼드 대학에서 학생들의 시험통과를 돕는 가정교사 일을 가리키는 말로 사용되었고, 1861년에 이르러 스포츠 분야에서 사용되기 시작하였는데, 1880년대에 이르러 코치는 케임브리지에 있는 캠 강에서 대학생들에게 노 젓는 것을 개인 지도하는 사람을 가리키는 말로 스포츠용어가 되었다(게리 콜린스,2004:19).

코칭이 본격적으로 비즈니스 업계에 등장한 시기는 미국경제가 불황의 늪에서 허덕이던 1980년 후반이다. 미국의 뒤를 이어 버블경제 붕괴현상이 일어나기 시작한 일본은 1990년 코칭시스템을 도입했다. 이후 유럽, 캐나다, 아시아 지역 등으로 기업 경영관리 및 인재육성의 도구기술로서 코칭이 확산되면서 코칭은 급속히 발전하였으며, 국내에는 2000년대 초반 비즈니스 시장을 중심으로 빠르게 확산되었다(한영수,2013:5).

3) 코칭의 원리

코칭은 3가지 철학으로 구성되어져 있다. 첫째, 모든 사람에게는 무한한 가능성이 있다. 둘째, 그 사람에게 필요한 해답은 그 사람 내부에 존재해 있다. 셋째, 해답을 찾기 위한 파트너가 필요하다는 것이다(하원식,2011:3).

코칭을 비즈니스 분야에서 적용한 존 휘트모어는 코칭은 과거의 잘못이 아니라 미래의 가능성에 초점을 두며, 행동 그 자체일 뿐 아니라 행동이 이루어지는 방식이라고 말한다. 또한, 코치와 코칭 받는 사람 간의 상호관계 및 커뮤니케이션에 의해 결과를 만들어내며, 코칭 받는 사람은 코치가 아닌 자기 자신으로부터 해답을 찾아낸다고 말하고 있다(이인화,2015:10).

여러 학자가 정의하고 있는 코칭은 다음과 같은 공통점을 가지고 있다. 첫째, 코칭을 과정으로 본다. 코치와 코칭 받는 사람의 관계 형성에 의한 상호작용에 초점을 맞춘 프로세스라고 할 수 있다. 둘째, 코칭은 성과 중심이다. 목표를 달성하기 위해서는 직접 행동으로 실천하는 것이 필요하다. 이는 코칭의 행동지향성을 의미한다. 다시 말해, 코칭은 과정 중심적이고 협력적이며, 목표지향적이고 행동지향적인 활동임을 알 수 있다(이인화,2015:13).

또한 코칭은 다음과 같은 특징을 가진다. 첫째, 코칭의 주체는 개인이다. 둘째, 코칭의 성패는 상대성에 의해 좌우된다. 셋째, 코칭의 목적은 변화이다(이민호,2007:29)

4) 코칭과 유사개념

(1) 코칭과 멘토링

멘토링(Mentoring)이란 훌륭한 선생이 자신의 경험지식을 활용해서 충고하고 방향과 의견을 제시하여 가르치는 일대일의 교육이라고 볼 수 있다(안임기,2014:49). 코칭이나 멘토링은 모두 일대일의 관계를 통하여 이루어지며, 둘 다 성장 지향적이라는 점에서 의견을 같이하지만, 가장 근본적인 차이점은 멘토링은 멘토의 지식과 경험, 정보, 안목 등을 멘티에게 전달해 주는 수직적인 성격이 있지만(홍의숙,2009:20), 코칭은 코칭을 받는 사람을 개발시킴으로써 그 사람의 성과를 향상시키는 것에 초점을 맞추고 있다는 사실이다(박주현,2015:14).

(2) 코칭과 티칭

티칭(Teaching)은 배움의 현장에서 지식을 전수하는 것을 말한다. 그러나 코칭은 지식의 전달을 코칭을 받는 사람으로 하여금 스스로 자기 내부를 바라볼 수 있도록 해서 삶의 궁극적인 변화를 추구하게 된다(안임기,2014:53).

(3) 코칭과 카운셀링

카운셀링(Counseling)과 코칭은 일대일로 진행되는 점에서는 유사하지만 코칭은 미래 성과에 관한 결과도출을 위해 구체적인 역량개발, 목표설정과 행동에 초점을 맞추고 성과를 측정할 수 있는 반면, 카운셀링은 고객이 특정 문제를 해결하기 위해 그들의 과거 경험했던 것에 초점을 두고 문제를 해결하는 능력을 가질 수 있도록 도와주는 점에서 코칭과는 다른 점이 있다(조은영,2015:10).

(4) 코칭과 컨설팅

컨설팅(Consertling)은 특정대상에 대하여 해당 분야의 전문가가 자신의 전문지식을 활용하여 제기된 문제점을 분석하고 구체적인 해결책을 제시하는 것이다(조영대,2005). 반면에 코칭은 새로운 각도에서 문제를 보고 질문을 통해 자신의 해결책을 스스로 개발하도록 돕는 것이다. 즉, 컨설팅에 있어서 문제 해결자는 컨설턴트지만 코칭에 있어서 문제 해결자는 당면 문제를 가지고 있는 본인이다(박재진,2012:12). 또한 컨설팅은 일의 성취에 관한 것이지만, 코칭은 일과 개인의 자존감을 높여주는 것까지 다룰 수 있다는 특징을 가지고 있다(이만호,2007:24).

2. 코칭 리더십

1) 코칭 리더십의 개념

코칭 리더십은 리더가 조직구성원에게 영향력을 발휘하기보다는 신뢰를 바탕으로 양방향 수평적 커뮤니케이션을 통한 경청, 질문, 격려로 구성원 자신이 가진 능력과 잠재력을 그들 스스로가 발견하도록 하여 개인과 조직의 성과를 극대화 시킬 수 있는 수평적 리더십을 말한다(한영수,2013:7).

코칭 리더십은 일반적인 관리기법과는 달리 조직구성원의 역량에 대한 믿음을 바탕으로 구성원 스스로가 자신의 문제를 해결하는 답을 찾을 수 있도록 지원하는 리더와 구성원간의 파트너십에 기반을 둔다(이은주,2011:23). 즉, 리더와 구성원과의 신뢰관계가 전제되었을 때 리더가 구성원의 잠재적 역량을 개발 및 향상시키고, 주어진 자신의 임무를 스스로 완수하고 해결할 수 있도록 구성원의 학습 능력을 향상시키는 과정이라고 할 수 있다(정리라,2015:23).

2) 코칭 리더십의 특징

신뢰를 전제로 하는 코칭은 리더와 구성원간의 원활한 대화가 필수적이며 개방성, 파트너십 그리고 자발성이 생길 수 있는 분위기가 우선시 되어야 한다. 이를 충족시키기 위한 코칭 리더십의 중요한 특징으로 이민호는 9가지를 제시하고 있다. 첫째, 코칭은 객관적 데이터가 기반이 되어야 한다. 둘째, 코칭은 조직 구성원의 행동 변화를 통해 성과 향상을 꾀한다. 셋째, 코칭은 인간관계에 초점을 맞춘다. 넷째, 코칭은 그 과정을 서두르지 않는다. 다섯째, 코칭은 대화를 필요로 한다. 여섯째, 코칭은 열린 마음이 필요하다. 일곱째, 코칭은 겸허해야 한다. 여덟째, 코칭은 조화와 균형을 요구한다. 아홉째, 코칭은 자기 책임을 요구한다(이민호,2007:20-22).

또한 최은정은 코칭리더십의 특징을 10가지로 정리하고 있다. 첫째, 코칭은 조직에서 리더가 주도하는 인력계발의 수단이다. 둘째, 코칭은 과제 해결 능력의 확장과 완성뿐만 아니라 심리학적 성숙(자신감, 용기, 의욕, 활동의 의미, 책임감)을 가능하게 한다. 셋째, 코칭은 업무 결과의 지속적인 개선을 목표로 한다. 넷째, 코칭은 리더와 구성원이 서로 신뢰하는 파트너십을 기반으로 구성원의 발전을 위해 노력하는 과정이다. 다섯째, 코칭은 요구하고 지원하는 것이다. 여섯째, 코칭은 당면한 문제를 해결하는 과정에서 이루어지는 지원이다. 일곱째, 코칭은 리더와 구성원의 공동 목표가 달성되었을 때 끝난다. 여덟째, 코칭을 하는 리더는 사회적 능력, 자아능력, 코칭 대화를 효율적으로 이끌 수 있는 지식과 어느 정도의 업무능력을 갖추고 있어야 한다. 아홉째, 코칭을 받은 구성원은 수동적인 대상이 아니라 적극적인 참여자가 되어 자신감을 키우며 목표달성을 위해 의식적으로 능력을 사용하게 된다. 열째, 코칭은 리더와 구성원 사이에서 일어나는 공동의 발전 과정이므로 강요될 수 없다(최은정,2005:6-7).

3) 코칭 리더십의 구성요소

Stowell(1986)은 코칭 리더십이 조직구성원들에게 미치는 영향을 연구한 결과, 성과로 이어지는 구성요인을 방향제시, 개발, 평가, 관계라고 제시하며 이를 통해 코칭 리더십을 발휘할 수 있다고 하였다(조수연,2013:22). '방향제시'는 조직 구성원이 수행하는 업무나 추구하는 과제의 목적 또는 조직이 최종적으로 달성하려는 목표에 대한 올바른 방향을 설정하도록 도와주는 리더의 영향력을 의미한다. '개발'은 조직 구성원의 능력, 기술 등 역량의 향상과 보다 높은 성과 창출을 도와주는 것이다. '평가'는 조직 구성원이 수행한 업무나 과제를 리더가 공정하게 평가하고 피드백을 주어 성과를 측정하는 것이다. 마지막 '관계'는 조직 구성원과의 개방적이고 신뢰적인 관계를 구축하는 리더의 영향력을 의미한다(정리라,2015:10).

Talarico(2002)는 코칭리더십의 구성요소를 개인과 조직의 필요점을 정확히 파악하는 이슈분석, 전략적이며 적절한 질문이 포함된 타인에 대한 경청, 강력한 리더십 발휘와 적절한 피드백을 제공하는 독려와 격려, 신뢰에 기반한 관계형성 등으로 분류하였다(정태영,2011:32).

Elliger와 Keller(2003)가 제시하는 코칭리더십의 구성요소는 효과적인 의사전달, 학습촉진, 피드백제공 및 요청, 정보제공, 질문하기, 목표설정, 인식전환 기술 등이다(정태영,2011:33).

Mclean(2005)가 제시하는 코칭리더십의 구성요소는 열린 대화, 팀 차원 접근, 인간적 배려, 모호함의 수용 등이다. 그러나 Mclean(2005)의 코칭요소는 관리자가 중심이 되는 요소로서 개발하였고, 특히 팀 차원 접근, 인간적 배려와 모호함의 수용은 조직구성원의 입장에서 이해되고 수용될 수 있는 코칭요소로는 부합한 것으로 지적되었다(오효성,2009:14).

Heslin, Vandewalle, Lathan(2006)은 코칭리더십의 구성요소를 성과증진을 위한 코칭으로서, 첫째 관리자가 조직구성원에게 성과를 기대하고 수행결과와 관련된 건설적인 피드백을 제공하는 안내, 둘째, 관리자가 조직구성원에게 직무 수행과 관련된 문제를 스스로 해결하고 직무성과를 향상시킬 수 있는 방법을 탐색하고 분석하는 것을 도와주는 촉진, 셋째, 관리자가 조직구성원이 지닌 잠재능력을 개발하고 깨닫는데 흥미를 끌게 하고 영감을 불어넣어주는 감화 등으로 제시하였다(박재진,2012:22).

Park(2008)는 Mclean(2005)가 개발한 열린 대화, 팀 차원 접근, 인간적 배려, 모호함의 수용 등 네 가지 코칭요소에 개발 코칭요소를 추가하여 다섯 개의 코칭리더십 요소를 제시하였다(정태영,2011:33).

4) 코칭 리더십 프로세스

코칭 프로세스는 업무계획 수립부터 업무처리 중 일어나는 문제의 해결과정에 이르는 전반적인 과정을 말하며, 이는 곧 코치인 리더와 코칭을 받는 대상인 조직구성원이 목표달성을 하기 위해 거치는 과정을 의미한다(한영수,2013:13). 일련의 유기 활동으로 이루어진 코칭 프로세스는 코칭과정에서 대화의 목적과 방향을 유지함으로써 성과를 창출한다(송영수,2011:56).

기존 연구에서 제시된 코칭 프로세스는 두 가지로 구분할 수 있다. 첫 번째는 코칭의 진행전부터 진행후까지의 전체과정에 대한 프로세스이다. 두 번째는 한 회차 코칭을 효과적으로 진행하기 위한 회차 진행 프로세스이다. 코칭의 효과성을 높이기 위해서는 코칭 전체 과정에 걸친 정교화된 프로세스의 설계가 필요하다. 사전단계, 코칭 진행단계, 사후단계에서의 적절한 지원이 있을 때 코칭의 효과성을 높일 수 있다(이은주,2011:20).

코칭 프로세스는 국내외 코칭 전문기관에서 개발한 다양한 모델을 가지고 있다. 각 기관마다 코칭 프로세스는 고유의 용어와 단계, 모델을 가지고 있지만 대체적으로 기대하는 성과목표를 확인하는 단계, 평가 및 피드백 단계, 구체적인 행동계획 수립 및 실행단계, 마무리 등 네 개의 단계로 분류할 수 있다(송영수,2011:56).

3. 코칭 리더십의 기술

1) 경청

코칭을 하기 위해서는 정확한 정보가 필요한데, 정보를 수집할 수 있는 방법은 듣는 것이다. 올바른 경청을 위해서는 판단하지 말고, 상대방의 말을 끝까지 듣고 기다리는 훈련이 필요하다. 또한 가르치려는 생각을 버려야 하고 상대방에게 급한 마음에 정답을 제공하려고 한다면 그것은 잘못된 코칭의 기술이다(안임기,2014:56).

(1) 경청의 종류(게리 콜린스,2004:134-137)

① 일상적 경청 : 가정 보편적인 기술로 사실 파악을 위한 경청이다. 이를 통해 알아야할 것과 해당하는 것을 듣는다.

② 적극적 경청 : 말하는 이에게 초점을 맞추어 말에 집중하며, 세심한 주의를 기울이고 깊은 관심을 보인다. 표정, 태도, 초점 맞추기를 통해서 말하는 사람과 조화를 이루고 싶어 한다는 것을 보여 준다.

③ 직관적 경청 : 상대방이 말하는 동안 알아채지 못하는 모순점, 어휘들에서 드러나는 태도와 감정, 각기 다른 시간에 반복해서 나타나는 주제들, 표현에서 감지할 수 있는 가치와 신념, 미래에 대한 꿈과 좌절, 발전을 가로막는 자기태만적 행위 등을 듣는다.

(2) 경청기법 3단계(폴정,2016:123-134)

① 1단계 자기중심적 경청 : 자신의 관점에서 판단하거나 자신의 의도대로 경청하는 것이다.

② 2단계 상대중심적 경청 : 상대에게 집중하여 상대의 어조, 속도, 태도 등에 맞추어 반응하고 상호 교감하면서 경청하는 것이다. 이를 위해서는 아이콘택트, 미러링, 백트래킹과 같은 상대에 대한 배려와 집중력이 필요하다.

③ 3단계 3F 경청 기술

- 사실 경청(Fact) : 상대가 말할 때 내 생각이나 고정관념으로 판단하지 않고 있는 그대로의 객관적인 사실만 듣는 것이다.
- 감정 경청(Feel) : 상대의 이야기를 들으며 상대가 현재 어떤 감정 상태인지를 잘 감지하고, 상대의 감정에 공감하며 듣는 것이다.

● 의도 경청(Focus) : 상대의 이야기를 들으며 상대가 진짜 원하는 것이 무엇인지, 진짜 하고자 하는 의도가 무엇인지를 파악하며 듣는 것이다.

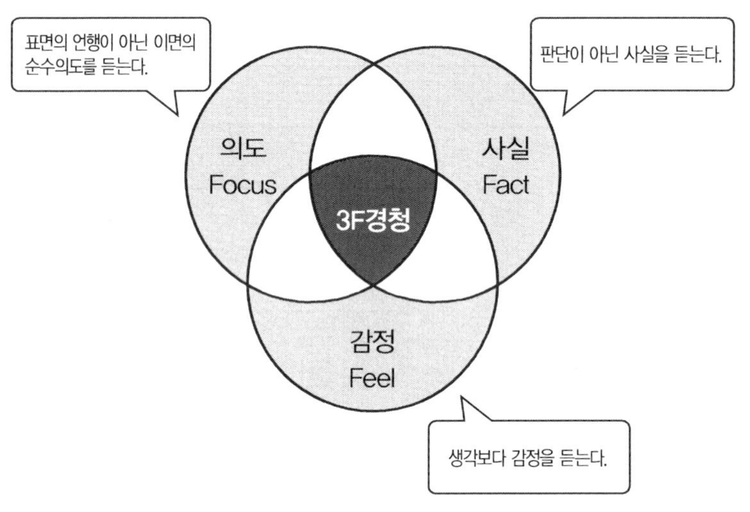

* 출처 : 폴정(2016), 코칭설명서:130

[그림 5-1] 3F 경청 기법

2) 질문

코치는 질문으로 하여금 상대방이 자신의 문제에 대해서 스스로 파악하고, 어떻게 해결할 것인가를 모색할 수 있도록 도움을 주기 위해서 반드시 질문하는 기술을 익혀야 한다(안임기,2014:59).

(1) 질문의 종류(이전호,2014:63-64)

① 발견질문 : 코칭을 받는 사람이 자신과 현재 상태 그리고 비전을 발견하기 위한 것으로 주로 무엇, 언제, 어떻게, 누구, 어디서와 같은 질문을 한다.

예) 코칭을 통해서 무엇을 얻기를 원하십니까?

앞으로 1년후 당신의 삶이 어떻게 변하기를 원하십니까?

② 강력한 질문 : 코칭을 받는 사람이 한 번도 생각해보지 못한 참신한 생각을 자극하고 새로운 통찰로 인도하며 문제를 명확히 하고 혁신적인 가능성을 찾아내도록 도전하는 질문이다.

예) 당신에게 성공이란 어떤 것입니까?

당신이 이토록 두려워하게 하는 것은 무엇입니까?

③ 기적질문 : 코칭을 받는 사람이 상상하도록 하고 어떻게 달라질 수 있는지를 그려보게 하는 질문이다.

예) 오늘 밤 잠자리에 들어 내일 아침이 오기 전에 기적이 일어났다고 가정해 보라. 눈을 떠보니 당신이 고민하던 문제가 해결되었고 당신이 바라던 모든 것이 이루어졌다. 어떻게 달라졌을까?

과거에 시도했던 것들 중에서 성공적이었고 다시 시도해 볼 만한 것은 무엇입니까?

④ 과제질문 : 자기성찰, 일기쓰기, 사색, 가까운 친구와의 깊은 대화에 시간을 보내면 효과를 볼 수 있는 문제들과 관련된 것이다.

예) 당신은 영적으로 성숙하기 원하지만, 그것이 무엇을 의미하는지 모른다고 말씀하셨습니다. 다음 주에는 시간을 내서 당신에게는 그것이 무엇을 의미하는지 생각해 보면 어떨까요?

당신은 쉬는 것이 힘들다고 말씀하셨습니다. 다음 주에는 긴장을 풀기 위해 무엇을 할지 목록을 만들어 봅시다.

(2) 질문의 방법(이민호,2007:59-60)

① 직접적 질문 : 문제의 핵심을 직접적으로 집어내는 것으로 복잡한 상황에서 어떤 결정을 해야 할 때 유용한 방법이다.

② 개방적 질문 : 상대방을 통제하는 것이 아니라 상대방의 마음문을 열고 더 많은 대답을 하게 하는 것이다.

예) 그 부분에 대해 조금 더 말해 주시겠습니까?

③ 소유권 질문 : 스스로 주도적으로 행동할 수 있도록 하는 것으로 책임의식을 가지고 스스로 문제를 판단하고 방향을 정하도록 하는 것이다.

예) 당신이 나와 같은 상황이라면 어떻게 하겠습니까?

④ 시각을 바꾸어 주는 질문 : 상대방이 자신의 상황을 전혀 다른 쪽에서 보게 하며 신선한 충격을 받도록 하는 질문 방법이다.

예) 이 상황에서 감사할 수 있는 부분이 있다면 무엇일까요?

3) 반응과 격려

(1) 반응

① 말로 반응하기 : 코치가 경청하고 있다는 것을 표현하는 것으로, "아하", "대단하군요", "계속하세요", "엄청난 경험을 하셨군요!"와 같은 말들은 코치가 상대방에게 집중하고 있음을 나타낸다(게리 콜린스,2016:147).

② 피드백 : 리더가 조직 구성원의행동과 생각에 긍정적이고 미래지향적인 반응을 함으로 조직 구성원의 생각과 행동의 영역을 의식적, 무의식적으로 확장시켜주는 기술이다(이민호,2007:62).

- 긍정적 피드백 : 다른 이에게 동기를 부여하고 자신감을 갖게 하며, 인간관계도 개선하는 최고의 수단이다(박봉수, 2014:185).
- 발전적 피드백 : 조직 구성원의 행동이 기대에 미치지 못한 경우 문제가 되는 행동을 구체적으로 지적하고 개선방안을 함께 모색하는 것이다(이민호,2007:63). 발전적 피드백의 목적은 상대방의 발전에 기반을 두어야 한다(박봉수,2014:187).

③ 브레인스토밍 : 아이디어, 가능성, 선택지를 만들어 내려는 목적으로 고객과 코치가 창조적으로 협력하는 것이다. 가끔은 비현실적이고 개연성이 전혀 없는 아이디어가 실행 가능하고 진지하게 탐색해 볼 가치가 있는 가능성을 이끌어내기도 한다(게리 콜린스,2016:148).

④ 요청하기 : 코칭을 받는 사람이 스스로 찾아낸 통찰과 행동 계획과 달리, 코치가 코칭을 받는 사람에게 도움이 될 만한 관찰이나 경험을 말해주고자 할 때 사용한다(이전호,2014:66).

(2) 격려

① 인정과 칭찬 : 칭찬은 사람에게 용기와 열정을 북돋아주기도 하고 운명을 바꿔놓기도 한다. 칭찬을 할 때 가장 중요한 것은 칭찬을 하는 사람이 진정성을 가지고 해야 한다는 것이다. 즉, 칭찬이란 그냥 듣기 좋은 말을 나열하는 것이 아니라 상대의 가치와 열정, 성품, 강점, 노력의 결과 등에 대해서 긍정적인 표정이나 말, 행동을 통해 표현하는 것이다(폴정,우수명,2015:76).

② 수용과 지지 : 격려는 진심에서 우러나와야 한다. 격려는 수용과 이해를 바탕으로 한다. 수용과 이해는 시너지를 동반하는 관계의 기초이다. 다시 말하면 격려와 지지란 다른 사람들이 그들의 욕구를 충족시키도록 열심히 돕겠다는 자신의 의지를 보이는 것이다(이전호,2014:67).

4. 코칭 리더십의 효과

1) 코칭 리더십 효과에 대한 선행연구

(1) 코칭 리더십과 학습조직

코칭은 비교적 짧은 기간 내에 코치와 코칭 받는 사람 간의 수평적인 커뮤니케이션 활동을 통해서 코칭 받는 사람으로 하여금 피동적 행위가 아닌 자발적인 행동을 하게 하여 개인과 조직이 당면한 문제의 상황을 개선하거나 일반 상황을 향상시키는 특성이 있다(최은수 외, 2013:299).

특히, 코칭 과정에서 코치는 상대방이 과거에 학습했던 내용을 의식적으로 지각할 수 있도록 도와주게 되는데, 과거의 학습경험에 대한 이해의 연장선상에서 학습자는 학습을 풍부하게 할 수 있게 되고 호기심을 키우며, 다양한 환경에 응용할 수 있는 역량을 쌓을 수 있게 된다(정태영,2011:14).

Griffiths(2005)는 코칭이 이루어지는 과정과 프레임웍은 기본적으로 평생학습 이론과 연계되어 있다고 하면서 효과적인 학습을 위한 개인 코칭 모델 연구를 통해서 코칭이 접목된 학습모델을 제시하였다. 이 학습모델은 성인학습자의 개인목표가 중심이 되면서 지식에 대한 요구를 통해서 개인의 목표를 성취하고, 목표성취는 기대하는 학습결과를 가져온다는 것을 설명하고 있다. 이 과정에서 적극적인 경청, 강력한 질문, 문제해결 과정 등을 통하여 코칭이 이루어지고 있음을 제시하고 있다(박재진,2012:38).

Law, Ireland와 Hussain(2007)은 학습 사이클에서 변화를 가능케 하는 원동력은 성찰이라고 하였다. 그들은 이러한 성찰을 통한 내적 전환으로서의 의식형성 과정인 추상적 개념화와 외적 전환으로서의 행동표출 과정인 행동의 발생은 코치와 코치받는 사람이 상호 교류하는 구체적인 경험을 통해서 이루어진다고 하였다. 코칭은 조직구성원이 경험학습의 각 단계에서 다음 단계로 넘어가는 것을 돕는다. 이를 통해 코칭과 경험학습은 상호 밀접하게 연계되어 있음을 알 수 있다(정태영,2011:20).

이상에서 살펴본 바와 같이 코칭은 학습과 밀접한 관련성을 가지고 있다. 코칭은 그 자체가 학습이고 더 나아가서 다양한 학습을 촉진하여 학습효과를 극대화시키는 역할을 수행하고 있다(박재진,2012:38).

(2) 코칭 리더십과 문제해결 능력

Strom(1997), Greene과 Grant(2003)는 코칭을 문제를 해결하고 수행능력을 향상시켜 성과를 얻어내는 것, 문제해결에 초점을 둔 결과 지향적이고 체계적인 과정으로 보았다. 그리고 Peterson과 Hicks(1996)는 코칭의 목적 측면에서 문제해결능력을 강조하는데, 코칭은 코치와 코칭받는 사람의 상호관계에서 비롯되며 현장에서 직면한 문제의 해결과 개인의 능력

개발을 목적으로 한다고 하였다(정태영,2011:70).

Srivastava와 Bartol, Locke(2006)는 리더들이 코칭 리더십을 통해 조직 구성원이 문제를 해결할 수 있도록 도와줌으로써 문제해결에 대한 영향력을 강조하였다. 또한 여러 연구에서도 코칭이 업무 능력과 실행 능력을 향상시킨다는 것을 밝히고 있는데, 이와 같은 업무 능력은 포괄적으로 문제해결 능력과 관련성이 크다는 것을 볼 때 코칭 리더십이 문제해결 능력에 긍정적인 영향을 미치고 있다는 것을 알 수 있다(최은수 외, 2013:303).

(3) 코칭 리더십과 조직 유효성

코칭 리더십의 중요성이 점점 커지는 이유는 리더의 코칭 리더십을 통해 조직구성원들이 자발적으로 동기부여를 하게 되어 조직에 몰입할 수 있기 때문이다. 장태관(2005)은 개발 및 관계 코칭 리더십이 모두 역량과 의욕에 영향을 미쳤으며 그 중 개발 코칭 리더십은 역량에, 관계적 코칭 리더십은 의욕에 더 큰 영향을 미친다는 사실을 확인하였다. 우경화(2009)는 직무기반 코칭 리더십의 모든 행동들이 조직구성원이 직무만족과 조직몰입에 영향을 미친다는 연구결과를 제시하였으며, 신준섭(2010)은 코칭 리더십의 요인분석 과정에서 업무요인과 관계요인 모두 조직몰입과 직무만족에 정(+)의 영향을 미치는 것으로 확인하였다. 또한 이혜경(2013)은 리더의 코칭, 특히 코칭 중에서도 조직구성원의 성과향상 및 역량개발을 위한 코칭이 조직구성원의 조직신뢰와 조직몰입에 긍정적인 영향을 미치어 코칭을 많이 하면 할수록 구성원의 조직신뢰와 조직몰입은 증대되는 것으로 확인하였다(조은영,2015.16).

2) 코칭 리더십을 통해 얻을 수 있는 이익

코칭 리더십을 통해 돌아가는 이익은 크게 3가지로 분류할 수 있다. 첫째, 구성원이 누리는 이익이다. 구성원들은 자신의 맡은 업무를 성사시키며 노력하는 과정에서 더욱 발전하며 자신의 가치를 확인하고 자신감을 키우는 계기가 된다. 또한 리더는 그에게 조직 생활의 의미를 깨닫게 하고 의욕을 북돋아 줌으로써 자신이 높게 평가 된다는 느낌을 가지며 자신의 깨닫지 못했던 능력에 기뻐하게 된다. 이는 구성원들의 자신감과 능력 개발로 급변하는 시대에 보다 빨리 적응 및 대응할 수 있는 구성원으로 변화 발전하도록 한다.

둘째, 리더가 누리는 이득이다. 코칭을 통한 구성원의 발전은 그들에게 점차 많은 책임과 업무를 감당하게 되고, 이로 인해 리더는 자신의 업무에 더욱 매진하며 조직 구성원의 발전 방향을 조정하는데 더 많은 시간을 투자할 수 있게 된다. 코칭의 기본자세와 행동방식을 받아들인 리더는 조직 구성원과 더욱 화합하여 의사결정 문제해결 과정을 파트너적인 입장에서 해결해 나간다. 코칭은 남을 강하고 성공적으로 만들려는 의도가 있기 때문에 먼저 자신의 권력과 기존의 습관을 버림으로서 시작된다. 이는 자연스런 권위를 유발하며 미래지향적인 리더로 높은 인정을 받게 된다.

셋째, 조직과 구성원이 누리는 이득이다. 조직적 시각으로 코칭은 전반적인 서비스와 생산성 향상을 꾀 할 수 있다. 코칭은 개인의 잠재력을 향상 발 시켜 시너지 효과를 내는 프로세스다. 구성원의 의욕과 사기가 넘친다면 조직의 목표에 못 도달할 일은 없을 것이다. 코칭의 리더문화가 자리 잡은 조직은 구성원에게도 질 높은 서비스를 제공하게 된다. 조직은 훌륭한 분위기에서 일하며 긍정적인 에너지를 고객관리에 쏟는 구성원을 원하고 그 구성원은 고객과 파트너 관계를 형성함으로써 고객과 자신의 욕구를 존중하고 용납하게 된다(이준우,2010:8-9).

제6장

진성리더십(Authentic Leadership)

1. 진성리더십의 개념

1) 진정성이란?

서구에서 진정성의 개념은 소크라테스의 언명인 "네 자신을 알라"라는 자기인식에 대한 언명에서 기원한다. 자신이 자신에게 해주는 삶의 스토리와 남들에게 들려주는 자신에 대한 스토리가 같거나, 또는 적어도 외면적 상태가 알려진 내면적 상태를 따라오지 못할 경우 이 상태와의 괴리를 줄이기 위해 무단히 노력하는 모습을 지칭한다(Kernis, M. H. & Goldman, B. M,2006:283-357)

진정성의 개념과 가장 혼동을 일으키는 말은 성실성이다. 이 둘의 차이는 판단의 준거가 내면인지 외면인지에 따라서 갈린다. 진정성은 판단의 중심이 자신의 내면의 본질에 관한 스토리이다. 반면 성실성의 판단기준은 내면적 스토리와는 상관없이 주변 사람들에게 들려주는 자신에 대한 외면적 스토리들이 서로 일관성이 있고 예측가능하지를 말한다(Erikson, E. H,1979).

진정성과 충돌을 일으키는 또 다른 개념은 마음씨 착한 사람에 대한 개념이다. 진정성이 있는 사람과 착한 사람과는 서로 구별되는 개념이다. 물론 진정성이 있는 사람들이 다 착한 것은 사실이지만 문제는 착함만을 가지고는 진정성 있는 사람이 되지 못한다. 자신의 삶에 대한 목적적 스토리가 있는지의 여부가 착한 사람과 진정성이 있는 사람을 구별해 주는 핵심이라고 할 수 있다. 영어의 'Authenticity'는 우리말 진정성이 담고 있는 내용보다 훨씬 심오한 철학을 담고 있는 말이다 (Kernis, M. H. & Goldman, B. M.2006:283-357).

'Authenticity Leadership'을 진정성 리더십이라고 단순하게 번역해서는 안 된다. 하지만 신이 아니고 유기적으로 변화하는 심리상태를 가진 인간에게 이와 같은 보편적 진실성을 강요하는 것은 무리이다. 따라서 진정성은 행동이나 태도나 말 등 겉으로 나타나는 것들이 행위 주체가 되어 체험하는 심리적이고 정서적인 주관적 내면의 상태와 일치하는지의 문제로 규정해야 하는 것이 맞다. 신을 제외하고는 진정성의 진위를 판단해줄 수 있는 주체는 자기 자신뿐이기 때문이다(Taylor, Charles.1989).

인간은 개인적 욕망도 있지만 가슴에 더 큰 목적을 품고 이것을 구현하기 위한 삶을 살기도 한다. 항상 욕망과 목적 사이의 갈림길에 우리 삶이 위치지어져 있지만, 어떤 계기에 의해서 목적 지향적 삶이 자연스럽게 나의 모든 행동, 태도, 말 속에 녹아 있는 삶의 규율을 획득했다면 사람들은 그러한 개인을 진정성 있는 사람으로 규정할 것이다. 진정성을 인정받는 것은 자신의 주체적 삶의 스토리가 다른 사람들에게도 더 높은 목적적 가치로 다가가서 도덕적 울림(Moral Sentiment)을 창출했을 때이다. 이런 점에서 진정성은 비도덕적인 개인적 욕망이나 자아도취적 주관주의, 또는 지나친 도구적 이성의 원리와는 배치된다(박용구,2003:290-291).

2) 진성리더십이란?

진성리더(Authentic Leader)와 일반리더의 가장 중요한 차이는 영향력의 원천에 있다. 진성리더는 진정성 있는 사명을 기반으로 구성원을 임파워먼트 시켜 영향력을 행사하는 사람이다. 진정성 있는 사명은 진성리더의 핵심을 구성한다. 사명은 삶의 목적지이자, 진북(True North)이다. 중요한 것은 사명의 진정성인데 여기에서의 진정성(Authentic)의 어원은 authentikos로 원본이 가지는 독창성을 의미한다. 독창성이 있는 원본을 만들어내는 사람들을 작가(Author)라고 부른것도 이러한 어원에서 출발한 것이다(Kernis, M. H. & Goldman, B. M.2006:283-357).

어떤 삶에 대한 사명의 진정성이 증명되기 위한 최고의 조건은 자신이 주인공이 되어 스스로 체험한 자신의 삶의 스토리를 스스로가 만들어냈을 때이다. 따라서 진성리더에게 중요한 것은 사명 즉 자신이 향하고 있는 삶의 목적지의 진정성인데 진정성을 증명하기 위해서는 이 사명이 자신이 만든 스토리이고 자신이 이 스토리의 진짜 주인공이라는 것을 스스로 입증하는 것이다(Shamir,B. & Eilam, G. 2005:395-417).

진성리더(Authentic Leader)를 더욱 정확하게 정의하면 자신의 사명과 일관된 삶을 사는 과정을 통해 사명을 자신의 품성으로 내재화한 사람이다.

이때 진성리더의 본질을 구성하고 있는 목적적 스토리는 진정성이 있는 사명에서 나온다. '사명'은 조직이나 사람들이 이 세상에 '존재해야만 하는 이유' 혹은 삶의 '궁극적 목적'을 말한다. 진정성 있는 사명은 우리의 영혼을 일깨워주는 영혼의 종소리이다. '사명'은 '진북(True North)'에 비유하기도 한다. 진성리더는 스킬이나 스타일이 아닌 자신의 사명에 대한 스토리를 내재화 한 '품성'을 기반으로 사명을 구현하는 일에 '선한' 영향력을 행사하는 사람이다(George, Bill, Sims, Peter & Gergen, David,2007).

진성리더십이 21세기의 새로운 리더십의 패러다임으로 주창된 것은 2001년 터진 엔론 사건을 계기로 미국의 MBA에서 지금까지 가르친 리더십이 탐욕스러운 경영자들의 돈 버는 기계가 되는 법만을 가르쳤다는 것을 깨달았다. 이 사건을 계기로 지금까지 MBA에서 키워온 리더들이 결국 진짜 리더가 아니라 유사리더만을 육성해왔다는 것을 인정한 것이다(김명

수·장춘수,2012:282). 결국 진성리더의 본질은 한마디로 사명에 대한 진정성 있는 믿음이다. 이들의 행동, 말, 태도는 사명이 믿음으로 내재화된 품성에 기반을 두고 있기 때문에 항상 자연스럽고 일관된 상태를 유지한다. 진성리더가 연기하는 삶에서 벗어나 있는 이유도 이것이다.

3) 진성리더십에 대한 오해

진성리더십에 대한 이론이 아직까지는 개발 중인 상태여서 진성리더십을 오해하는 측면도 많다.

첫째, 진성리더들도 기존의 리더들처럼 비전을 기반으로 조직과 구성원들을 이끌 것이라는 오해이다. 진성리더는 비전도 중요시 하지만 그보다 비전의 목적지에 해당하는 사명을 더 중요시 한다. 사명은 회사나 구성원들에게 충만한 영혼의 종소리를 들려주는 힘이다. 사명을 잃어버린 순간 사람들이나 회사는 방향을 잃고 이해할 수 없는 행동에 몰입하기 시작하는 이유가 바로 여기에 있다. 진성리더에게는 비전이 아니라 사명이 리더십의 중심이다.

둘째, 진성리더는 기존 리더십을 모두 부정한다는 것이다. 하지만 그렇지 않다. 진성리더도 스킬과 스타일을 강조하지만 이 스타일과 스킬이 리더의 품성인 진성에 뿌리를 내리고 통합되어 있어야 한다는 점을 강조한다. 이처럼 리더의 품성을 리더의 뿌리로 강조한다는 점에서 진성리더십은 '근원적 리더십(Root Leadership)'으로 볼 수 있다. 진성리더십은 리더의 본질인 진성이 확립되었을 경우 이 진성을 제대로 구현할 수 있는 리더십 스킬과 역량과 스타일이 선정될 수 있고 이런 경우에만 리더의 품성과 리더십 스킬간의 최적의 접목이 일어날 수 있다고 본다. 진성리더십은 리더십 스타일이나 스킬을 부정하는 리더십이 아니라 진성을 충분조건으로 보고 스킬과 스타일을 포함한 통합적 리더십이다(Avolio, B. J. & Gardner, W. L.2005:315-338).

세 번째, 진성리더의 기반인 품성은 타고난 것이기 때문에 바꿀 수 없는 것으로 생각한다는 점이다. 인성은 타고난 측면이 강하지만 품성은 인성을 넘어서 오랜 기간의 훈련과 규율을 통해서 내재화하여 스스로가 만들어 낸 것이다. 근대 심리학의 할아버지인 윌리엄 제임스(William James)는 진정한 품성을 "특정한 정신적 혹은 윤리적 태도가 있어서 이것만 생각하면 마음 속 깊은 곳으로부터 자기 자신에 대해서 강렬하게 살아 있다는 진실된 자아의 느낌을 불러오는 그 무엇"이라고 정의한다(http://iep.utmedu/james-o).

네 번째, 착한리더의 이미지라서 우유부단 하여 성과를 못 낼 것이라는 주장이다. 이는 잘못된 주장이다. 진성리더가 일반리더들과 다른 점은 단기적 성과나 비윤리적 성과를 넘어서 지속가능한 목적 있는 성과를 지향하는 리더라는 점이다. 진성리더가 성과에서 단기적 성과뿐 아니라 목적 있는 성과를 통해 차이를 만들어 낼 수 있는 이유는 리더의 필요조건인 역량과 스킬 뿐 아니라 리더의 충분조건인 사명의 스토리를 믿음으로 내재화한 품성을 가지고 있고 구성원들이 이 리더의 품성을 마음속으로 받아들이기 때문이다.

다섯 번째, 진성리더를 성인군자와 동일시하는 데에서 오는 오해이다. 진성리더는 자신의 존재이유인 진북(True North)을 찾으려 끊임없이 학습하고 성장해가는 과정에 몰입해 있는 사람이지 이미 완성된 성인군자가 아니며, 자신이 인정한 죄를 극복하기 위해 끊임없이 성찰하고 학습하는 사람이다. 이런 점에서 만델라는 진성리더를 가르켜 "학습하는 죄인"이라고 부르고 있다(만델라,2013).

여섯 번째 진성리더는 개인의 품성을 강조하기 때문에 조직적 상황을 무시한다는 주장이다. 이 역시 잘못된 주장이다. 진성리더십은 진성리더라는 리더십의 씨앗과 진정성 있는 조직(Authentic Organization)이라는 리더십의 토양간의 상호작용을 중시한다. 기존의 상황이론에서는 상황적인 특성에 리더의 자유의지를 종속시켰다면 진성리더십은 리더가 상황을 적극적으로 해석하고 재구성하여 바꾸어 나갈 수 있다는 점을 강조한다.

2. 진성리더십의 기본원리

1) 정신모형

인간의 뇌를 통해 복잡한 세상의 질서를 재구성해 세상이 어떻게 돌아가는지를 이해하게 만드는 가정, 신념, 가치, 정체성, 지식, 노하우 등으로 만들어진 인지적 지도를 정신모형이라고 한다. 즉 마음의 지도가 정신모형이다. 이 인지적 마음의 지도가 없을 때 사람들은 세상이 어떻게 돌아가는지를 이해하지 못하고 세상은 그냥 혼돈 상태로 남게 된다. 정신모형의 가장 중요한 기능이 세상에 존재하는 불확실성을 설명함으로써 불확실성으로부터 자신을 보호하는 불확실성 제거기능이다(Johnson-Laird, P. N,1983).

정신모형에는 정신모형I과 정신모형II가 존재한다. 정신모형I은 과거에서 지금까지 살았던 체험들을 근거로 만들어진 지도이고, 정신모형II는 앞으로 살 목적지를 찾아가기 위해 만든 미래의 지도이다. 정신모형I은 어디에서 왔고 어디에 서 있는지를 보여 준다면 정신모형II는 지금 어디에 서 있고 앞으로는 어디로 향해 갈 것인지 미래의 자신의 목적지를 찾아 길을 떠나가고 있는 모습을 보여준다. 정신모형은 과거, 현재, 미래에 대한 자신의 정체성을 기반으로 자신의 삶의 스토리를 구성해주는 구성요소가 된다. 현실이 그렇지 않더라도 믿음 속의 상상의 세계를 현실로 만들어가는 과정을 구성주의적 현실이라고 한다. 정신모형II가 세상을 변화시켜나가는 플랫폼으로 작동되는 이유가 바로 구성주의 원리 때문이다(Burr, Vivien,1995:193-206).

정신모형II는 미래의 세계이므로 현실에서는 아직 실현되지 않은 세계이다.

하지만 이 세계에 대한 믿음을 발전시키면 결국 믿음 속에 존재했던 세상이 실제에서도 탄생할 수 있다. 진성리더란 정신모형II를 구성해서 그에 대한 믿음을 진전시킨 결과일 것이다. 정신모형II를 플랫폼으로 삼아 세상을 변화시키는데 성공한 사람들이다. 전신모형II가 없었다면 인류에게 역사적 진보도 없었을 것이다.

진성리더란 남다른 정신모형II를 가지고 세상을 구성주의적으로 변화시키는 사람을 말한다. 사람들은 정신모형I에 의지해서 살다가 어떤 사건이 기존의 정신모형I을 넘어서서 새로운 정신모형II를 만들게 되는 계기를 마련해 주었을 때 이 사건을 각성사건이라 한다. 각성사건은 영혼의 종소리를 듣고 영혼이 잠에서 깨어나는 계기를 마련해주고 이를 통해 잠에서 새로운 정신모형II가 만들어진다.

진성리더들은 각성경험을 통해 정신모형I에 근거한 삶에서 정신모형II에 근거한 삶으로 변혁을 경험한 사람들이다. 이 계기로 새로운 정신모형II가 구축되며 인생의 새로운 터닝 포인트가 만들어진다(윤정구,2012).

문제는 모든 사람들이 이처럼 각성사건을 경험하지는 않는다는 것이다.

이 경우 정신모형II를 디자인하는데 사용되는 구성변수(Governing Variable)로는 여러 가지를 들 수 있으나 절대로 빠져서는 안 되는 변수가 사명, 가치, 비전, 정체성이다. 진성리더의 정신모형II를 구성하는데 가장 중요한 구성변수는 사명 혹은 목적이다. 사명과 목적은 우리가 죽는 순간 도달해야 할 삶의 최종적 목적지이다. 이 사명의 진정성이 진성리더의 모든 것을 결정해 준다.

진성리더의 정체성인 창조된 정체성은 현재와 과거에 집착하는 자신을 넘어서서 미래에 대한 정기적 안목을 갖게 하는 근원이기도 하고, 자신만의 시각으로 남들의 인생을 포용하게 하는 근원이기도 하고, 진북을 찾아 인생을 더 깊이 있게 관조하게 하는 근원이기도 하다(윤정구,2015:123).

2) 진성(眞性)

진성리더십에서 이야기 하는 진성(眞性)이란 진성리더들만이 가진 품성을 지칭한다. 품성은 형성되는데도 시간이 걸릴 뿐 아니라 한번 형성된 품성은 잘 바뀌지 않기 때문이다. 사람이라 하면 모두가 인성을 가지고 있지만 품성을 가진 사람은 많지 않다. 인성과는 달리 품성은 개인들의 사명에 대한 선택과 선택한 사명에 대한 실천적 자기훈련을 통해서 만들어지는 것이다. 품성은"개인의 정체성의 기반이 되는 정신모형의 '미션, 비전, 가치가 상상적 체험과 실제적 체험을 통해 일관성 있게 표출되는 인간의 본질적 속성"이다(윤정구.2015;110-124).

진성리더의 품성인 진성은 진성리더의 사명이 삶 속에서 검증되어 자신에게 믿음으로 내재화된 상태를 말한다. 진성리더가 품성의 향기를 풍기는 것은 바로 믿음으로 내재화한 사명에 대한 향기이다.

품성은 사명의 스토리가 검증되어 이미 믿음으로 내재화 된 상태를 이야기하기 때문에 품성을 형성했다는 것은 품성이 명하는 스토리대로 행동하고 말하고 태도를 보이기 때문에 조심해야할 이유가 전혀 없다.

리더의 크기는 품성의 크기이고 품성의 크기는 사명의 크기에 의해서 결정되며 진성리더가 풍기는 품성의 향기의 원천은 바로 사명이다.

진성리더의 품성인 진성을 갖춘 리더의 대표적인 속성은, 행동, 말, 태도가 일관된다는 점이다. 진성리더가 보여주는 모든 것이 진성리더의 정신모형II의 사명, 비전, 가치에 내재해 있기 때문이다. 말, 행동, 습관, 태도, 정서 등은 장소나 상황, 시간에 구애받지 않고 일관되게 표현된다. 결국 믿음으로 내재화한 진성리더의 정신모형II는 신이 인간에게 선물한 가장 보배로운 원석이다. 이 정신모형을 갈고 닦아 다이아몬드를 만들 것이지 싸구려 보석을 만들 것인지는 전적으로 자신에게 달려있다. 정신모형II가 영혼을 깨우는 사명을 담은 다이아몬드로 가공될 때 정신모형은 진성리더들의 아름다운 성품으로 다시 태어난다. 진성리더는 구성원들에게 자신만의 품성인 진성을 파는 사람들이다(윤정구,2015:182).

3) 자기규율 & 투명성

정신모형II는 진성리더가 자신의 미래의 성장한 모습을 통해서 현재 모습을 성찰해볼 수 있는 거울이다. 이 거울을 이용하여 현재의 모습을 성찰해내는 과정이 자아인식이라면 이 자아인식을 통해서 파악한 현재의 모습과 미래의 바람직한 모습간의 차이를 파악하고, 이 차이를 줄여나가는 실천적 프로젝트를 수행하는 과정이 자기규율이다. 자기규율은 자신의 정신모형이 주장하는 바들을 실천을 통해 검증하여 믿음으로 만드는 과정이다. 믿음으로 전환되지 않는 정신모형은 플라스틱 정신모형으로서 정신모형으로서의 생명이 없다. 진성리더들은 정신모형 속의 가정들을 생명 있는 믿음으로 전환시키기 위해 주변 사람들이 측은하게 생각할 정도로 열심히 할 수 있는 모든 것을 다해 가정을 검증한다.

진성리더는 사명을 혼자의 힘으로는 구현할 수 없다는 것을 누구보다 잘 알고 있다. 이들은 사명을 구현하는 과정에 다른 사람들을 동원할 수 있는 탁월한 능력을 보여준다. 이는 사람들에 대한 존재론적 태도를 통해 관계적 투명성을 담보하기 때문이다. 이들은 구성원들을 존재론적으로 대우해 나를 넘어 우리라는 공동체의 사회적 자본을 만들어간다(Adler, Paul & Kwon, Seok-Woo,2002:17-40).

리더와 구성원과의 관계적 투명성은 두 사람 사이에 어떤 교환을 하든지 거래를 할 때 불확실성이 없는 상태 즉 거래비용이 들지 않는 상태를 이야기 한다. 이와 같은 관계적 투명성은 상대를 소유론적으로 보는 것이 아니라 존재론적으로 대할 때 생성된다. 소유론적으로 상대를 본다는 것은 상대를 나의 이득을 달성하는데 도움을 줄 수 있는 수단이나 물건으로 보는 것을 말한다. 관계적 투명성이 기반이 되었을 때 사람과 사람들 사이에는 신뢰를 기반으로 한 사회적 자본이 생성된다. 진성리더는 관계적 투명성을 기반으로 사회적 자본을 만들어내는데 특별한 능력을 보이는 사람들이다. 사회적 자본이란 사람들이 서로간의 관계에서 믿음을 구축했기 때문에 상대가 가지고 있는 자본을 내 자본처럼 빌려서 쓸 수 있는 상태를 이야기 한다(Putnam, Robert,2000).

소유론적 관계로 인간관계를 접근하는 사람들은 권위적 위계관계로 조직을 관리하는 것에 편안함을 느끼는 반면, 존재론적 관계를 중시하는 사람들은 공동체 속에서 수평적으로 일하는 것을 중시한다. 프랑크푸르트 학파의 분석에 따르면 권위주의란 약자가 강자에게 자신을 종속시켜 강자가 휘두르는 파워의 힘을 대리 경험 할 수 있다고 믿는다(신일철,1992).

하마바스의 소통 이론에 따르면 존재론적 관계에서는 공동의 목적달성을 위해서 모든 구성원들이 어떻게 협력할 수 있는지가 중시된다. 공동의 목적에 대해서 협력하고 결과에 대해서 공동의 책임의식을 느끼고 같이 몰입하는 한 모두가 우리이다. 존재론적으로 상대를 대우한다는 것은 상대도 자신의 정신모형의 감옥에 갖혀 있고 나 자신도 갇혀 있고, 상대의 정신모형과 내 정신모형 간에는 엄연한 차이가 있다는 것을 인정하는 것이다(Arbinger Institute,2006).

진성리더는 '우리관계'의 복원을 위해 자신이 정신적 감옥에 갇혀서 살고 있다는 사실을 인정하지 못한다면 우리는 다른 사람과의 차이를 이해하지 못할 뿐만 아니라 끊임없이 다른 사람을 자신의 정신적 감옥 안으로 끌어 들이려 한다. 진성리더들이 사명을 구현하기 위해서 사회적 자본을 성공적으로 동원하는 비결은 차이와 다양성에 대한 존중에서 시작된다. 이 차이와 다양성을 '우리'라는 관계 속으로 끌어들이고, 공동의 사명을 기반으로 새로운 세계를 만들어 나간다. 이 모든 것이 결국 관계를 존재론적으로 접근할 때 생기는 관계적 투명성 때문이다. 투명한 관계는 관계 자체를 의미가 있고 가치가 있게 만들어 사명과 더불어 더 큰 우리를 만들어 나가는 기반이 된다.

3. 진성리더십의 심화원리

1) 학습원리

(1) 일원학습

일원학습이란 있는 가정이 잘못되었을 경우 가정을 바꾸기 보다는 현재의 가정을 유지시켜주는 방향으로 전략이나 전술을 수정하거나 개건하는 학습이다. 방안의 온도가 40도로 올라가면 자동으로 에어컨이 켜지고 20도로 떨어지면 자동으로 꺼지도록 설정해 놓았다고 가정할 경우 40도로 올라가면 에어컨이 켜지고 20도 이하로 떨어지면 에어컨이 꺼지도록 학습하는 것은 일원학습이다. 학생이 성적이 안 오를 경우 자신의 공부에 대한 태도나 습관을 고쳐보기보다는 학원을 옮겨보든지 교재를 바꿔보는 방식을 택한다면 일원학습을 하는 것이다. 시험에서 틀리지 않고 최고의 효율적인 전략을 찾아서 배우고 있다면 이것은 일원학습이다. 우리나라 학교에서 일어나고 있는 학습은, 심지어는 대학에서의 교육에서도 일원학습의 범위를 벗어나지 못하고 있다. 우리나라의 교육은 성숙한 전인으로서의 리더를 길러내는 교육이라기보다는 답안이 정해져 있는 시험을 잘 볼 수 있는 인지적 기술자를 길러내는 교육이다(윤정구,2015:170).

(2) 이원학습

이원학습(Double-Loop-Learning)은 정신모형Ⅰ이 가지고 있는 가정들의 문제점을 고쳐나가는 학습이다. 정신모형Ⅰ 속에 들어있는 가정들은 처음부터 불확실성을 해소하기 위해서 주먹구구 방식으로 검증된 가정들이다. 또한 가정과 가정 사이의 관계도 논리적인 것과는 거리가 멀다. 그리고 오래전에 만들어져서 새롭게 변화한다 세상과는 맞아 떨어지지 않는다. 따라서 이 가정들을 기반으로 세상을 해석하고 이 해석에 근거해서 행동을 할 경우 그 행동은 예측과 맞아 떨어지지 않을 개연성이 높다. 정신모형I의 가정이 세상을 예측하지 못할 때 나타나는 현상을 우리는 '실수' 라고 부른다. 유사리더들은 자신의 정신모형을 지키기 위해서 실수를 감추거나 인정하지 않거나 변명을 늘어놓지만, 진성리더는 이 실수를 인정하고 이 실수의 원인이 되고 있는 가정을 찾아서 고쳐나간다. 자신의 실수를 허심탄회하게 자복하고 반복되지 않도록 자신이 가졌던 세상에 대한 가정을 고쳐나가는 자세가 유사리더와 진성리더의 차이점이다. 구성원의 피드백을 잘 받아들이며 목표지점에서 다음 목표지점까지 가장 효율적으로 갈수 있는 길을 알려주는 자세를 가지며 진성리더는 이원학습을 통하여 항상 최신 상태로 정신모형I을 업데이트 한다(윤정구,2015:164).

(3) 삼원학습

이원학습이 내비게이션에 해당되는 정신모형I을 상황에 맞추어 끊임없이 업데이트 하는 학습이라면 삼원학습은 사명에 귀를 기울여 사명의 목소리에 따라 더 의미 있는 삶을 살 수 있도록 정신모형II를 만들고 이것을 기반으로 정신모형I과의 간극을 줄여나가는 더 고차원 학습이다. 이 학습이 가능하기 위해서는 정신모형II의 구성요소들인 사명, 비전, 가치, 정체성 등이 믿음으로 형성되어 있어야 한다.

정신모형II의 사명이 나름의 검증과정을 통해 믿음으로 발전 될 경우 정신모형I에 대항하는 학습의 매커니즘을 구성한다. 암묵적 지도인 정신모형I은 평상시에는 절대로 모습을 드러내지 않고 있다가 명시적 지도인 정신모형II가 만들어져 이것을 기반으로 성찰할 수 있을 때 비로소 그 실체를 드러낸다. 정신모형I이 지배하는 삶에서 벗어나기 위해서는 정신모형II가 필수불가결한 이유이다. 진성리더가 학습하는 원리는 이원학습과 삼원학습이다. 이원학습이 잘못된 결과에 대한 피드백을 통해서 지금까지 살아왔던 방식을 인도해주는 지도인 현재의 정신모형I에 내재된 원리를 고쳐나가는 방식의 귀납적 학습이라면 삼원학습은 먼저 미래의 살아갈 모습을 담은 새로운 정신모형II를 설정하고 정신모형I과의 차이를 줄여나가는 프로젝트를 진행하는 방식의 연역적 학습법이다. 지금 사는 방식대로 열심히 산다고 해서 이루어지는 것이 아니라 의식적으로 새로운 미래의 삶을 이끌어줄 새 정신모형에 대한 선택이 전제되어야만 가능하다(윤정구,2015:166).

2) 도덕적 감정과 긍정심리자본

진성리더와 구성원들이 정신모형II라는 자동차를 타고 사명이 목적지까지 도달하는 데는 휘발유와 윤활유가 필요하다. 도덕적 감정은 휘발유의 역할을 수행하고 긍정심리자본은 윤활유의 역할을 수행한다. 도적적 감정은 공동체의 복리나 구성원들의 복리에 영향을 미치는 정서이다(Haidt, J,2003:852-870).

(1) 죄의식

진성리더는 실수를 하지 않는 신과 실수를 통해서만 성장하는 인간의 차이를 잘 알고 있다. 진성리더는 인간이 고차원의 학습인 이원학습이나 삼원학습을 통해 성장하는 과정은 자신의 허물을 벗는 과정을 통해서 이뤄진다는 것을 잘 알고 있다. 자신의 잘못과 죄에 대해서 허심탄회하게 자복하고 삶의 다음 라운드에서는 똑같은 죄와 실수를 범하지 않게 되는 상태가 되어가는 것을 학습으로 규정한다. 반면 유사리더들은 자신이 잘못을 저질러 놓고도 남들에 의해서 알려질 때까지 자기 방어 전략을 구사한다. 자신이 먼저 자복하는 법이 없다 이런 유사리더들은 자신의 성인아이를 남 탓으로 외재화 시켜 무시고 만들어 국민에게 고통을 주는 사람들이다. 진정한 인간임을 포기한 죄의식이 전혀 없는 사람들이다.

(2) 긍정적 도덕 감정 : 자부심, 숭고함, 긍휼감, 감사

진성리더는 정신모형II에 내재화 되어 있는 진정성 있는 사명을 구현하는 과정에서 자신과 구성원에게 자부심, 숭고함, 긍휼감과 감사의 마음을 불러일으킨다. 그리고 이러한 도덕적 감정을 체험한 구성원들은 진성 리더의 사명을 자신의 사명으로 받아 들여 이것을 구현하는 자발적 행동에 몰입한다.

진정성 있는 사명의 스토리는 진성리더와 진성리더를 따르는 구성원들이 이 세상에 다녀감으로써 세상이 지금보다 얼마나 더 따뜻하고 행복하고 건강하게 변모될 수 있는지에 대한 스토리이다. 이 사명에 대한 이야기는 진성리더와 구성원의 가슴을 따뜻하게 열어주는 역할을 수행한다. 이는 사명에 대한 이야기가 우리가 만들 새로운 세상에 대한 자부심으로 가득 차 있어서일 수도 있고, 또는 세상의 표준을 새롭게 설정함으로써 세상의 지평을 연다는 숭고함을 느끼기 때문일 수도 있다.

긍휼감(Compassion)이란 상대의 고통을 자신의 고통처럼 느끼기 때문에 그 상태를 해소하기 위한 자발적이고 희생적 행동을 하게 되는 상태를 말한다. 진성리더가 사명을 구현하기 위해서 측은할 정도로 노력하고 희생하는 모습을 구성원들이 목격했을 경우 이들도 리더의 희생적 행동에 동변상련의 긍휼감을 느낀다. 또한 진성리더가 만들어가는 세상이 진성리더들만을 위한 세상이 아니라는 것을 알고 있고 이처럼 남을 위해 자발적으로 희생하는 리더를 지켜보면서 구성원들은 리더의 행동에 무한한 감사함을 느낀다. 결국 긍정적 도덕 감정은 구성원들의 마음을 따뜻하게 열어서 이들이 사명을 향해 자발적 행동을 활활 타오르게 하는 휘발유 역할을 수행하는 것이다(Tangney, J. P.,Stuewig, J. & Mashek, D. J,2007:345-372).

(3) 긍정심리 자본 : 낙관, 회복탄력성, 효능감, 희망

사명을 장착한 정신모형II가 작동하기 위해서는 구성원들의 마음을 열고 자발적 실천을 유도하는 휘발유로서 도덕적 감정이 필요하지만 장기적 여행에서 정신모형II가 제대로 작동하기 위해서는 각 국면 국면마다 필요한 윤활유가 있다.

첫째, 낙관주의이다. 맹목적 낙관이 아니라 현실적 낙관주의이다.

진성리더들은 근거 없는 맹목적 낙관에서 벗어나서 현실적 낙관주의적 사고를 가지고 있다. 현실적 낙관주의는 도달해야 할 목적지를 현재 서 있는 장소에 대한 정확한 인식을 근거로 설정하려고 노력한다. 현재 서 있는 장소가 아무리 암울한 현실을 반영한다 하더라도 무시하거나 부인하지 않고 그 현실을 있는 그대로 직시한다.

둘째, 사명을 장착한 정신모형II를 생활 속에서 검증하는 '회복탄력성' 단계이다. 회복탄력성은 어려운 상황에도 불구하고 자신이 지켜야 할 본질을 지키기 위해서 오뚝이처럼 일어설 수 있는 심리적 능력이 있는지의 문제이다. 용수철처럼 어려운 상황에서도 부러지지 않고 원래의 모습을 복원할 수 있는 능력을 회복 탄력성이다.

셋째, 정신모형II에 대한 검증을 통과해서 정신모형에 장착되어 있는 사명, 비전, 가치, 정체성이 가정의 상태에서 믿음의 상태로 전환되는 국면이다. 가정의 상태에서 믿음의 상태로의 전환은 진성리더에게 사명, 비전, 가치, 정체성에 대한 자신감의 근원을 제공해준다. 정신모형II를 기반으로 한 삶에 대한 근원적 믿음이 바로 '효능감'이다.

넷째, 새롭게 획득한 정신모형II에 대한 믿음의 눈으로 조직과 세상을 변화시켜 나가는 과정이다. 이때 필요한 긍정심리 자본은 희망이다. 변화된 세상에 대한 모습을 구성원과 함께 설정하고 이 세상을 만들기 위해서 해결해야 할 장애나 목표를 정확하게 설정해서 낙담하지 않고 성공체험을 공유하는 심리적 능력이 희망이다. 진성리더는 낙관의 메시지이든, 회복탄력성의 메시지이든, 효능감의 메시지이든, 희망의 메시지이든, 국면마다 필요한 메시지를 통해 구성원들이 정신모형II를 받아들여 이를 통해서 세상과 조직을 변화시키는데 성공하는 체험을 전달할 수 있는 긍정심리의 전도사이다(Jensen, S. M. & Luthans, F,2006:254-273).

4. 진성리더십의 실천 I

1) 실천개념

리더가 구성원들에게 미칠 수 있는 영향력의 최대치는 구성원들이 자신의 정신모형 I 을 지키려는 방어기제를 포기하고 정신모형 I 의 감옥에서 뛰쳐나와 정신모형II를 마련하여 진성리더로의 여정을 시작할 수 있게 도와주는 것이다 진성리더는 구성원들이 진성리더로 성장하는데 무궁무진한 사회적 자본이 되어 줌으로써 둘은 '일'을 넘어서 '운명'을 공유하는 관계로 묶이게 된다. 진성멘토나 진성코치는 일반사람에 비해 자아인식의 수준이 월등히 높은 사람이다. 사람들은 일상에서 물리적 거울을 통해서 주로 자신의 앞모습만을 확인하고 살아가지만 진성코치나 진성멘토는 자신의 앞모습뿐만 아니라 자신의 뒷모습까지 통째로 볼 수 있는 사람들을 말한다. 이와 같은 높은 수준의 자아인식에 기반을 두고 코칭과 멘토링을 수행할 때 다른 사람들이 자신의 내면의 문제와 결점을 제대로 인식하고 이것을 넘어설 수 있는 계기를 마련할 수 있는 것이다. 이와 같은 관계로 맺어진 코칭과 멘토링은 서로에게 긍정적 영향력을 행사하여 서로가 믿고 의지할 수 있는 '운명공동체'를 만들어간다(스캇 팩,2007:123).

2) 진성멘토링

코치가 행동을 중심으로 구성원의 정신모형I이 가진 문제점을 피드백을 통해 고쳐주는 역할을 수행한다면 멘토는 새로운 정신모형 II를 디자인하는 것을 도와주는 사람이다. 듣지도 보지도 말하지도 못하는 삼중고의 성녀라고 불리는 헬렌 켈러는 7세 때부터 가정교사 설리번에게 교육을 받고 1900년에 하버드 래드클리프 칼리지에 입학하여 우등생으로 졸업하였다. 그녀는 시각, 청각, 언어장애를 가진 사람으로는 최초로 대학교육을 받은 사람이었다. 그녀의 노력과 정신력은 전 세계 장애인들에게 희망을 주었고 다양한 장애복지 활동으로 빛의 천사라고도 불렸다. 설리번 선생은 헬렌 켈러에게 '장님에게 현실적으로 필요한 것은 세상을 볼 수 있는 눈이 아니라 자신을 이끌 수 있는 마음의 눈'이라는 말을 통해 그녀가 자신만의 정신모형II를 만들어 자신을 이끌 수 있도록 독려했다(헬렌 켈러,2008).

대부분의 사람들이 리더로 성장할 플랫폼인 정신모형II를 마련하지 못하고 평범한 삶을 사는 사람으로 생을 마감한다. 그 이유는 뛰어난 정신모형II를 설계하는 일에 도움을 줄 수 있는 멘토를 주변에서 만나지 못했기 때문이다. 진성멘토와 구성원간의 관계는 정신모형II의 설계를 통해서 '운명'을 공유하는 관계로 발전된다. 서로는 운명의 파트너십을 형성하게 된다. 운명의 파트너십은 리더가 향후 사명과 비전의 횃불을 치켜들 때 부하들이 자발적으로 동참해 헌신하는 공동체로 발전하게 하는 원천이 되기도 한다.

3) 진성코칭

진성코치는 구성원들이 이원학습을 통해서 자신의 정신모형I에 갇혀서 살고 있다는 것을 인정하고 정신모형I에서 벗어나려 하지 않는 행동인 방어적 기제를 수정해 나가는 것을 도와준다. 한 마디로 진성코치는 구성원이 의존하고 있는 정신모형I의 문제점을 들추어 고쳐나가는 이원학습의 동반자이다.

진성코치들은 구성원이 방어적 행동에서 벗어나서 자신의 실수를 허심탄회하게 분석하고 고쳐나가는 것을 도와준다. 진성코칭이 성공해서 구성원이 가진 정신모형의 결함이 고쳐진 증거는 다시 비슷한 실수를 반복하지 않는 것이라고 할 수 있다. 그래서 진성코치들의 과제는 구성원이 자신의 정신모형에서 벗어나 과감하게 실수를 해보고 이것을 학습과 성장의 기제로 사용게 하는 것이다. 이들에게 실수는 가장 중요한 학습과 성장의 기제로 사용하게 하는 것이다. 이들에게 실수는 가장 중요한 학습의 재료인 만큼 구성원들이 실수에 대한 두려움을 극복할 수 있도록 심리적 안정지대를 만들어주어야 한다. 진성코치들의 행동강령은 실수에 대한 긍정적 피드백과 구성원이 스스로 깨달을 수 있도록 도와주는 지적자극이다 (윤정구,2012:189).

4) 심리적 안정지대

농구 황제 마이클 조던은 자신의 자서전에서 "나는 지금까지 9,000번이 넘게 슛을 성공시키지 못했다. 나는 300번 넘게 경기에서 졌다. 사람들이 나를 믿어 주었을 때조차 26번이나 결정적인 슛을 넣지 못했다. 나는 계속 실패하고 또 실패하였다. 그것이 내가 성공한 이유다라고 말했다(www.brainyquote.com/quotes/authors/m/michael_jordan.html.).

이야기는 실수가 곧 성장과 학습의 근원임을 역설하고 있다. 마네기 멜론 대학의 랜디 포시 교수는 자신의 마지막 강의에서 실수를 통해 배우지 못할 때가 바로 진짜 패배라고 말한다.

코치에게는 구성원들이 업데이트 되지 않은 정신모형I의 속성인 방어기제를 버리고 자신의 심리적 안정지대를 만들어 실수에 대한 자신감을 회복하게 하는 것이 가장 중요한 문제이다. 이처럼 진성코치들은 구성원들이 실패나 실수를 통해서 자연스럽게 배울 수 있는 환경인 심리적 안정지대를 잘 조성해준다.

물론 구성원이 코치를 신뢰하지 않는다면 구성원들이 방어기제를 해체하고 심리적 안정지대에 뛰어드는 실험에 동참할 리가 없다. 신뢰의 더 심층적 근원은 코치가 자신의 일에 대해서 가지고 있는 진정성 있는 사명에 대한 믿음이다. 아무리 뛰어난 코칭에 대한 스킬로 중무장하고 있다 하더라도 구성원이 코치가 가진 사명의 스토리에 대해서 믿음을 갖지 않고 있다면 코칭스킬이 작동할 리가 없다(랜디포시,2008).

5. 진성리더십의 실천 II

1) 리더십개발

진성리더들을 개발해내기 위해선 기존의 리더십 훈련 방법과는 전혀 다른 방식이 제사 되어야 한다는 주장에 대해서 많은 학자들이 공감해왔다.

진성리더는 성과를 넘어서 조직에 문화적 스토리를 남기는 사람들이다.

Schein은 리더들이 조직의 문화를 만들고 구성원들이 이 문화에 적응해가는 과정을 진성리더를 개별적으로 육성하는 3단계와 진성리더를 육성하기 위한 조직문화4단계로 나눠서 시뮬레이션 하고 있다.

진성리더 육성 3단계 중 첫째 단계는 대상을 선정하는 단계이다. 유사리더십의 문제점을 절실하게 경험한 사람들이나 어떤 이유든 진성리더가 되기를 진정으로 열망하려는 욕구가 높은 사람들을 중심으로 대상을 선정하는 단계가 필요하다.

둘째, 진성리더십을 받아들이게 할 수 있는 탈 학습과정이다. 진성리더십의 프로그램이 자신에 대한 변혁을 요구하는 한 리더십에 대한 기존의 가정들을 사전에 제거하지 못할 경우는 실패한 프로그램으로 끝날 가능성이 높다. 기존의 유사리더십을 탈 학습시키는 프로그램들이 만들어져 실행되어야 한다. 셋째, 본격적으로 진성리더십의 프로그램을 디자인하고 훈련하는 단계이다. 지금까지 리더십 훈련의 원리가 되어온 스킬 중심의 프로그램에서 탈피해서 진성리더십의 원리인 믿음, 성찰, 실천, 품성을 각성시킬 수 있는 프로그램이 만들어 져야 한다(Cooper, C., Scandura, T. A,2005:475-495).

다음으로는 진성리더를 육성하기 위해 조직과 문화를 설계하는 일이다.

첫째, 잠재적 진성리더의 선발 인력이 진성리더십의 실천에 성공할 경우 내재적, 외재적 보상을 연동하도록 설계하는 단계이다. 진성리더들의 정신모형II를 실제로 조직의 과제를 통해서 검증해 이것을 믿음의 플랫폼으로 완성하는 단계이기도 하다. 둘째, 개인을 넘어 조직 단위에서 진성리더 자신의 정신모형II를 기반으로 조직의 정신모형II의 정비를 통해 진성리더십이 나와 나의 업무를 넘어서 회사의 모든 중요한 문제들에 정당성의 원천으로 작용하게 만드는 단계이다. 셋째, 진성리더십을 통해서 조직차원에서 긍정적 효과를 낸 결과물이나 사례 등을 발굴해서 공유하는 작업이다. 마지막 단계는 진성리더십에 해악이 되는 사례가 만들어질 경우 이에 대한 조직차원의 대응체계를 구축하는 단계이다(Shamir, B. & Eilam, G,2005:395-419).

2) 진성코치의 행동양식

코치의 숫자만큼이나 코칭의 방법론도 다양하다. 어떤 방법을 사용하든지 코치가 쓰는 기술은 지적자극과 건설적 피드백의 한 범주에 속한다. 지적자극이란 코치가 열린 질문을 통해 구성원 스스로가 정신모형I에서 빠져 나오게 도와주는 것이다. 열린 질문은 응답자가 자신의 생각을 반영할 수 있도록 디자인된 질문이다. 따라서 정답이 정해져 있지 않은 질문들을 말한다. 육하원칙 중에서는 주로 왜, 무엇을, 어떻게 등의 질문을 포함한 질문이 열린 질문이 될 개연성이 높다. 또 다른 코칭의 스킬은 건설적 피드백 능력이다. 피드백은 지금의 행동이 바람직한 행동인지 아닌지에 대한 객관적 정보를 제공해 주는 것 이지만 코칭을 받는 대상이 미래에 촉망받는 리더로 성장할 수 있다는 긍정적 단서를 제공해주는 측면도 담겨 있어야 한다. 코치가 사용하는 피드백은 즉각적이고, 진실한 느낌이 풍기고, 구체적이고 개인적이고, 문제에 대한 비난이 아니라 문제해결을 목표로 삼고 있어야 하며, 피드백의 대상은 행동에 중점을 두고 행동의 문제가 구성원의 성격이나 충성과 같은 인간적 문제로 확대해석되지 않도록 조심해야 한다. 또한 코치의 개인적 피드백을 넘어서 코칭을 받는 사람의 행동에 의해서 영향을 받는 주변 이해관계자들의 집단적 의견을 피드백해 줄 수 있다면 그 효과는 더 크다고 볼 수 있다. 또한 코칭 피드백은 한 쪽 면만을 볼 수 있는 거울이 아니라 서로를 볼 수 있는 양 사이드의 거울이라는 점에서 코치가 평소자신의 결점에 대한 피드백을 인정하지 않는 모습을 보였다면 코칭을 받는 사람도 진심으로 코치의 피드백을 받아들이지 않을 것이다(Goldsmith, Marshall,2012).

3) 다양성 & 갈등관리

21세기는 어떤 방식으로든 창의성을 발휘할 수 없다면 생존이 불가능한 시대이다.

다양한 경험을 갖춘 인재를 채용해서 이들이 집단지성을 발휘할 수 있는 환경을 만들어주어야 한다. 상식적인 생각과는 달리 눈에 보이는 다양성 즉, 성별, 나이, 인종의 다양성은 오히려 해결하기가 쉽다. 오히려 눈에 보이지 않는 심층적 다양성인 가치관, 태도, 문화 등에서 기인한 다양성이 더 극복하기 힘들다. 왜냐하면 눈에 확연히 보이는 다양성은 시간이 지나면서 익숙해지기 때문에 오히려 당연한 것으로 받아들이다. 다양성 문제를 해결하는 방식은 지금까지 진성리더가 리더십을 발휘하는 원리인 정신모형II를 통해서이다. 정신모형II를 구성원들과 공유하고 이에 관련된 모든 활동을 정신모형에 정렬시키는 것이다. 구성원들은 진성리더가 설파하는 목적, 사명, 가치, 비전에 대해서 공감대를 형성하고 이것을 구현하기 위해 자신이 가진 다양한 역량을 동원한다. 이질성과 동질성의 한 축을 택하기보다는 이 둘을 창의적으로 결합시키는 인적자원전략을 동원한다(윤정구,2015:257).

갈등은 소통의 한 양식이기 때문에 극한 갈등을 제외하고는 관계를 개선하거나 목적달성에 기능적일 수 있다. 진성리더는 갈등을 회피하기보다는 적정한 수준의 갈등을 허용하고 갈등요소를 직시함으로써 상황을 더 잘 이해하고 학습하는 계기로 삼는다. 천둥치고 비 온 후에 하늘은 더 맑게 개고 땅은 더 단단하게 굳듯이 적당한 양의 갈등은 조직이나 개인에게 순기능적인 측면이 많다. 단 갈등의 목적은 조직의 정신모형II를 더 잘 이해하고 더 잘 달성하는 것에 있어야 한다. 조직의 정신모형II에 도달하고 이것을 완성하기 위한 과정에서 생기는 갈등은 적정한 수준에 관리되어질 때 다음과 같은 순기능을 가지고 있다.

[1] 갈등을 통해서 쌓였던 앙금이나 긴장, 스트레스가 풀려 정서적 순화를 경험할 수 있다.

[2] 외부와의 갈등은 우리 팀 내의 결속을 다지는 계기를 마련해 준다.

[3] 이해하지 못했던 입장 차이를 보다 명료히 이해할 수 있는 계기가 된다.

[4] 갈등을 통한 해결방안의 모색은 긍정적 변화를 도출할 수 있다.

갈등의 역기능적 결과와 순기능적 결과의 차이는 갈등을 통해서 보다 높은 차원의 새로운 것을 배우게 된 계기가 되었는지 아니면 오히려 서로에 대한 부정적 안목과 불신만 커졌는지에 달려 있다고 볼 수 있다(윤정구,2015:248).

제7장

셀프 리더십(Self Leadership)

생각하는 관점의 틀(Frame)을 바꾸면 인생이 달라진다.
우리세대의 가장 위대한 발견은 인간이 자신의 마음가짐을
바꿈으로써 삶을 바꿀 수 있다는 사실을 발견하는 것이다.

- 윌리엄 제임스(William James) -

리더(Leader)란 우리말로 "지도자" 또는 "사람을 이끌어가는 사람"이라고 말할 수 있다. 경영학의 아버지 피터 드러커는 "리더란 회사의 목적에 동참하여 그 실현을 위해 주변사람들을 고양시키고, 앞장서서 헌신과 책임을 다하는 사람"이라고 말했다.

리더십의 정의에 대해서 Yukl(2002)은 리더십을 무엇을 해야 리더에게 가장 효과적일 수 있는 특성, 기능, 행동을 결정해 주는 상황의 여러 측면을 확인하는 데 초점을 두었다. 리더십은 인류의 역사와 더불어 진화해 왔다고 해도 과언이 아니며 오늘날 세상의 변화상을 보여주고 있다. 리더가 구성원에게 영향력을 행사하는 과거 전통적인 리더십과는 달리 셀프리더십은 자기 노력과 훈련을 통해 길러지며, 창의적이고 유연한 사고로 현대생활의 구성원이 되기 위한 리더십이다. 따라서 셀프리더십은 선천적으로 타고난 것이나 다른 사람에 의해 통제받는 수동적 자세가 아니라 자신 스스로를 동기부여하고 자기 자신의 환경을 능동적으로 리드하는 것을 말한다. 이러한 셀프 리더십을 발휘하고 본인이 셀프 리더가 되기 위한 지침을 본장에서는 자신에게 내재한 힘의 근원을 찾고 개발하며 자신의 영향력을 더욱 높게 만들 수 있는 셀프리더십에 관하여 셀프리더십의 개념, 정의 및 중요성, 셀프리더십 구성요소인 이론과 전략, 본인을 위한 셀프리더십 개발 등으로 나누어서 살펴보기로 한다.

1. 셀프리더십(Self Leadership)의 이해

1) 셀프리더십의 개념

셀프리더십의 개념은 Knowles와 Knowles(1955)가 모든 집단은 처한 상황에 맞는 리더십을 요구하는 역동적인 기관이라고 가정한 것에서 시작 되었으며 Manz(1986)에 의해 셀프리더십은 스스로 자신에게 영향력을 행사하기 위하여 개인이 취하는 광범위한 행동과 사고전략으로 개념화 되었다. 이후 1980년대 미국 기업들이 국제 경쟁력에서 밀려 장기적 경기침체가 이어지자 이를 극복하기 위해 새로운 경영 혁신을 추진하는 과정에서 보여준 '신세대 노동자 관리'방법의 문제를 해결하기 위한 자기 주도적인 사고와 행동 방식의 개념으로 재조명되었다(김민정,2007).

여기서 셀프(Self)의 의미는 '자아'의 개념으로 이해할 수 있는데, 이는 인간내부의 기본적 성향인 '자율성' 을 강조한 것으로서, 타율적인 성향에서의 리더십이 아니란 점을 강조하는 것이다.

현대사회의 조직은 조직구성원들이 더 높은 지식수준과 기술 수준뿐만 아니라 높은 수준의 독립성, 자기의존, 자아신뢰와 주도권을 행사할 수 있는 능력, 즉 자존감을 갖추기를 원한다. 그러므로 자존감이 강한 새로운 형태의 인간형을 조직구성원으로 요구하고 있다.

Manz & Sims(2001)가 비교한 인적자원관리에서의 전통적인 관리 기능과 셀프리더십 연구가 이러한 면을 잘 설명하고 있다.

[표 7-1]에서 보는 것처럼 전통적인 관리기능과 셀프리더십의 뚜렷한 차이는 외부의 통제와 내부의 자율이다. 셀프리더십은 개인 스스로 동기부여하게 하고 자유의지의 실현을 도입한 결과이고 개인의 인식에 대한 근본적인 변화이다(변상우,2016:292293). 즉, 셀프리더십은 자신의 목표나 업무를 위해 스스로 자신을 이끌어가기 위해 취하는 책임 있는 행동이다. 이처럼 셀프리더십은 전통적인 관리 기능보다 자기스스로 목표를 정하고 그 목표달성을 위해 부정적 단서를 제거하고 바람직한 행동을 조장하며 자신의 행동을 살펴봄으로써 업무의 효율성을 올리고 자기비판과 자기보상을 정하며 건설적이고 효과적인 행동을 하는 등 자율성을 일컫는 것으로 조직구성원들의 업무에 대한 열정을 높이는 효과적인 개념이다.

이러한 셀프리더십은 대단하고 특별한 사람들에게만 필요한 것이 아니라 모든 사람에게 반드시 필요한 삶의 기술이며 스스로 자신의 삶의 방향을 설정하고 셀프리더십의 기술을 사용하여 자신의 목표를 향해 긍정적인 영향력을 행사하는 자기경영 마인드라고 볼 수 있다. 또한 셀프리더십을 가진 리더들은 스스로 자신을 바꾸고 조직 안에서 다른 사람도 변화시킬 수 있는 영향력을 가지고 있다(김정현,2014:7).

[표 7-1] 전통적인 관리기능과 셀프리더십의 비교

전통적 관리기능	셀프 리더십
외부관찰	자기관찰
주어진 목표	자기설정 목표
과업 수행에 대한 외부 강화	셀프 리더십 행동에 대한 자기강화와 외부강화
외부 보상에 의거한 열의	일 자체의 자연적 보상에 근거한 열의
자기로부터의 비판	자기비판
외부로부터의 문제해결	스스로의 문제해결
외부로부터의 직무할당	스스로의 직무할당
외부로부터의 과업계획	스스로의 과업계획
부정적 관점	긍정적 관점
조직의 비전에 의존	조직구성원이 함께 창조한 비전에 헌신

* 자료: Manz,C.C. & Sims,H.P.(1990). SuperLeadership. New York.

2) 셀프리더십(Self Leadership)의 정의

셀프리더십은 조직 내에서 리더만이 조직원들을 관리하고 통제하는 것이 아니라 구성원들 모두가 스스로 자율적으로 관리하고 조직을 이끌어나가는 리더십이다. 리더는 조직원들이 스스로 리더가 되어 각자 맡은 바 직무에 책임성을 갖게 하고 자신을 통제해 가면서 구성원 스스로 이끌 수 있도록 상황을 마련해주며 적극적으로 지지해준다.

셀프리더십의 정의를 구체적으로 살펴보면 Manz(1983)는 셀프리더십이란 자기 통제와 같은 자율성을 하급자들에게 부여하여 스스로 목표를 설정하게 하고, 스스로 영향력을 행사하도록 하여 일의 성과를 올리는데 효과적인 내적 리더십이라고 하였다. 주로 자신에게 영향력을 행사하고 원하는 것을 획득할 가능성을 더욱 높게 만드는 특성과 효과성에 대한 가정을 바탕에 두고 있다. Blanchard(1995)는 셀프리더십을 구성원에 대한 임파워먼트(Empowerment)에 의미를 두어 정의하였는데, 셀프리더십을 일터에 적용하면 조직 구성원들이 주도적으로 일하여 조직의 성과를 이룬다는 것에 초점을 맞추어 설명하고 있다. 구성원이 책임이나 정보를 공유하며 자발적으로 일의 동기를 부여받도록 하여 조직 구성원에게 효과적으로 문제에 접근할 수 있도록 한다는 점에서 임파워먼트에 의미를 부여한 것이다. 이는 서로에게 긍정적인 영향을 미치는 것이며, 권한의 창조적 분배이며, 책임을 공유하는 것으로서 결국 개개인이 자기 주도적으로 스스로 동기 부여하고 자신을 스스로 리드하게 함으로써 궁극적으로는 자아 실현을 이루도록 하는 것이다.

Manz & Sims(1997)는 셀프리더십이란 개인의 효율성을 증대시키는 과정이면서, 진정 자기가 하고자 하는 일이 무엇인지를 발견하고 일상생활에서 자신이 하고자 하는 일을 실행하기 위한 내적 탐구과정이라고 하였다(최은수외,2013:64). 정태희(2005)는 스스로 자신을 이끌기 위해 취하는 주도적이고 적극적인 행동으로서 자기를 돌아보고 관리하는 능력이라고 하였다. 김민정(2007)은 스스로 목표한 바를 이루기 위하여 행동과 생각을 통제하는 것으로 스스로 동기부여 할 수 있는 행동을 발견하여 시도하고, 긍정적이고 건설적인 마음을 가지고 일에 임할 수 있도록 생각을 변화시키는 것이라고 했으며, 이임정과 김재봉(2009)은 셀프리더십은 자기관리(SelfManagement)에 포함되는 개념으로서 자기 스스로에게 영향력을 행사하기 위해 개인이 사용하는 사고방식, 감정, 행동 등에 초점을 맞춘 새로운 리더십이며 자율권을 가지고 스스로 하는 일에 대한 책임을 지는 특별한 행동과정이라고 했다. 박용진(2009)은 스스로 목표한 바를 이루기 위하여 주도적이고 적극적으로 자신의 행동과 생각을 통제 관리하는 능력이라고 정의했다.

주요 학자들의 셀프리더십에 대한 다양한 정의는 [표 7-2]와 같다.

[표 7-2] 셀프리더십에 대한 학자들의 다양한 정의(2014,김정현:9,재구성)

학자별	셀프리더십의 정의
Manz(1986)	자아발견과 자기만족을 향한 여행이고, 스스로에게 영향력을 행사하는 방법이며, 자기효능감을 위한 기술이고, 행동 통제의 기초이며, 자아완성의 학습과정
Manz & Sims(1995)	개인의 효율성을 증대시키는 과정이면서, 진정 자기가 하고자 하는 일이 무엇인지를 발견하고 일상생활에서 자신이 하고자 하는 일을 실행하기 위한 내적 탐구과정
Blanchard(1995)	구성원원이 주도적으로 목표를 달성할 수 있도록 임파워먼트(Empowerment)하는 것
Neck,Stewat & Manz(1995)	과업수행에 필요한 자기지시와 자기 동기부여를 고양시키기 위하여 스스로에게 영향력을 행사하는 과정
Andrasik & Heimberg	학습으로 습득할 수 있는 일련의 행동
Selton	개인이 주도적으로 동기부여 할 수 있도록 계획된 일련의 행동 및 인지전략
정태희(2005)	스스로 자신을 이끌기 위해 취하는 주도적이고 적극적인 행동으로서 자기를 돌아보고 관리하는 능력
김민정(2007)	스스로 목표한 바를 이루기 위하여 행동과 생각을 통제하는 것으로 스스로 동기부여 할 수 있는 행동을 발견하여 시도하고, 긍정적이고 건설적인 마음을 가지고 일에 임할 수 있도록 생각을 변화시키는 것
이임정 · 김재봉 (2009)	셀프리더십은 자기관리(SelfManagement)에 포함되는 개념으로서 자기 스스로에게 영향력을 행사하기 위해 개인이 사용하는 사고방식, 감정, 행동 등에 초점을 맞춘 새로운 리더십이며 자율권을 가지고 스스로 하는 일에 대한 책임을 지는 특별한 행동과정
박용진(2009)	스스로 목표한 바를 이루기 위한 주도적이고 적극적으로 자신의 행동과 행각을 통제 관리하는 능력

* 자료: Manz,C.C. & Sims,H.P.(1990). SuperLeadership. New York.

2. 셀프리더십의 중요성

과거 조직에서 행하는 통제의 전형적인 특징은 구성원의 '자아(self)'를 중요시하지 않았다. 만족스러운 효과를 얻으려면 리더는 사람들이 스스로에게 영향을 미치는 방법을 파악해서 그것을 효과적으로 활용해 나가야 한다. 구성원에 대한 모든 통제는 궁극적으로 구성원 스스로가 자신에게 부과하는 자율통제이다(박계홍 · 김종술,2014:336).

셀프리더십은 조직구성원들이 스스로 통제할 수 있는 자율권이나 책임이 주어졌을 때 '권한이양(empowerment)'에서 오는 도전에 책임 있게 대처할 수 있는 지침을 제공해 준다는 것이다. 즉, 자율에 의한 자발적 참여를 이끌어 내는 것이야말로 지속적인 경쟁력 확보를 위해 중요하고, 구성원들은 자율에 따라 업무를 책임지고 조직에 몰입하게 되며, 그 몰입은 극대화 된다고 볼 수 있다(Manz & Sims,1989). 이러한 사실과 관련하여 Houghton& Yoho(2005)는 조직의 구조화가 잘 되어있고 업무에 있어 낮은 정도의 창의성을 요구하는 조직이거나, 위급상황을 맞이한 조직에서는 거래적 혹은 변혁적 리더십이 더욱 상황에 잘 맞는다고 서술하였다. 하지만 조직의 상황이 안정적이고, 좀 더 창의적인 지식생산의 업무가 많으며 조직 내 구성원들 간의 소통이 좀 더 활발해져야 할 필요성이 있는 조직이라면 셀프리더십을 통한 조직구성원들의 권한이양을 추구해야 함을 지적하였다.

Pearce & Manz(2005)는 지식생산과 관련하여 업무가 복잡성을 띠고 있고, 높은 수준의 조직몰입도, 창조성(creativity), 구성원들 간의 상호의존도가 필요한 조직이 효율적이 되려면 셀프리더십이 필요함을 주장하였다. 특히 조직이 처한 상황에 있어서 조직이 위급상황을 맞이하였을 때 변혁적 리더십이 당장의 위기를 모면해주지만, 셀프리더십은 미래를 위한 장기적인 투자라는 관점에서 바라볼 때 조직의 위급상황을 더욱 효율적으로 해결할 수 있을 것이라고 역설하였다. Pearce & Manz와 같은 맥락으로 Blown et al.(2006) 역시 지식생산을 목적으로 구성된 팀이 그 팀의 성과인 지식창조를 올리기 위해서는 팀 내 셀프리더십을 작동시켜 구성원들의 창의성과 팀 내 원활한 소통을 증가시킴으로써 팀 몰입도를 올려야 함을 주장하였다(김정현, 2014).

Blanchard(1995)는 셀프리더십을 스스로 유발하는 조직구성원은 업무수행 과정중에 자신의 일을 잘할 수 있다는 자신감을 가지고 있으며, 업무에 대한 자신감은 업무수행에 대해 유능성을 높일 수 있음을 확인하였다. 셀프리더십을 연구하는 학자들의 대부분의 정의에서도 볼 수 있듯이 셀프리더십은 타인의 지시나 영향을 받지 않고 자신에게 영향력을 발휘한다는 원칙을 강조하고 있고, 개인을 이해하는 분석의 축으로도 사고 패턴과 행동 유형을 이용하고 있다(최은수외,2013:64).

이처럼 셀프리더십은 거창하게 보일 수 도 있지만 누구나 갖추어야 할 과제이다. 리더십이 다른 사람들을 이끄는 것이라면 셀프리더십은 다른 사람이 아니라 스스로를 이끄는 것을 말한다.

최근 사회나 기업의 조직은 수직적 구조에서 수평적, 나아가 네트워크형 구조를 갖추어가고 있다. 그러므로 21세기에 필요한 리더십은 기존 전통방식인 한 사람의 리더가 조직의 모든 문제를 결정하거나 해결하기에는 비효율적이라고 본다. 이제는 조직구성원 모두가 각자의 자리에서 개인의 업무수행시 각자의 리더역할이 필요함을 의미하며 기존의 리더십 못지않게 개인들이 스스로 결정하고 단속할 수 있는 셀프 리더십이 중요해지고 있다고 본다.

3. 셀프리더십(Self Leadership)의 이론

지금까지 셀프 리더십의 개념과 중요성, 이론, 구성요소를 살펴보았듯이 셀프리더십이란 개인이 목표한 바를 이루기 위하여 행동과 생각을 통제하는 능력임을 알 수 있다. 그래서 스스로 동기를 부여할 수 있는 행동을 하고 긍정적이고 건설적인 마음으로 일에 임하는 자세를 가져야하는데, 문제는 사람마다 생각하고 행동하는 방식이 다르고 학습에서도 개인차이가 크다는 것이다. 따라서 셀프리더십을 개발하고자 할 때 기본적으로 취해야할 행동과 사고의 방향을 정하는 것이 필요하다. 이를 셀프리더십의 전략적 차원에서 접근한 것이 Manz(1998)가 제시한 행동적 전략과 인지적 전략이다(최은수 외,2013:78).

셀프리더십 구성요소의 이론적 배경은 심리학의 영역에서 연구 되었던 사회적 인지이론(Social Cognitive Theory)에 기초한 행동적인 전략과 내재적 동기이론(Intrinsic Motivation Theory)에 기초한 인지적인 전략에 근거하고 있다(이종원,2014:1415). 이론적 근거를 살펴보면

1) 사회적 인지 이론(Social Cognitive Theory)

사회적 인지 이론은 인간의 행동이 개인을 둘러싼 사회에 영향을 개인의 행동 특성과 행동변화는 주변 환경에 영향을 주고, 영향을 받는다고 보는 이론으로서 Bandura(1971)는 사람들이 학습하는 동기가 내적인 힘 혹은 환경적인 영향력에 위해서만 발생하는 것이 아니라 그들의 행동과 그것을 통제하는 조건 간의 끊임없는 내적과정과 환경적 영향 간의 복잡한 상호작용에 의하여 생기는 것이라고 하였다.

2) 내재적 동기 이론(Intrinsic Motivation Theory)

내재적 동기 이론은 개인이 좋아하는 활동을 하거나 직무를 수행하면, 즐거움이라는 내재적 보상을 받는다는 이론으로서 노만 빈센트 필은 “좋아하니까 하게 되는 그런 일을 하라. 그러면 성공은 저절로 따른다”고 하였다. 이 말은 사람들은 자신이 좋아하는 일을 할 때 즐거움을 느끼게 되고 이러한 자연보상이 이루어지는 일을 할 때, 자신의 업무에서 더 능력을 발휘할 수 있다고 생각한다는 것이다. 즉 인간내부에 존재하는 보상의 힘에 대한 개념이다. Manz(1998)는 내재적 동기이론을 통해 셀프리더십의 인지전략을 제시하고 있다(김정현,2014:7).

4. 셀프리더십의 전략

셀프리더십은 개인이 스스로 자신에게 영향력을 행사하는 방법에 대한 행동적·인지적 부

분 모두를 포괄하는 보다 넓은 개념으로 개인 유효성에 긍정적인 영향을 줄 수 있도록 설계된 구체적인 행위적·인지적 전략들로 구성되어있다. 이러한 셀프리더십의 전략의 하위요소로서 행동전략은 행동 지향적 전략으로, 인지적인 전략은 자연적 보상전략과 건설적 사고전략으로 구분된다. 이러한 이론에 근거한 셀프리더십의 구성요소인 세가지 주요 전략과 하위요소는 [표 7-3]과 같다(Anderson & Prussia, 1997;Houghton & Neck, 2002).

[표 7-3] 셀프리더십 전략의 구성요소

구분	구성요소	내용
행위중심전략	행동 지향적 전략(Behavior-Focused Strategies)	
	자기관찰 (self-observation)	자신이 바꾸고자 하는 행동에 대한 정보를 수집, 관찰하여 자신의 업무활동의 효율성을 스스로 평가하고 어떻게 해야 할 지를 발견하는 것이다.
	자기설정목표 (self-set goals)	처리해야할 일들의 우선순위에 따른 목표를 정하고 스스로 행동하도록 하는 것이다.
	단서에 의한 관리 (management of cues)	자신이 하고자 하는 행동을 쉽게 하기 위해 단서가 될 만한 것들을 작업장이나 사무실주위에 설치하거나 변경한다.
	리허설 (rehearsal)	실제로 업무를 수행하기 전에 직무활동에 대한 신체적이며 정신적인 예행연습을 함으로써 업무 수행의 성공들과 효과성을 높이는 것이다.
	자기보상 (self-reward)	바람직한 행동을 완수했을 때, 개인적으로 가치 있는 보상을 자기 자신에게 제공함으로써 일할 의욕을 북돋고 차후행동을 선택하는데 중요한 영향을 미치는 것이다.
	자기비판 (self-punishment)	바람직하지 못한 방법으로 행동했을 때 자신에게 일정한 처벌이나 비판을 가함으로써 실수를 반복하거나 습관적인 실패에 빠지지 않도록 하는데 도움이 된다. 지나친 비판은 의욕을 저하시키므로 조심해야 한다.
인지중심전략	자연적 보상 전략(Natural Reward Strategies)	
	자연적 보상	성취하고자하는 과업과 관련된 긍정적인 인식과 자연적 보상을 통한 자아 존중을 추구하는 것이다.
	건설적 사고 전략(Constructive Pattern Strategies)	
	건설적 사고 패턴의 확립	자신의 바람직한 사고 유형을 확립할 수 있는 건설적이고 효과적인 습관을 기르는 것이다.

* 출처: Houghton & Neck,2002:672-692, 재인용

1) 행동 지향적 전략

행동 지향적 전략은 Bandura(1971)의 사회학습 이론에 근거를 두고 있다. 즉 자기 관찰, 자기 설정 목표, 단서에 의한 관리, 리허설, 자기보상, 자기비판 등으로 사람들이 자신과 타인의 행동과 그 결과를 관찰하고, 행동하는 이유와 목적한 바를 스스로 인식하여 행동을 강화하거나 억제하여 궁극적으로 바람직한 방향의 행동 변화를 통하여 성과를 올릴 수 있다는 내용을 함축하고 있다(최은수외,2013:67;김두영,2015:15).

셀프리더십의 첫 번째 전략은 행동에 초점을 맞춘 전략으로서 관리자와 구성원들이 어렵고 내키지 않는 그러나 반드시 해야 하는 과업을 수행함에 있어 스스로를 리드하도록 돕는 것이다. 또한 주된 목적은 자기 인식을 증가시키는데 있다.

행동지향적 전략을 요약하면 [표 7-3]과 같다(박계홍·김종술,2014:337).

첫째, 자기관찰은 자신이 바꾸고자 하는 행동에 대해서 정보를 수집하고 관찰하여 업무활동의 효율성을 평가하고 어떻게 해야 할 지를 발견하는 것이다. 스스로 행동을 관찰하고 평가하여 자신의 학업이나 업무 활동의 효율성을 높일 수 있다.

둘째, 처리해야할 일들의 우선순위에 따른 목표를 정하고 스스로 행동하도록 하는 것이다. 스스로 도전 목표를 명확히 함으로써 비전을 성취하기 위한 방향에 구체적인 조치와 행동을 연결해 주는 매개가 된다.

셋째, 단서에 의한 관리는 자신이 하고자 하는 행동을 쉽게 하기 위해 단서가 될 만한 것들을 작업장이나 사무실주위에 설치하거나 변경하는 것이다

넷째, 리허설은 실제로 업무를 수행하기 전에 직무활동에 대한 신체적이며 정신적인 예행연습을 함으로써 업무 수행의 성공들과 효과성을 높이는 것이다.

다섯째, 자기 보상은 바람직한 행동을 완수했을 때, 개인적으로 가치 있는 보상을 자기 자신에게 제공함으로써 일할 의욕을 북돋고 차후행동을 선택하는데 중요한 영향을 미치는 것이다. 스스로 바람직한 행동에 대해 가치를 부여하여 보상함으로써 사기가 진작되고 동기가 유발된다.

여섯째, 자기비판은 바람직하지 못한 방법으로 행동했을 때 자신에게 일정한 처벌이나 비

판을 가함으로써 실수를 반복하거나 습관적인 실패에 빠지지 않도록 하는데 도움이 된다. 지나친 비판은 의욕을 저하시키므로 조심해야 하며, 비판적 성찰로 바람직한 행동을 유도해 성장되도록 노력하는 것이다.

2) 인지적 전략

셀프리더십은 주로 행동 중심 전략에 초점을 맞추어 연구되어 왔으나 정보의 인식과 처리하는 방식이 셀프 리더십에 상당한 영향을 준다는 사실이 밝혀짐에 따라 인지 중심 전략까지 연구대상에 포함되었다. 셀프리더십의 인지 중심 전략을 요약하면 [표 7-3]과 같다(박계홍·김종술,2014:337).

첫째, 자연적 보상 전략(Natural Reward Strategies)은 성취하고자 하는 과업과 관련된 긍정적인 인식과 자연적 보상을 통한 자아 존중을 추구하는 것이다. 정보화 시대에 직무가 의미가 있고, 동기부여의 원천이 되려면 자연적 보상에 기초한 셀프리더십이 필수적이다. 자연보상행동은 자신감 고취, 자기통제, 동기 강화 및 업무성취도를 향상시키는데 효과가 있다(이종원,2014:22). 즉, 사람은 자신이 좋아하는 일이나 활동을 수행할 경우 수행한다는 그 자체만으로도 행복을 느끼며 만족한다는 자연보상에 따르는 원리에 기초하여 직무나 활동에서 가치와 보람을 찾아 역량성(유능감,feeling of competence)과 자기결정감(selfdetermination)을 증가시켜 내적인 보상을 이끌어내어 를 높은 성과의 동기부여 요인이 될수 있다(김두영,2015:15).

둘째, 건설적 사고 전략(Constructive Pattern Strategies)은 자신의 바람직한 사고 유형을 확립할 수 있는 건설적인 사고패턴과 효과적인 습관 방식을 확립하는 것이다. 사고패턴을 바꾸기 위해 네가지 전략이 사용되는데 자기분석과 신념의 수정, 긍정적인 성과 상상하기, 긍정적인 자기격려의 말, 긍정적인 스크립트 사용 등이 그것이다. 이전 전략을 사용함으로써 바람직한 방향으로 사고 패턴을 구축하고 수정해 갈수 있다.

즉, 건설적 사고는 어려운 상황을 장애물이 아닌 기회요인으로 보는 긍정적 사고를 의미하므로 어떠한 장애요인에 집착하기 보다는 기회요인을 찾음으로써 건설적으로 사고하도록 하는 것이다. 신념과 가정, 정신적 이미지, 자신과의 긍정적인 대화를 통하여 건설적이고 효과적인 습관이나 유형을 확립한다. 성과에 결정적인 영향을 주는 것은 문제에 대응하는 자신의 정신 자세에 있다(박계홍 외,2014:340;김두영,2015:15).

5. 셀프리더십의 개발 및 사례

본인의 셀프리더십의 개발 방식은 공식훈련(formal trainning), 개발 활동(developmantal activities), 자기 조력 활동(selfhelp activities)의 세 범주를 들 수 있다. 이는 셀프리더십 기술과 역량을 개발하기 위해 무엇을 할 수 있는지를 구체적으로 이해할 수 있는 방법이다.

1) 공식훈련

한정된 기간에 훈련 전문가에 의해 대부분 시행되는 공식적 훈련 프로그램이다(예-연수원의 짧은 워크숍, 대학의 MBA 코스 등).

2) 개발활동

보통 할당 직무 내에 포함되거나 할당 직무 내에 포함되거나 할당 업무 와 함께 시행된다. 이는 상사나 동료의 비공식 지도를 보충하기 위해 사용할 수 있으며, 대부분 공식 훈련 프로그램과 함께 사용할 수 있다(예-중다출처 피드백, 개발을 위한 업무 할당, 직무 순환 프로그램, 실천 학습, 후견, 경영지도, 야외 도전 프로그램, 개인 성장 프로그램 등).

3) 자기 조력 활동

개인이 자기 자신의 기술을 개발하기 위해 무엇을 할 수 있는가가 아니라, 구성원들이 리더십 기술을 개발하기 위해 조직이 무엇을 할 수 있는가에 초점을 둔다(예실무서적, 상업용

CD, 대화형 컴퓨터 프로그램 등).

또한 리더십 개발을 위한 구체적 접근 방법은 자신의 현재 상태와 바람직한 상태를 파악하기 위한 측정과 리더십 역할과 과정에 참여하는 도전, 그리고 학습하고 성장하는 노력이 가치 있다는 지원을 통해 셀프 리더십을 경험하는 것에서 시작된다. 측정은 향후 리더십 개발에 관한 방향을 잡아주기 위한 것이며, 도전은 리더로서의 도전 의욕을 고취할 수 있고, 지원은 변화에 대해 긍정적으로 생각하고 학습하여 성장 할 수 있도록 하는 데 자신감을 부여하기 때문이다.

한편 사용하는 개발 방법과는 관계없이 얻을 수 있는 리더십 역량은 조직 내의 몇 가지 조건에 의해 촉진 될 수 있다. 지원이나 학습 환경에 많은 영향을 받는 것을 상사의 지원이나 학습 풍토, 그리고 배치 결정을 위한 개발 준거가 조건이 되고 있다.

이처럼 셀프리더십 개발은 모든 사람이 학습을 통하여 셀프 리더십을 갖출 수 있다는 방향에서 보면 개인 능력 개발로 이어질 뿐만 아니라 21세기 사회가 요구하는 준비된 셀프 리더가 되도록 하는 데 크게 이바지 할 것이다(최은수외,2013).

셀프리더십 사례

"우리 이름을 모두 기억해 주시고
추수감사절에 직접 선물을 챙겨주시며
보스가 아니라 우리의 친구가 되어주신 허브 씨
16,000명 저희 임직원이 진심으로 감사드립니다."

사우스웨스트항공사(SouthWest Airlines)의 CEO :
허브 켈러허(Heb Kelleher)

1994년 미국 경영자의 날, USA 투데이에 실린 광고다. 미국 저가 항공사 사우스웨스트(South West) 항공사의 직원들이 광고를 내 당시 CEO 허브 켈러허(Heb Kelleher)에게 감사를 표한 것이다.

켈러허는 회사에 출근해 그의 집무실까지 도착하는데 두시간이나 걸렸다. 회사 정문에서부터 마주치는 모든 직원들의 이름을 일일이 부르고 농담을 주고 받았던 것이다. 그는 고객보다도 직원들이 행복한 것이 자신의 목표라며 늘 직원들을 웃기고 행복하게 하는 데에 골몰했다. 토끼 분장을 한 채 출근하고, 식사 시간에 엘비스 프레슬리 복장으로 깜짝 등장하기도 했으며, 분쟁이 생긴 회자의 사장과 팔씨름으로 문제를 해결하기도 했다. 일요일 새벽

세 시에 회사 청소부 휴게실에 나타나 도넛을 나눠주고 자신도 작업복을 입고 함께 비행기를 청소하기도 했다.

사우스웨스트의 승무원들도 켈러허의 방침에 따라 남다른 유머 감각을 보였다. 기내 방송을 랩(rap music)으로 하기도 하고, 고객을 맞을 땐 짐칸에서 나타나거나 뒤에서 고객의 눈을 가리고 '누구게~ ?' 장난을 치고, 기내 화장실에 몇 명이나 들어갈 수 있는지 콘테스트를 열기도 했다. 담배를 피우고 싶으면 밖으로 나가 비행기 날개 위에 앉아 피라며, 그때 감상한 영화는 〈바람과 함께 사라지다〉라고 덧붙히는 기내 방송을 하기도 했다. 고객들의 반응은 열광적이었고 직원들도 즐거워했다. 켈러허의 경영 방침 덕에 직원들은 회사에 일하러 가는 것이 아니라 놀러 가는 것이라고 말할 만큼 회사 생활을 행복해했다. 사우스웨스트 항공은 가장 입사하고 싶은 기업으로 손꼽히며 미국의 4대 항공사 중 하나이자 대표적 저가 항공사가 되었다.

켈러허는 '동네 아저씨' 같은 리더였다. 편안하고 친근한 인간미로 직원들이 최고의 팀워크를 발휘할 수 있도록 이끌었으며, 감성적 서비스로 고객의 마음도 사로잡았다.

첨단기술이 발달할수록 기술로 대체할 수 없는 인간적 매력이 중요해진다. 다원화된 사회에서 사람들의 더 세분화된 욕구를 이해하고 충족시켜줄 리더가 필요한 것이다. 유머, 배려 , 공감 능력, 친화력, 겸손함 등을 지닌 인간미 넘치는 리더는 자신을 잘 다스릴 뿐만 아니라 다양한 사람들을 포용할 수 있고 고난을 극복하는 힘도 탁월하다.

- 정경호 저(2016:252), '혼자 강해지는 힘! 셀프리더십' 중

제8장

감성리더십(Emotional Leadership)

세상에서 가정 어려운 일은 사람이 사람의 마음을 얻는 일이다.
각각의 얼굴만큼 다양한 각양각색의 마음은
순간에도 수만 가지의 생각이 떠오르는데
그 바람 같은 마음이 머물게 한다는 건 정말 어려운 것이다.

- 어린 왕자(생택쥐베리) 중에서 -

교육, 문화 및 경제적 환경 등의 발전은 우리 사회 전반의 지적능력을 향상시켰다. 그러나 여전히 사회에 큰 반향을 가져온 사회적 문제들은 줄어들지 않고 있으며, 이러한 문제는 이성과 합리적 사고만으로는 설명하기 어렵고 인간의 감성에 대한 이해와 접근이 필요하다. 조직운영에서도 효율성과 생산성 향상을 강조하는 과학적 관리방법의 한계와 비판으로 인간에 대한 이해를 중요시하는 인간관계관리로 초점이 변화되어 왔다.

인본주의 경영학자들은 조직구성원의 정서적 요소가 중요함을 밝히고 있으며, 감성지능의 중요성을 주장하고 있다. 그리고 가장 영향력 있는 경영개념으로 감성지능을 뽑고 있으며, 지속적인 성장과 발전을 위해서는 감성지능에 대한 이해와 활용이 필요함을 주장하고 있다(이재연,2015:30).

따라서 감정의 이해와 활용 능력인 감성지능의 개념과 구성요소, 역할 등을 알아보고, 감성지능을 통해 영향력을 발휘하는 감성리더십의 개념과 구성요소, 효과 및 개발을 위한 실천방법 등을 살펴보도록 한다.

1. 감성지능

1) 감성지능의 개념

감성리더십을 정의하는 데 있어 가장 필수적인 것은 감성능력 즉, 감성지능을 이해하는 것이다. 감성지능이라는 개념은 우리가 일반적으로 생각하고 있는 지능이라는 개념에 대비되는 말로써, 사람의 감정과 느낌을 인식하고 통제하고 조절하는 것과 관련된 능력으로 정의할 수 있다(이광희,2016:7)

감성적 정신능력에 대한 개념은 Gardner(1983)에 의해 처음 시작되었는데, 그는 인간의 지적능력은 7가지 지능영역으로 구성되어 있다는 다지능이론을 제안하고, 이 중 인간관계지능과 대내지능이 감성에 대한 지능 개념의 근원이라고 하였다(전유정,2012:27). 이후 Salovey와 Mayer(1990)는 감성지능이라는 단어를 최초로 제시하여 개념을 보다 구체화시켰는데, 감성지능을 사회지능의 하위요소라 일컬으며 자신과 타인의 감성을 평가하고 표현할 줄 아는 능력, 자신과 타인의 정서를 효과적으로 조절할 줄 아는 능력, 자신의 삶을 계획하고 성취하기 위해서 정서를 활용할 줄 아는 능력이라 정의하였다(강재구,2014:9).

Goleman(1995)은 감성지능을 좌절 상황에서도 자신을 동기화시키고 지켜내며, 현재의 기분에 따른 충동적인 감성을 자제하고, 타인에 대해 감성적 공감을 할 수 있는 능력이라 정의하였고(이현정,2011:17), Bar-On(1997)은 감성지능을 효과적으로 스스로와 타인을 잘 이해하고, 사람들과 잘 소통할 수 있으며, 현재 처한 환경에 잘 적응하고 대처하며, 환경적으로 요구되는 사항에 성공적으로 대처할 수 있는 능력이라고 정의하였다(이미셀린,2013:6). 또한 Wong과 Law(2002)은 감성지능이란 개인이 자신의 감성에 대한 실체와 원인을 인식하고, 타인의 감성을 이해하고 공감하며, 상황에 적합한 감성으로 조절하여, 문제해결과 성과달성을 위해 조절된 감성을 행동으로 표출하고 활용하는 능력으로 심리적 좌절로부터 빠르게 정상으로 회복할 수 있는 것을 의미한다고 하였다(강재구,2014:8).

2) 감성지능의 구성요소

Salovey와 Mayer(1997)는 감성지능을 감성을 정확하게 인지하고 평가하고 표현하는 능력, 감성과 감성적 지식을 이해하는 능력, 감성을 이용하여 사고를 촉진시키는 능력, 감성을 일으키는 능력, 그리고 감성의 성장과 지적인 성장을 향상하기 위해 감성을 조절하는 능력으로 구분하였다.

Goldman(1995)은 감성지능의 구성요소로 자신의 감성을 빨리 인식하고 알아차리는 자기인식, 자신의 감성을 적절하게 관리하고 조절하는 자기조절, 어려움을 찾아내고 자신의 성취를 위해 노력하고 자기 스스로 동기화 하는 자기동기화, 타인의 감성을 느끼고 이해하는 감정이입, 타인의 감성에 적절하게 대처할 수 있고 인간관계를 조정하는 대인관계기술로 제시하였다(배성화,2013:22).

Wong과 Law(2002)는 기존의 복잡한 감성지능 척도를 단순화하여 WLEIS모델을 개발하였다. WLEIS모델은 자기감성이해, 타인감성이해, 감성조절, 감성활용의 네 가지 영역으로 이루어져 있으며 16개의 항목들로 구성된다(정은정,2014:27).

(1) 자기감성이해

자기감성이해는 자신의 감성을 정확하게 이해하고 감성을 있는 그대로 솔직하게 표현할 수 있는 개인의 능력을 의미한다(주시각, 2013:62). 자신의 감정을 확실하게 알고 있는 사람들은 자신의 인생을 주도적으로 이끌어 가며 자신이 진실로 무엇을 원하는지 분명히 인식하는 편이다(배성화,2013:23).

(2) 타인감성이해

타인감성이해는 자기 주위의 다른 사람들의 감정을 인식하고 이해하는 능력을 의미한다. 즉, 동료들의 행동으로부터 그들의 감정을 인지하고 관찰하는데 뛰어나며, 다른 사람들의 느낌과 감정에 민감하고, 타인의 감정을 잘 이해하는 것을 의미한다(정은정,2014:28). 이 타인감성이해야말로 원활한 대인관계형성을 위해 선행되어야 하는 필수 능력이라 할 수 있다(배성화,2013:24).

(3) 감성조절

감성조절이란 자신의 감정을 통제하고 부정적인 감정을 조절할 수 있는 능력으로, 충동적인 행동을 하지 않고 자신의 감성을 조정하여 주어진 상황에 적절한 행동을 할 수 있는 능력을 의미한다(이미셀린,2013:16).

(4) 감성활용

감성활용은 개인의 기억 속에 있는 감정정보를 활용함으로써 문제를 해결할 수 있게 돕고, 도전적인 과제를 지속할 수 있도록 동기를 제공해주는 능력을 의미한다(정은정,2014:29). 감성활용이 뛰어난 사람은 문제발생 시 상황에 맞게 최상의 방법으로 문제를 해결하며, 항상 스스로 목표를 세우고, 또 그것을 달성하기 위해 자기 스스로 동기 부여하는 사람이라 할 수 있다(배성화,2013:25).

3) 감성지능의 역할

Goldman(1998)이 감성지능의 중요성과 성과에 미친 영향을 발표한 이후 이와 관련한 다양한 연구들이 활발하게 진행되었다. 연구결과를 보면 감성지능이 동기유발, 직무 스트레스, 조직몰입, 리더십 등에 영향을 미치며, 조직몰입, 직무만족, 고객 지향성, 이직의도 등과 같은 조직 구성원들의 직무태도에 중요한 원인으로 밝혀지고 있다. 특히 훌륭한 업적과 강한 연관성이 있는 것으로 확인되는 등 높은 감성능력을 가지고 있는 조직은 그렇지 못한 조직에 비해 조직 효과성이 더 높다고 주장되고 있다(이재연,2015:34).

Cherniss와 Adler(2000)는 감성지능은 현실적인 자신감, 개인적인 정직성, 개인의 강점과 약점에 대한 지식, 변화나 어려운 시기에 있어서의 탄성력, 자신의 사기진작, 인내심 및 다른 사람들과 잘 지내는 요령 등과 같은 개인 능력의 기본이 된다고 주장하였다(이화용,2004:33).

감성지능은 자신과 타인의 감성을 이해하고, 자신의 감성을 활용하고 조절할 수 있는 능력을 의미한다. 이러한 감성지능은 대인관계 유지에 관계가 있는 것으로 나타났는데, 특히 대인기술, 대인관계 지향성 및 촉진, 대인관계 자신감, 친사회적 행동, 동료와 긍정적 상호작용, 사회적 네트워크 확대, 협동능력, 행복감 등과 유의미한 관계가 있는 것으로 밝혀져 감성지능이 높으면 원만한 대인관계를 유지할 가능성이 높음을 알 수 있다(김평빈,2015:47).

선행연구를 보면 공통적으로 이성적인 능력 못지않게 감성적인 능력의 중요성과 감성지능이 개인의 성공에 중요한 역할을 하고 있음을 보이고 있다. 특히, 감성지능의 중요성은 조직에 입사 후의 적응과 인간관계, 승진과 같은 개인의 성장에 중요한 역할을 하는 것으로 나타났다. 또한 리더의 행동에 영향을 줌과 동시에 타인의 감성적 반응에 영향을 줌으로써 조직행동과 경영성과에 영향을 미치는 중요한 변수로서 중요성이 강조되고 있다(강윤진,송영수,2012:237).

2. 감성리더십의 이해

1) 감성리더십의 개념

감성리더십은 감성지능을 효과적으로 발휘하여 스스로 자기 자신의 내면을 이해하고 평가하며, 구성원에 대한 배려와 애정을 적극적으로 공감을 통해 발휘함으로 자연스럽게 조직 구성원들에게 영향력을 주고 조직과 개인이 함께 성장하도록 노력하는 것을 의미한다(윤인철,2016:6).

Salovey와 Mayer(1990)는 구성원들의 감정을 인식 및 관리하고, 공감을 통한 긍정적 관계 형성을 통해서 조직에 영향력을 발휘하는 행위라고 정의하였다(이광희,2016:7). Goleman et al.(2002)은 리더 스스로 자신의 내면을 이해하고, 구성원의 감성 및 필요를 배려함과 동시에 조직의 구성원들과의 관계를 자연스럽게 형성하여 조직의 감성역량을 높이는 능력이라 하였다(김성진,2013:8).

이석열(2006)은 감성리더십이란 리더가 가지고 있는 감성적인 사회적 스킬을 개발하고 응용하여 다른 사람에게 건설적인 노력을 발휘하도록 영향력을 행사하는 것이라 하였고, 이미라(2007)는 감성능력 뿐만 아니라 조직구성원들에게 조직의 감성능력까지도 발휘하게 하여 자신과 주변과의 인간관계를 효과적으로 관리하는 능력이라 하였다(정은정,2014:11). 또한 강희락(2010)은 스스로 자아를 관찰하며 이해하고, 자신의 감정을 통제하고, 타인에 대한 배려와 애정을 갖고, 도전정신과 열정이 뒷받침되어 자연스럽게 구성원들에게 영향력을 행사하는 것이라고 정의하고 있다(이광희,2016:7).

즉, 감성리더십이란 자신과 상대의 감성에 대한 이해를 바탕으로 한 관계 형성 및 유지를 통해 상대방으로부터 공감을 얻어내고 공감을 받은 구성원들이 열정을 바쳐 직무에 몰입하게 함으로써 높은 성과창출을 가능하게 하는 리더십이라 할 수 있다(이재연,2015:119).

2) 감성리더십 형성배경

지금까지 연구되어온 리더십 이론들은 리더에게 비전과 사명의 제시, 동기 부여, 변혁과 혁신의 강조, 조직몰입 증진, 환경에 대한 능동적 접근 등을 강조하였다. 하지만 조직의 특성과 환경이 변화함에 따라 리더십에 대한 보다 광범위한 접근이 필요하게 되었고, 이성적 측면과 비교하여 감성적 측면의 영향력을 강조한 감성지능과 병행한 리더십에 대한 연구가 요청되기 시작하였다(정은정,2014:9).

감성리더십은 인본주의 철학과 관련지어 볼 수 있다. Elias와 Merriam(1994)은 인본주의 성인교육자는 인간의 감정적, 정서적 차원을 특별히 강조하며 인간의 전인격의 발달에 관심을 갖는데, 이러한 특수한 입장에서 인본주의 성인교육자들은 현대 존재론자들과 좀 더 밀접히 결합되어 있다고 하였다. 이렇게 감성리더십은 사람에 대한 존재론적인 관심과 인간의 삶에 대한 본질적인 깊은 성찰과 사랑에 토대를 두고 있다고 하겠다(윤미희,2015:7).

3) 감성리더십의 효과

감성리더십은 자기 확신에 대한 인식 능력을 통해 자신의 가치와 능력에 대해 긍정적으로 생각할 수 있는데, 감성리더의 이러한 능력은 조직 구성원들에게 자신감을 심어주고 긍정의 힘을 길러줄 수 있기 때문에 감성리더십은 감성리더와 관련된 사람들의 일상생활은 물론 일과 직업세계에까지 많은 영향을 미친다고 할 수 있다. 따라서 자신감을 심어주고 긍정의 힘을 길러주는 감성리더십은 인간의 존엄성과 자율성을 주장하는 인본주의 철학과 맥을 같이 한다고도 할 수 있다(윤미희,2015:11).

감성리더십은 자기 확신 능력을 통해 구성원들에게 자아실현에 대한 꿈을 키우고 이루려는 의지를 키우는데 영향을 주게 된다. 즉, 감성리더는 학습자의 배움에 대한 동기와 열정을 불러일으키고 자기주도 학습을 비롯한 개인학습을 통해 능력을 신장하고, 구성원에 따라서는 팀 학습이나 조직학습에까지 관심을 가지고 참여하려는 의지를 갖게 될 것이다. 배움을 통한 학습능력의 신장은 환경과 상황변화에 적응하고 어려움을 극복하기 위해 유연하게 대처할 수 있는 적응력을 키워주게 된다(윤인철,2016:9).

감성리더십은 다양한 설득의 기술을 구사할 줄 아는 의사소통 능력을 통해 구성원들에게 공감대를 형성하고, 변화를 촉진하는 능력을 통해 새로운 방향을 제시하고, 사람들을 그곳으로 이끄는 능력을 발휘할 수 있다. 또한 감성리더십은 조직 구성원들 유대능력을 길러주고 높은 공감대를 형성하며 나아가 팀을 구성하고 협력 체계를 조정하는 팀워크와 협동을 이끌어 낼 수 있게 된다(홍석,2012:17).

3. 감성리더십의 구성요소

Goleman, Boyatizs Mckee(2002)에 의하면, 감성리더십을 발휘하기 위해서는 첫째로 자기 자신을 객관적이고 냉철하게 평가하고 솔직해 질 수 있는 자기인식 능력(self-awareness), 둘째로 자신이 감정을 통제할 수 있는 자기관리 능력(self-management), 셋째로 타인에 대한 배려와 애정을 가지고 관심을 표현할 수 있는 사회적 인지능력(social-awareness), 넷째로 구성원에게 영향력을 주고 갈등을 원만히 해 줄 수 있으며 팀을 조직하고 팀워크를 이끌어 내는 능력을 의미하는 관계관리능력(relationship management)이 필요하다고 하였다(이광희,2016:8).

1) 자기인식능력

자기인식능력은 리더가 자신의 감정을 이해하고, 자신의 감정이 타인에게 미치는 영향을 이해하는 능력으로써 감성적 자기인식능력, 정확한 자기평가능력, 자기확신능력을 말한다(윤인철,2016:7). 자기인식이 투철한 리더들은 자기의 가치관에 부합되는 결정을 내리기 때문에 자신들의 일에 그만큼 열정을 갖고 임하게 된다(조정대,2016:21).

(1) 감성적 자기인식능력

감성적 자기인식능력은 리더가 자신의 감정이 어떤 식으로 사람들과 자신의 일에 영향을 미치는지 파악하고, 복잡한 상황에서도 자신이 취해야 할 최선의 행동을 아는 것이다(윤인철,2016:7). 감성적 자기인식능력을 갖춘 리더는 자신의 감정을 알고, 그것의 영향력을 깨닫고 결정을 내리는 데 본능적인 감각을 이용한다(이재연,2015:122).

(2) 정확한 자기평가능력

정확한 자기평가능력은 리더가 자신의 한계와 장점을 알고 자신에게 부족한 것을 배우며 건설적인 비판과 의견도 기꺼이 받아들이는 것이다(윤인철,2016:7). 리더는 자신의 가치, 목표, 꿈이 무엇인지 제대로 이해하고 있으며(고부섭,2015:32), 정확한 자기평가를 통해 도움을 구해야 할 때와 새로운 리더십 능력을 키우는 데 온 힘을 기울여야 할 때를 안다(이재연,2015:123).

(3) 자기확신능력

자신확신능력은 자신의 가치와 능력에 대해 긍정적으로 생각하는 능력으로 자신의 능력을 정확히 알고 있는 리더는 장점을 발휘할 수 있다. 또한 자신감이 넘치고 어려운 과업도 기꺼이 받아들이며, 다른 사람들 가운데서 자신을 두드러져 보이게 하는 존재감과 자기 확신을 갖추고 있다(이재연,2015:123).

2) 자기관리능력

자기관리능력은 자신의 감정을 다스리고, 부정적인 감정을 통제하여 바꿀 수 있는 능력으로써 자제력, 책임감, 변화에 대한 개방성 및 적응력 등을 말한다(윤인철,2016:7). 또한, 자기관리능력은 힘든 상황에서도 공감을 불러일으키는 긍정적인 감정을 발산하도록 하며, 리더를 솔직할 수 있도록 만들어 주고 급변하는 상황에서도 순발력 있게 대처하게 한다(이재연,2015:123).

(1) 감성적 자기제어능력

자기관리능력이 뛰어난 리더는 자신의 감정이나 충동을 다스릴 줄 알고 그것을 유용한 형태로 바꿀 줄 아는 감성적 자기제어능력을 갖추고 있다(윤인철,2016:7). 예를 들면 리더가 과도한 압박을 받는 위기의 상황에서도 차분하게 정신을 바짝 차리고 있거나 힘든 상황에 직면해도 일체의 동요가 없는 경우이다(이재연,2015:123).

(2) 솔직할 수 있는 능력

리더와 조직구성원 간의 관계에 있어 신뢰는 그 어떤 리더의 덕목에 우선한다. 따라서 감성지능이 높은 리더는 솔직함을 요구받는 질문에 대해 언제나 떳떳할 수 있고, 자신의 감정과 행동을 다른 사람에게 숨김없이 보여주는 것은 다른 사람들로 하여금 자신들의 리더가 성실하여 신뢰할 수 있다는 느낌을 준다(고부섭,2015:33).

(3) 적응력

적응력은 새로운 도전과 변화에도 순발력 있게 대처할 수 있는 능력이다(윤인철,2016:8). 적응력이 있는 리더는 사방에서 밀어닥치는 요구들을 힘과 집중력을 흐트러뜨리지 않고서 처리할 줄 안다. 그리고 새로운 자료 혹은 사실을 접할 때도 사고가 경직되지 않는다(이재연,2015:124).

(4) 성취력

성취력은 높은 목표를 설정하고 목표 달성을 위해 노력하는 능력이다. 리더는 사람들의 능력에 맞추되 그보다 좀 더 높은 목표를 잡으며, 위험에도 불구하고 그것이 충분히 도전해 볼 만한 가치가 있는 목표인지를 따져본다(이재연,2015:124). 또한 일을 좀 더 잘 해내기 위한 방법을 꾸준히 배우고 가르쳐 업무수행 능력을 끊임없이 배가 시킨다(정은정,2014:15).

(5) 진취성

진취성은 주도적으로 먼저 솔선수범하며 새로운 기회포착을 할 줄 아는 능력이다(고부섭,2015:33). 진취적인 리더는 자신의 운명을 이기고 나가는 데 필요한 것을 갖출 줄 아는 태도를 가지고 있다(정은정,2014:15).

(6) 낙천성

낙천성은 모든 상황을 긍정적으로 보고 실패를 기회로 여기는 능력이다. 낙천적인 리더는 힘든 상황에도 절망하지 않고 오히려 기회를 엿보면서 유연하게 대처할 줄 안다(이재연,2015:125).

3) 사회적 인식능력

사회적 인식능력은 타인의 감정을 이해하고, 타인의 감정에 대응하여 처리할 수 있는 능력으로써, 타인의 능력을 개발하고 유지하는 것이다(윤인철,2016:8). 감성적 리더는 긍정적인 방향으로 에너지를 발산하고 낙관적인 태도, 연민, 유대감을 불러 일으켜 사람들의 마음을 움직인다(조정대,2016:23).

(1) 감정이입능력

감정이입능력은 다른 사람들의 다양한 감정에 자신을 맞출 줄 알며 말을 하지 않아도 다른 사람의 감정을 감지할 수 있는 능력이다(정은정,2014:15). 감정이입을 하는 리더들은 다른 사람의 말에 귀를 기울일 줄 알며 다른 사람의 견해를 받아들일 줄 안다(이재연,2015:125).

(2) 조직적 인식능력

조직적 인식능력은 기민함으로 조직구성원들의 가치관과 원칙, 사회적 연결망을 간파하는 능력이다(윤인철,2016:8). 예리한 사회적 인식능력을 갖춘 리더들은 조직 내에서 돌아가는 정치적 역학 관계뿐 아니라 그 안의 구성원들을 움직이는 지배적인 가치관과 무언의 원칙들을 제대로 이해한다(이재연,2015:126).

(3) 서비스능력

서비스능력은 고객 또는 손님 및 조직구성원의 요구를 파악하고 조직구성원들이 대처할 수 있도록 그것을 충족시켜 주는데 능숙한 능력이다(고부섭,2015:33).

4) 관계관리능력

관계관리능력은 자기인식능력, 자기관리능력, 사회적 인식능력의 세 요소가 종합된 능력으로(조정대,2016:23), 설득력 있는 메시지 전달과 원활한 소통을 통한 변화 주도, 연대감 조성, 팀을 조직하고 팀 소통으로 이끌어 내는 능력 등을 말한다(윤인철,2016:8). 즉, 관계관리능력은 다른 사람과의 사회적 관계를 효과적으로 관리하는 능력을 말하며, 영감, 영향력, 이끌어 주는 능력, 변화 촉진자, 갈등관리, 팀워크와 협동으로 구성되어 있다(박정영,2015:33).

(1) 영감을 불어넣는 능력

영감을 불어넣는 능력은 확고한 전망으로 구성원을 이끌고 공감을 유도하여 일을 흥미 있게 만드는 능력이다(이재연,2015:126). 리더는 조직과의 공감대를 형성하고, 공동의 목표를 향해 사람들을 이끌며, 솔범수범함으로써 다른 사람들이 기꺼이 따르는 공동의 사명을 제시할 줄 안다(정은정,2014:15).

(2) 영향력

영향력은 다양한 설득기술을 구사할 줄 아는 능력으로(박정영,2015:33), 리더는 듣는 이에게 즉각적인 호소를 할 줄 알며 일을 꾀하는 데 도움을 줄 수 있는 중요한 사람과 조직으로부터 적극적인 참여를 이끌어 낼 줄도 안다(조정대,2016:24).

(3) 다른 사람을 이끌어주는 능력

감성리더십에서 말하는 이끌어주는 능력은 조직구성원들에게 진심으로 관심을 갖고 건설적인 조언자 역할을 하며 조직구성원들을 이끄는 능력을 말한다(윤인철,2016:8).

(4) 변화를 촉진하는 능력

변화를 촉진하는 능력은 새로운 방향을 제안하고 관리하며, 사람들을 그곳으로 이끄는 능력을 말한다(박정영,2015:34). 리더는 변화의 필요성을 파악하고 현 상태를 개선하고자 하며 새로운 질서에 긍정적이다(조정대,2016:24).

(5) 갈등관리능력

갈등관리능력은 모든 사람들의 느낌과 입장을 파악하고 갈등을 제대로 관리할 줄 아는 능력이다(윤인철,2016:8). 리더는 이해관계의 모든 당사자들이 열린 마음으로 이야기할 수 있도록 분위기를 조정하며 서로 다른 입장들을 잘 헤아린다(조정대,2016:24). 그리고서 모든 이들이 인정하는 공통의 목표를 찾아내며, 그 에너지가 공동의 목표를 위해 사용될 수 있도록 만든다(박정영,2015:34).

(6) 팀워크와 협동을 이끌어내는 능력

팀워크와 협동은 팀을 구성하고 협력 체제를 조성하는 능력이다(박정영,2015:34). 리더는 동료애를 발휘할 수 있는 분위기를 이끌어내고 구성원들의 집단적 노력에 능동적이고 열정적으로 헌신하도록 유도하며, 솔선수범해서 다른 사람을 존중하고 도와주고 협조한다(조정대,2016:24). 그러면서 공동체 의식과 사기를 북돋운다. 그는 일에 대한 의무감을 넘어서 친밀한 인간관계를 만들고 그것을 유지하기 위해 많은 노력을 기울인다(이재연,2015:127).

4. 감성리더십 개발

1) 감성리더가 되는 5단계

감성리더 연구자들은 감성역량 개발을 위한 바람직한 해법 중 하나로 Richard Boyatzis의 자발적 학습이론을 소개하고 있다. 여기에는 감성리더가 되는 5단계 과정들이 포함된다(신정길외,2004:99).

(1) 이상적 자아의 발견

감성역량은 이상적 자아를 찾는 데서부터 시작된다. 이는 변화의 방향성을 제시해 줄 뿐 아니라, 변화를 위한 원동력을 제공해 주기 때문이다. 감성역량은 학습되기 어려운 만큼 강력한 변화 의지를 필요로 하는 데, 자신의 이상형을 재고해 보는 것은 현실에 안주하려는 타성을 깨뜨리고 변화를 촉진하는 데 큰 효과가 있다(신정길외,2004:100).

(2) 현실적 자아의 발견

현실적 자아의 발견은 현재 자신의 모습을 관찰하고 분석함으로써 장단점을 파악하는 것이다. 이는 이상적 자아를 달성하기 위해 필요한 주요 변화 포인트를 확인할 수 있게 해주는데, 자신의 현재 역량 및 모습에 대한 종합적이고 객관적인 평가를 하는 것이다(김선면,2006:166).

(3) 학습계획의 수립

이 단계는 현실과 이상의 차이를 줄이기 위해 구체적인 학습 계획을 마련하는 과정이다. 유의할 점은 단점보다 장점에 집중하여 그것을 키워나갈 수 있도록 계획을 수립하는 것이다(김선면,2006:166).

(4) 지속적 실행

감성역량을 체득하기 위해서는 새로운 의사결정 방식이나 행동을 습관으로 정착시킬 수 있을 때까지 끈기 있게 반복적으로 연습하는 것이 필요하다. 이를 위해서는 업무 현장뿐만 아니라 일상생활 속에서도 새로운 역량을 지속적으로 적용, 발휘해 보는 것이 중요하다(신정길외,2004:101).

(5) 조력자와의 신뢰 관계 구축

효과적인 감성역량 개발을 위해 자발적 학습 전 과정에 걸쳐 적극적으로 지원해 줄 조력자가 필요하다(김선면,2006:167).

2) 감성리더십의 실제

(1) 구성원을 감동시키는 감성 자극

리더가 구성원들의 감성을 자극한다는 것은 구성원들의 마음을 움직일 수 있는 작은 행동을 지속적으로 보이는 것이다. 즉, 작은 일에도 고마움을 표시하고 작은 성과에도 진심에서 나오는 인정과 칭찬을 아끼지 않는 것이다. 이러한 리더의 노력이 구성원에게 감동을 불러일으키고 조직에 대한 신뢰, 탁월한 업무성과와 조직에 대한 자부심으로 나타나게 된다. 감성을 통한 동기부여 방법은 다음과 같다(이재연,2015:109).

첫째, 구성원의 감성을 자극하여 동기부여를 시키는 가장 효과적인 방법 중 하나가 인정, 칭찬, 격려를 아끼지 않는 것이다. 구성원들은 리더와 조직으로부터 인정받고 있다고 느낄 때 감동과 신뢰, 높은 만족감을 표현한다(이재연,2015:110).

둘째, 조직구성원에게 날마다 반복되는 업무수행에 활력을 불어넣고 더욱 건강해 질 수 있도록 구성원 상황에 맞는 비타민의 제공이 필요하다. 인정, 칭찬과 격려는 수용성 비타민의 성격을 가지는 반면 탄력근무제, 동호회 활동, 다양한 복지후생, 문화생활 및 자기계발 지원 등과 같은 지용성 비타민은 구성원 욕구와 선호를 고려하여 신중히 선택되고 제공되어야 한다. 올바른 처방을 위해서는 평소 구성원에 대한 꾸준한 관심이 따라야 한다. 리더는 지속적으로 구성원에 대한 관심과 배려를 표현하는 것이 중요하며, 그 표현은 구성원들이 흥미롭고 선호하는 것이어야 한다(이재연,2015:112).

(2) 긍정적 감성 관리를 위한 방법

구성원들의 긍정적인 감성을 유발하고 조직을 활기차고 역동적으로 만들기 위해서는 구성원들의 감성에 대해 진심으로 관심을 갖고, 그들이 가진 심리 상태를 정확히 파악하여 그에 따른 리더십 발휘가 필요하다. 이를 위해서는 첫째, 구성원의 고충을 진지하게 들어주는 경청의 자세를 가져야 한다. 지속적으로 구성원과 소통하여 고충을 해결하려는 노력이 필요하다. 둘째, 대화 도중에 구성원에 대한 리더의 감정을 적극적으로 드러내야 한다. 자신의 따뜻한 마음을 구성원들에게 보여 줘야 상호 감성적 교감을 형성할 수 있다. 셋째, 숨쉴 공간과 시간을 주어야 한다. 다소 평범한 일을 부여하거나 휴가를 줌으로써 구성원들이 잠시 여유를 갖고 자기 생활의 균형을 회복할 수 있는 기회를 주는 것이다(이재연,2015:129-130).

(3) 효과적인 감성커뮤니케이션

감성커뮤니케이션은 상대방의 감성을 이해하고 관계의 질을 중시하는 커뮤니케이션으로 상호이해와 배려, 공감에 기초한 상호작용과정이다. 효과적인 감성커뮤니케이션은 구성원의 만족도와 업무에 대한 열정을 높이며 조직의 성과향상으로 이어진다(이재연,2015:160).

① 커뮤니케이션에 적합한 환경을 조성하라.

② 다양한 채널을 사용하라.

③ 수신자들에 맞도록 메시지를 조정하라.

④ 타인과 교감하라.

⑤ 변화를 다룰 때 면대면 방식의 가치를 기억하라.

⑥ 적극적으로 경청하라.

⑦ 말과 행동을 일치하라.

⑧ 비공식적인 커뮤니케이션을 사용하라.

⑨ 피드백을 사용하라.

⑩ 지원적 커뮤니케이션을 사용하라(이재연,2015:169-173).

(4) 감성문화 형성을 위한 실천

감성문화는 조직의 성과 향상과 구성원의 만족에 직접 긍정적인 영향을 미친다. 감성문화를 형성하고 감성경영을 실천하는 것은 조직의 긍정적인 변화를 가져온다. 이러한 감성문화 형성을 위해 리더는 다음과 같은 노력을 기울여야 한다(이재연,2015:198-201).

① 자신의 감성을 정확히 인식하라.

② 긍정적 감성의 확산을 위해 비언어적 커뮤니케이션 활용하라.

③ 조직구성원과의 아이 콘택트가 중요하다.

④ 부정적인 감성을 가진 구성원의 태도와 변화를 유도하라.

⑤ 조직 내 하위 부서, 팀 단위에서의 긍정적 감서문화를 형성하라.

제9장

윤리경영리더십 (Ethical Management Leadership)

"기업의 제 1목표는 이윤추구이다. 그러나 그것은 성실한
기업 활동의 대가로 얻어야하는 것이다."

- 유한양행 창업주 故 유일한 회장 -

윤리적 리더십은 세대를 걸친 오랜 관심사였으며 최근 발생되고 있는 기업들의 비윤리적 사건들로 인해 더욱 주목을 받고 있는 주제로, 윤리는 모든 인간관계뿐만 아니라 리더와 구성원들 간의 관계에 있어 핵심이다(Ciulla,2004). 조직의 구성원들은 상사의 직위나 권한에 대하여 추종하고 존중하기보다는, 리더로서의 윤리성에 따라 추종하고 존중하려는 경향을 보이고 있다.

주요한 리더십의 이론들은 리더의 행위나 추종자와의 관계에 있어서 도덕적 가치의 기초를 활용하고 있다. 모든 리더는 각자 나름대로의 원칙과 관점을 가지고 있으며, 또한 그들은 각자 서로 다른 사안과 일련의 신념, 제안, 가치, 아이디어, 그리고 그들의 다루고자 하는 이슈들을 갖고 있다. 즉, 리더들은 그들이 가진 제도적 영향력 때문에 조직 내부의 윤리적 환경을 확립하는 데 있어서 중요한 역할을 하게 된다. 영향력이라는 과정의 본질과 구성원들로 하여금 서로의 목표를 달성하게 하는데 공헌하게 할 필요성, 그리고 조직 내의 가치를 확립하는 데 있어서 리더가 가지는 영향력을 고려할 때 윤리는 리더십의 핵심요소가 되는 것이다(김정원,2006).

최근 기업의 사회적 책임과 윤리경영이 강조되면서 기업경영을 책임지는 최고경영자(CEO)에 대해서도 윤리적 역할과 책임의식이 크게 요구되고 있다(류정란,2011). 경영환경에서 장기적 안정적인 발전을 가능하도록 하는 지속가능 경영을 실현하기 위해서 기업은 경제, 환경, 사회 나아가서 국가의 대외적 신뢰도와 품격을 위해 윤리적 경영 리더십은 매우 중요한 역할을 담당해야 한다고 많은 학자와 실무자들이 주장하고 있다. 따라서 본 장에서는 윤리적 리더는 어떤 사람인가? 어떻게 살아야 올바른 리더십으로 모범적 영향력을 행사할 수 있는가를 윤리적 리더십의 이해로서 개념과 정의, 중요성 그리고 윤리적 리더십 이론과 구성요소, 윤리적 리더의 행동특성 및 실천사례를 통해 개인과 국가 그리고 지금 이 시대 기업경영에 꼭 필요한 윤리적 리더십에 관하여 살펴보려고 한다.

1. 윤리적 리더십의 이해

1) 윤리적 리더십의 개념

윤리(倫理, ethical)의 사전적 의미로는 '倫'(인륜), '理'(다스릴 리)로서 '사람으로 지켜야한 도리'를 뜻하며, 도덕적 가치를 가리키며, 일반적 내지 보편적으로 받아들여지고 실천되고 있는 개인행동에 관한 일조(一組)의 기준 내지 표준(standard)이다. 이처럼 윤리란 행위기준이 되는 것으로 한편에서는 대다수의 사람들이 무엇이 옳고 그르며 또한 왜 어떤 행위가 옳거나 그르가 하는 것에 대한 기초적인 이해를 하고 있다는 의미에서 윤리이념이라 할 수 있으며, 다른 한편에서는 사회의 집단이나 조직체 내에서의 개인의 행동을 규제하는 제반의 규칙(Rule)인 것이다(김성수,2010).

윤리적 리더십의 포괄적인 개념을 Brown et al.(2005)은 "리더의 행동과 대인관계를 통하여 규범적으로 적합한 행동의 모범을 보이며, 의사소통을 강화(reinforcement)하고, 의사결정을 통하여 부하직원으로 하여금 적합한 행동을 하도록 촉진하는 것"이라고 했다. 또한 Brown & Trevino(2006)도 다양한 기업조직의 관리자와 윤리담당자들을 대상으로 면담한 결과 윤리적 리더십에는 두 가지 차원 즉 "도덕적 사람"(moral person)과 "도덕적 관리자"(moral manager)가 있음을 확인했다.

이후 여러 연구자들에 의해 이 두 가지 차원은 이론적으로나 경험적으로 윤리적 리더십을 구성하는 기본적 구성요소로 인정받고 있다.

"도덕적 사람"으로서 평판을 인정받는 리더는 윤리적 리더가 어떤 사람이며 무엇을 하는지를 부하 직원에게 알려주는 시작에 불과하며, 부하직원들이 무엇을 어떻게 해야 하는지를 반듯이 말해주는 것은 아니다. 부하직원의 윤리수준을 향상시키고 윤리적 리더십을 함양시키기 위해서는 리더가 윤리와 가치를 자신의 리더십 어젠다로 부각시켜 중요성을 강조하고, 부하들에게 그러한 메시지를 명확하게 전달해야 한다. 이를 위해서 리더는 "도덕적 사람"은 물론 "도덕적 관리자"가 되어야 한다.

윤리적 리더로 인식되기 위해서는 도덕적 사람만으로는 부족하고 도덕적 관리자도 되어야 한다.

한편 리더의 개인적 자질, 행태, 의사결정을 구분하여 도덕적 사람의 특성을 제시하는 연구자들도 있다. 이들에 의하면 윤리적 사람이 되기 위해서는 윤리적 자질을 갖추어야 하고, 윤리적으로 행동해야 하며, 윤리적 기준에 따라 의사결정 하는 사람으로 인식되어야 한다. 우선 자질 면에서는 정직(Honesty), 신뢰(trustworthiness), 고결(integrity)을 지녀야 하고, 행동에서는 옳은 일을 행하고, 사람에 대한 관심을 보이고, 그들을 올바르게 대우하며, 개방적 의사소통을 하고, 일상생활에서도 도덕적 행동을 보여야 한다. 즉, 행동에서도 정직, 정의, 배려, 고결이 드러나야 한다. 뿐만 아니라 의사결정단계에서는 윤리적 가치와 원칙에 부합하는 선택을 해야 한다. "도덕적 관리자"는 리더라는 직위를 활용하여 부하 직원에게 영향을 미쳐서 이들의 윤리적 행동을 유발해 내려는 리더의 의도된 노력에 관한 것으로, 주된 내용은 앞에서 언급한 바와 같이 역할모델, 의사소통, 강화로 요약될 수 있다(네이버지식백과).

2) 윤리적 리더십의 정의

윤리(ethics)란 관습 등을 뜻하는 그리스어 에토스(ethos) 에서 유래한 것으로 개인 혹은 사회가 바람직하거나 적절한 것으로 평가하는 가치와 도덕 기준들을 의미하며, "특정한 상황에서 무엇이 옳고 그르며 또한 무엇이 좋고 나쁜가에 관하여 의사 결정하는 지침이 되는 법칙과 원칙의 체계"를 제공하는 것으로서 리더는 윤리문제의 의사결정에 있어서 묵시적·명시적으로 도덕성·윤리성을 고려하여 판단하게 되므로 리더십과 관련하여 윤리는 리더가 어떻게 행동하고 의사 결정하는가에 관계되는 것이다(박계홍·김종술,2014:216).

윤리적 리더십을 바라보는 각 학자들의 주요 관점에 따라 다소 다르게 존재하지만 가장 대표적으로 사용하는 정의는 Brown, Trevino & Harrison(2005)의 연구이다. 이 연구에서 윤리적 리더십은 '개인적 행동이나 대인 관계에서 규범적으로 적절한 행동을 보이고, 양방향 커뮤니케이션, 강화작용, 의사결정을 통해 구성원들에게 그러한 행동을 촉진하는 것'으로 정의하고 있다. 또한 윤리적 리더십을 보이는 리더의 행동으로부터 구성원들의 윤리적 행동에 대한 지각을 추론 할 수 있다는 이론적 근거를 제시하고 있다(류정란외,2012:99). Gini(1998)은 윤리적 리더십은 리더가 의사결정, 타인에게 영향력을 발휘하는 방식, 관여하는 행위에 있어서 어떻게 리더가 사회적 권력을 사용하는가에 초점을 두고 있는 것이라고 정의하였다. Northouse(2004)은 윤리적 리더십을 조직구성원들의 말을 경청하고 반대의견을 포용하는 존중, 다른 사람들의 정당한 이익이나 목표를 추구하도록 도와주는 봉사, 구성원들을 평등하게 대우하는 정의, 정직, 그리고 양립할 수 있는 목표를 추구하는 공동체 윤리 등으로 보았다.

Resick, Hanghes & Dickson(2006)은 Brown과 달리 윤리적 리더십을 사회적 학습 관점이 아니라 전통적인 철학적 윤리 이론을 토대로 해석하여 윤리적 리더십을 개인특성, 청렴성, 윤리적 지각, 동기부여, 공동체 및 인간 중심, 격려와 권한 위임의 6가지 복합개념으로 보았으며 격려와 권한위임을 통해 윤리적 리더십이 형성된다고 설명한다. 최성림(2006)은 윤리적 리더십이 단순하게 기업의 도덕성만을 강조하는 개념이 아니라고 주장하며 윤리적 리더십이란 사회적 책임을 충실하게 수행하기 위한 기업의 윤리의식 뿐만 아니라 이노베이션을 통해서 최상의 가치를 창출하여 기업의 주주들을 만족시키며 실력에 입각하여 정정당당한 경쟁을 통해 시장에서도 확고한 신뢰를 구축하는 것을 뜻하며 이를 통해서 계속적으로 기업 발전과 성장을 도모할 뿐 아니라 궁극적으로 사회 발전을 위해 기여하는 것이라고 주장하였다. 최갑열(2009)은 윤리적 리더십을 경영학적인 관점에서 정직성과 진정성을 바탕으로 부하직원들에게 모범이 되는 행동모델을 실천함으로써 조직 구성원들에게 공통의 미션을 제공함으로써 영향력을 행사하는 리더십 유형이라고 하였다. 이명신 등(2009)은 학술적인 관심을 크게 받아오지 못해왔던 윤리적 리더십의 개념을 명시하고 윤리적 리더십의 영향요인과 효과성을 실증적으로 검증한다. 이명신 등은 윤리적 리더십이란 구성원들에게 개인적 행동과 상호 관계를 통해 규범적으로 적절하고 바람직한 행동을 보이는 것 그리고 리더의 의사결정, 양방향 의사소통, 강화를 통해 구성원들에게 적절한 행동을 촉진토록 하는 것으로 정의한다(김윤정,2015).

3) 윤리적 리더십의 중요성

리더에 있어서 윤리는 왜 중요한가에 대해 Northouse(2009)는 다음과 같이 주장한다. "리더십은 리더가 공동의 목표를 달성하기 위해 다른 사람들의 행동에 영향력을 행사하는 과정이다" 이러한 리더십의 영향력 차원은 리더가 자신이 이끌고 있는 사람의 삶에 영향을 줄 수 있어야한다는 것을 의미한다. 다른 사람들의 가치관이나 인성을 변화시킨다는 것은 엄청난 윤리적 부담과 책임을 수반한다(최은수외,2013:385).

우리 모두는 다른 사람을 독특한 하나의 인격자로서 대우해야할 윤리적 책임을 갖고 있다. 특히 리더는 다른 사람에게 중대한 영향을 미칠 수 있는 많은 기회를 갖는 위치에 있기 때문에 윤리적 책임을 갖는 것이다. 윤리는 리더십의 핵심적 위치를 차지하고 있으며, 리더는 조직의 가치를 확립하고 강화하는데 도움을 준다.

우리 사회는 경영윤리 측면에서 기업의 경영활동이나 기업의 리더에 대해 사회적 및 윤리적 정당성을 요구하고 있다. OECD등 국제기구는 반 부채 및 윤리경영에 대한 지침 혹은 제도를 강화시켜 국제거래에서 이를 준수하지 않은 기업들이 불이익을 받도록 하고 있으며 세계 유수 기업들은 기업윤리헌장을 채택하고 다양한 방법들을 동원하여 실행함으로써 경영 투명성을 강화시키고 있는 등 경영윤리 측면에서의 세계적인 추세는 기업들이 최고경영자와 관리자의 도덕성을 강조하며, 비윤리적 행동과 관행을 통제하고 규제하는 기업윤리강령을 제정하여 윤리적 리더십을 발휘하고 있다(박계홍 외,2014:217).

윤리적인 기업경영이 이루어지기 위해 무엇보다도 중요한 것이 최고경영자(CEO)를 비롯한 관리자의 윤리경영에 대한 신념과 솔선수범이다. 리더십을 타인에게 비전과 목표제시, 지휘, 명령과 같이 영향력과 전환을 행사하게 되므로 도덕성을 기본으로 해야 한다.

"도덕적 사람"은 구체적으로 어떤 사람인가?

아이슨 베이스 Eisenbeiss에 의하면, 보편적으로 널리 인정받는 입장에서는 이타주의 측면을 강조한다. 즉, 다른 사람들에게 도움이 되는 덕행(virtuous behaviors)을 하고 다른 사람에게 해가 되는 행위는 자제하는 사람을 윤리적 리더로 본다. 구체적으로 예시하면, 다른 사람의 권리와 존엄(dignity)을 존중하는 리더, 자신의 권력을 사회적으로 책임 있는 방법으로 사용하는 리더, 정의에 관심을 갖고 정직하며 공동체를 형성하는 리더, 혹은 Aristotle이 주창한 네 가지 '기본적 덕목'(cardinal virtues)을 지닌 리더 등이 도덕적 리더가 될 수 있다(네이버지식백과).

리더들은 조직에 소속 다른 구성원들의 업무에 책임을 져야하며 구성원들이 성과를 낼 수 있도록 리더 역할을 수행해야한다. 이러한 관점에서 볼 때 리더들은 구성원을 고용하고 교육 훈련하는 등의 리더 역할 뿐만아니라 구성원들의 욕구를 충족시켜 조직의 목표를 달성할 수 있도록 리더십을 발휘해야 한다(김윤정,2015). 리더십은 구성원을 설득하고 동기부여

한다는 측면에서 리더는 구성원 모두에게 조직과 사회, 고객에 대한 도덕적 책임의식을 가지도록 모범을 보이고 전파해야하는 역할을 수행하게 되는 것이다(박계홍·김종술,2014:217). 이제 윤리적 리더십은 초일류 기업으로 가는 필수조건으로 중요시 되고 있다.

2. 윤리적 리더십에 대한 학자들의 주요 관점

리더십 과정의 한 차원으로서 Heifetz와 Burns 그리고 Greenleaf는 윤리를 언급하고 있는데, 이들의 관점을 구체적으로 살펴보면 다음과 같다.

1) 하이페츠(R. Heifetz)의 윤리적 리더십 관점

Nothouse(2010)는 하이페츠(Ronald Heifetz)의 리더십 관점중 가치적 측면을 윤리적 리더십의 중요한 부분으로 강조하고 있다. 정신병리학자인 하이페츠는 린든 존슨 대통령, 간디, 그리고 마가렛 생어 등과 같은 많은 세계의 리더들에 대한 관찰과 분석을 기초로 하여 윤리적 리더십에 관한 독특한 접근방법을 체계화 하였다(Leadership Without Easy Answer,1994). 첫째, 리더는 추종자들을 그들로 하여금 갈등에 대처하게 하고, 갈등으로 부터 새로운 변화를 이끌어내는 데 영향을 미치는가에 초점을 맞췄다. 둘째, 리더란 권한을 이용하여 추종자들로 하여금 빠르게 변화하는 작업환경과 사회문화 속에서 나타나는 상충되는 가치들에 잘 대응해 가도록 도움을 주었다. 셋째, 윤리적 리더는 당면한 이슈들에 대해 상충되는 관점들을 조화시키고, 의사결정을 촉진하며, 추종자들을 도와 변화에 적응하면서 자기성장을 위해 노력해갈 수 있도록 하였다. 따라서 그의 견해는 근로자들의 가치에 대해서 직접적으로 언급하고 있으므로 윤리적 견해라고 볼 수 있다(최은수,2013). 따라서 그는 구성원 및 조직과 사회의 가치적 측면에 주목하여 리더는 신뢰와 양육, 그리고 공감대가 존재하는 '지원적인 환경'을 제공해야 한다는 것이다. 부하들이 변화와 자기 성장을 위해 노력해 갈 수 있도록 하는 것이 리더의 의무라고 하였다.

2) 번즈(J. M. Burns) 윤리적 리더십 관점

제임스 맥그리거 번즈(J. M. Burns)는 변혁적 리더십(Transformational leadership theory, 1978)에 대해 네 가지로 정리하며, 도덕적 행위를 강조하였다. 첫째, 리더십은 도덕적 행위로 공공적 가치로 표현되는 인간의 욕구(빈곤으로부터의 해방, 자유, 생명, 행복 등)에 대한 응답이다. 둘째, 글로벌 리더십까지 포함하여 지도자가 감당해야할 가장 중대한 과업은 비참한 상태에 처해있는 세계 수십 억 인류의 필요에 응답하는 것이어야 한다. 셋째, 사람들은 자신이 원하는 바에 귀를 기울여 주는 지도자의 추종자가 되며, 그 지도자는 추종자에게 힘을 실어주어야 한다. 넷째, 모든 인류가 행복을 추구할 수 있는 기회를 확대해 나가야 한다(최은수,2013). 변혁적 리더십은 리더들이 추종자들에게 더 높은 수준의 욕구, 가치, 도덕성을 강조하고 있다. 특히 리더는 상충하는 가치들로 인한 추종자들의 개인적 고충을 극복하도록 도와주는 것이 중요한데 이런 과정에서 이루어진 리더와 추종자들 간의 관계는 양쪽 모두다 도덕성의 수준을 높이는 결과를 초래한다. 번즈는 리더의 역할에 대해 추종자들의 개인적 동기유발과 도덕성 개발에 유의하는 것이라고 강조하면서 추종자들을 도와서 가치와 욕구를 평가하게 해주고 더 높은 수준의 가치인 자유, 정의, 평등과 같은 가치들을 강조하는 수준에까지 이르도록 도와주는 것을 리더의 책임과 의무라고 하였다. 또한 윤리가 어떻게 리더십 과정의 중심적 특성이 되고 있는지를 보여주고 있다. 그는 윤리를 "리더십이 의미하는 바가 무엇이며", "리더십은 어떻게 수행되어야 하는가? 에 대한 학구적 논의에서 최전면에 부각시키고 있다는 점에서 주목할 만하다"(변상우,2016).

3) 그린리프(R. Greenleaf)의 윤리적 리더십 관점

로버트 그린리프(Robert Greenleaf,1970,1977)는 리더십이란 소위 시종(侍從: servant)을 챙기는 봉사적 리더십(servant leadership)이라고 부르는 역설적 접근방법을 개발하였다. Greenleaf는 이이론을 구성하는데 있어서 헤르만 헤세(Herman Hesse)의 소설 '동방여행' (The Journey to the East)로부터 영감을 얻었다. 현실에 존재하지 않은 곳으로 여행을 떠나는 한 여행자들 그룹에 관한 것으로서 이 여행에는 여행자들을 위해 하찮은 일들을 수행해야 하는 한 종(a servant)이 동행하는데 그는 자신의 영감이 깃든 노래와 헌신으로 여행자들에 지치지 않고 여행을 할 수 있도록 도왔다. 이 종의 존재는 여행자 그룹에게 매우 이례적인 충격을 주었고 그 종이 사라졌을 때, 여행자 그룹은 혼란에 빠졌고 그들은 여행을 포기했다. 그 종이 없이는 그들은 짐을 옮길 수 도 없었다. 실제로 그 여행자 그룹을 이끌었던 사람은 그들이 아니라 바로 그 종이었다. 그는 여행자들을 잘 돌봄으로써 리더로 등장했던 것이다(발췌-http://blog.naver.com/peter_jung/50172564300).

강력한 이타적 윤리의식을 갖는 봉사적 리더십은 추종자들의 관심에 주목하고. 첫째, 섬김의 리더십은 공동체적 삶에 모든 사람이 참여할 수 있도록 하는 것을 가치 있게 여겼다(자유재량권확대). 둘째, 리더는 다른 사람의 말을 경청하고 공감하며 긍정적 측면 강조. 셋째, 리더는 소외된 자들에게 관심을 갖고 그들을 조직생활에서 다른 이해관계자들과 동일하게 인식해야 할 의무가 있다.

따라서 그의 견해는 개인들이 존경, 신뢰, 개인적 강점을 충분히 경험하는 사회공동체내에 존재하고 있기 때문에 사회공동체 생활에 모든 사람이 참여하도록 하는 것에 가치를 두는 봉사적 리더십을 강조한다.

4) 윤리적 리더십의 학자들 관점에 대한 결론

Heifetz, Greenleaf, Burns의 공통된 주제는 리더와 추종자 관계가 윤리적 리더십의 핵심이 무엇인가 하는 점이다. 또한 그들은 모두 리더가 추종자들의 독특한 요구(Needs)에 깊은 관심을 기울이는 것이 매우 중요하며, 리더는 추종자보다 높은 가치와 도덕적 준들을 향해 움직이도록 동기를 부여하고 그들을 도와야 한다는 것이다(리더십 이야기 15,Ethics and Leadership).

3. 윤리적 리더십의 구성요소

Resick Hages, Dickson & Mitchelson(2006)은 윤리적 리더십의 구성요소로 신의성실, 윤리적 인식, 공동체 및 인간중시, 동기부여, 권한위임, 윤리적 기준제시 등의 6가지를 들고 있다.

1) 신의성실

신의성실은 리더에 있어서 가장 근본적인 요소로 도덕적인 정의에 기반을 둔 믿음이다. 리더의 신의성실은 리더의 의사결정과 행동을 경청하는 중요한 요소가 된다.

2) 윤리적 인식

윤리적 인식은 리더의 도덕적 판단 역량으로 개인적인 이익보다 조직이익에 대한 더 많은 관심을 가지고, 수단과 결과를 모두 중시하며, 단기적인 시간보다 장기적인 시간을 가지고 있으며, 다양한 이해관계자의 이해를 고려하는데 중요한 영향을 미친다.

3) 공동체 및 인간중시

윤리적 리더는 더 나은 선(good)을 위해 봉사하는 것에 초점을 두어야한다. 개인적인 이익보다는 조직의 이익을 중시하며, 이타주의에 바탕을 둔 인간중시 경영을 해야 한다.

4) 동기부여

윤리적 리더는 조직구성원들에게 조직목표 달성을 위한 행동을 유발하고 고무시키기 위해서 정서적 유대감을 바탕으로 동기부여를 강화시킨다. 특히 조직목표와 개인목표의 통합을 통해 조직목표 달성을 위하는 것이 개인목표의 실현으로 이어질 수 있도록 강화시키는 것이 중요하다.

5) 권한위임

리더는 추종자들이 자신감과 자기 만족감을 가질 수 있도록 스스로 자율적 판단과 의사를 존중하는 권한위임에 대해 적극적이어야 한다. 권한위임을 통한 자율경영, 창조경영, 능동적경영이 이루어짐으로써 동기부여와 시너지효과를 가져오게 된다.

6) 윤리적 기준제시

윤리적 리더는 조직 내 윤리경영에 대한 윤리기준을 수립하고, 모든 구성원들이 윤리적 행동이 이루어지도록 유인하고 이러한 행동이 정착되도록 해야 한다(변상우,2016).

4. 윤리적 리더십의 행동특성

1) 타인 존중

윤리적 리더는 타인을 존중해야한다. 학자 칸트(immanuel kant)는 존경심을 가지고 다른 사람을 대하는 것은 우리의 의무라고 주장하였다. 이는 존경심 자체가 다른 사람을 대하는 목적이어야 하고, 어떤 목적을 위한 수단이 되어서는 안 된다는 것을 의미한다. 뷰챔프 등(T.L.Beauchamp & N.E.Bowie)이 지적한 바와 같이 "사람들은 그들 자신이 자율적으로 설정한 목표를 갖는 존재로서 대우를 받아야 하고, 순전히 다른 사람(리더)의 개인적 목적을 위한 수단으로서 취급되어서는 안 된다."는 것이다. Burns에 따르면 리더는 구성원들이 자신들의 욕구, 가치, 목적을 이해하도록 양육하고, 리더의 욕구, 가치, 목적과 통합하도록 지원하여야 한다고 제시하고 있다(김학수등,2008).

2) 봉사

윤리적 리더는 타인을 섬길 줄 알아야한다. 섬김은 이타주의의 한 예이다. 엘른 테너는 "봉사는 내가 지구상에 사는 특권에 대해 지불해야 하는 일종의 세금이다."라고 말하였다. 봉사적인 기업은 공헌의 수행으로 구성원의 업무향상을 꾀하거나 정신적 지지를 기반으로 조직 구성원에 좀 더 집중도를 높이는 것은 경영효과를 바람직한 방향으로 가기 위한 지향해야 할 경영의 진로이다. 어려운 환경의 많은 대상자들을 상대로 기업이 헌신적으로 봉사하고 공헌할 때 소비자와의 신뢰관계 형성에 기여하며 소비자와의 신뢰 관계는 기업의 운명을 결정하는 중요한 관건이다. 기업이 대한 신뢰는 소비자니즈의 몰입으로 이어지며 제품 구매의 결정에 중요한 역할을 담당한다. 이처럼 윤리적 리더는 이해관계자들을 위해 봉사할 줄 알아야한다(최염순,2008).

3) 공정성

윤리적 리더는 매사에 공정해야한다. 공정성과 정당성은 윤리적인 판단을 하는 중요한 기준이 된다. 그 일이 공정한가? 정당한가? 라는 질문은 어떤 행위를 함에 있어서 제기되는 빈번한 질문일 것이다. 윤리적 리더는 공정성과 정당성에 의하여 의사 결정을 하여야 한다. 그들은 구성원들을 평등하게 대우하는 것을 최우선으로 하고 있다. 정당성은 리더가 그들의 의사결정에 있어서 공정성을 핵심기준으로 할 것을 요구한다. 일반적으로 특별한 상황요건을 제외하고는 조직에 있어서 누구도 특별한 대우를 받거나 특별한 배려를 받아서는 안 된다(김형태,2008).

4) 정직성

윤리적 리더는 매사에 정직해야한다. 인간의 사회적 관계에 있어서 무엇보다 중요한 것은 상호 믿음으로 연결된 신뢰와 구성원들 간의 상이한 의견을 조절하는 조화라고 할 수 있다. 신뢰는 모든 덕목의 기반이며 조화는 모든 존재의 공동원리가 되기 때문이다. 먼저 인간관계에 있어서 제일 중요한 것은 신뢰라고 할 수 있다. 신뢰를 상실하면 인간관계 자체가 성립될 수 없다. 경영진은 의사결정을 하는데 모든 정보를 공개하지 않는다. 대부분의 정보는 독점적이고 경쟁자에게 부당한 이익을 가져다주고 법적으로 기밀이다. 솔직함은 경영자가 모든 것을 누설해야 하는 것이 아니다. 하지만 경영자가 공개하기 부끄럽다는 이유로 사업이나 정책의 정보를 비공개하는 것은 적절하지 않다. 만약 경영자가 사업에 관한 정보를 비공개하기가 부끄럽다면 그 사업은 진행되지 말아야한다(김학수등,2008).

5) 공동체 윤리 구축

윤리적 리더는 공동체 윤리를 구축해야한다. 개인이나 기업이나 모든 거래에 있어서는 직접 간접 이득이든 서로의 공동 이익이 존재하지 않으면 거래는 성립하기 어려운 것이다. 윤리적 리더는 집단에 참여하는 모든 구성원들의 개인 목표를 고려하고 공동체와 조직문화에 대한 세심한 배려를 해야 한다. 모든 사람들의 목표와 양립 될 수 있는 목표를 추구할 필요가 있다. 윤리적 리더는 높고 광범위한 도덕적 목표의 확립을 추구해야한다. 모든 개인의 목표와 조직의 목표는 공동의 선과 공적 이익의 테두리 안에서 추구되어야 한다. 따라서 리더는 공동 선(善)에 관심을 두어야한다(변상우,2016).

5. 윤리적 리더십의 조직 여건(박병규,2012:11~15)

윤리적 리더십이 조직 내에 형성되고 정착하기 위해서는 다양한 문화적, 제도적 요건들을 필요로 하게 된다. 예컨대 리더 개인의 도덕성이나 인격, 의지와 구호만으로 윤리적 리더십이 수용되거나, 보통의 조직이 윤리적 조직으로 탈바꿈되지는 않기 때문이다. 최고 경영자에서부터 일선 관리자수준까지 윤리적 리더십이 자리 잡기 위해서는 아래의 요건을 충족하는 것이 필요하다.

1) 최고경영진의 의지가 있어야한다. 조직경영의 도덕적 수준을 결정하는 가장 중요하고 강력한 기반은 최고 경영자의 윤리적 경영 의지와 기업의 윤리적인 문제에 대한 성실한 관여이다. 조직의 리더는 구성원들의 중요한 역할 모델이 된다. 최고경영자는 윤리적 가치관과 행동원칙이 조직문화에 잘 스며들 수 있도록 윤리적 기준을 제시하고 행동으로 실천해야 한다. 조직의 CEO는 기업윤리의 중요성을 제대로 인식하고 이를 실천하려는 의지를 대내외적으로 천명해야한다. CEO는 기업의 최고 의사결정권자이자 대외적으로는 회사의 방침을 대변하고, 다양한 이해관계자를 접하기 때문에 윤리적 요소를 강조하는 것은 기업 경영에서 윤리가 중요한 고려 요인임을 밝히는 것이다. 따라서 최고 경영자는 윤리적 의사결정을 위한 제도적 절차를 구축하고 윤리적 경영을 관리할 전문 인력을 배치하는 등 실질적인 환경을 정비하는 것이 필요하다(강승완,2011)

2) 효율적이고 개방적인 커뮤니케이션이 중요하다. 윤리적 리더십이 전달되기 위해서는 조직 내 효율적이고 개방적인 의사소통이 원활하게 이루어지는 것이 중요하다. 조직 내에 개방적이고 허심탄회하게 의사소통하는 경로가 마련되어 있어야 윤리적 이슈에 대한 논의와 실천도 확산될 수 있다. 경영진은 윤리에 대해 자주 의사소통하고 메시지를 명백히 함으로써 윤리에 대한 관심을 집중시켜야한다(김형태,2008).

3) 윤리경영 프로그램과 관리자가 필요하다. 윤리적 리더십은 그것을 뒷받침할 수 있는 별도의 제도적 장치와 프로그램을 필요로 한다. 경영자는 윤리경영 전담부서 또는 전담 인력을 선임하여 윤리경영 실천시스템 운영, 교육, 홍보, 내부 윤리감사 및 평가 등을 수행해야한다. 경영자는 윤리경영 제도의 설계에 관심을 가지고 전담부서의 직원을 독려하는 것이 필요하다. 관리부서로는 사내 감사과, 윤리경영팀, 클린경영, TFT 등을 들 수 있다(김일순,2005).

4) 구체적인 윤리경영의 목표설정을 제정해야한다. 윤리적 리더는 이상적이고 추상적인 윤리관만을 제시해서는 안 된다. 윤리적 리더는 직원들이 준수해야할 명백한 윤리기준을 수립하고 스스로도 이러한 기준을 따른다. 또한 다양한 상황을 비윤리적 행동

과 윤리적 규칙을 어겼을 때 어떤 문제와 처벌이 따르는지에 대해서도 밝히는 것이 필요하다(류정란,2011).

5) 윤리적 의사결정을 해야 한다. 윤리적 리더는 실무 직원에서부터 중간관리자에 이르기까지 실제 경영 의사결정에서 비윤리적 요소가 없는지 검토하는 단계를 거치도록 강조해야 한다. 또한 신규 사업 진출이나 환경 문제, 소비자 권리, 근로자 권리와 관련된 이슈가 발생했을 때 특별히 윤리적 측면에서 올바른 판단을 내려야 한다(김형태,2008).

6) 윤리행동강령을 마련해야한다. 기업은 책임을 다하기 위해 행동강령을 제정하여 운영하는 것이 필요하다. 윤리 행동강령은 기업윤리에 대한 회자의 기본 방침을 체계적으로 정리한 것으로 윤리 강령(code of ethics)-행동강령(code of conduct)-실천 강령(code of practice)의 체계로 구조화 된다. 윤리 행동강령에 포함되는 내용으로는 기업의 윤리철학, 윤리경영 제도와 관리절차, 각 이해관계 집단에 대한 바람직한 관계와 행동기준, 회사기밀과 고객정보의 보호, 환경 오염방지를 위한 의무사항, 뇌물, 금품수수, 부당한 혜택 제공의 예시등 일반적 요소와 기업 업종이나 특수성에 맞는 세부적 요소가 포함된다. 윤리적 리더는 윤리적 기업문화를 형성하기 위해 경영자의 역할을 명확하게 인식 하고 비윤리적인 행동은 개인과 조직 모두에게 불이익을 초래한다는 의식을 확산시키며 이를 예방할 수 있는 제반 조치를 강구해 나가야 한다(김학수,정범구, 2008).

7) 윤리 위반자에 대한 처벌 규정 수립해야한다. 윤리적 리더십을 통한 윤리경영이 실행되기 위해서는 비윤리적인 행위와 부패 행위를 했을 때 과실의 고의성, 중요성, 파급효과 등을 고려한 적절한 징계 규정을 정해두고 적용하는 것이 필요하다. 징계의 범위는 주의, 감봉, 정직, 강등, 파면, 형사고소 등 광범위하다(김지연,2011).

8) 내부 신고 장치를 마련해야한다. 대규모 조직의 다양한 영역에서 은밀히 이루어지는 비리 행위에 대해 경영자나 윤리경영 부서가 다 파악할 수 없는 경우가 많다. 따라서 조직 내부에서 일어나는 관리자를 포함한 직원들의 부패 행위에 대해 적극적으로 신

고하도록 하는 것이 필요하다(김일순,2005). 내부자 고발 제도(whistle blowing)는 조직 또는 내부 구성원의 불법적이고 비윤리적인 행위에 대해 내부 임직원이 윤리경영 전담부서 혹은 전담자에게 신고, 고발 하도록 하는 제도이다. 그러나 그러한 제도가 있다 하더라도 보복이나 불이익에 대한 우려 때문에 내부인은 쉽게 의사표현을 하는 것이 어렵다. 따라서 내부고발을 유도하고 보호하기 위한 무기명 핫라인의 설치가 필요하다. 그 운영에 있어서는 신고 접수와 처리절차가 투명해야 하며, 신고를 활성화하기 위해 일정한 포상을 실시하는 것도 바람직하다. 윤리적 리더는 구성원들의 윤리적 행위에 영향을 미치기 위해 보상과 규제를 적절히 활용해야 한다.

9) 윤리교육을 강화해야한다. 윤리경영은 의식 요소에서 비롯되는 것이 크기 때문에 구성원에 대한 윤리 교육과 훈련이 중요하다(이성식,2005). 조직 구성원에 대한 전문적인 교육을 통해 개인이 행하는 각종 의사결정에는 윤리적 측면이 있다는 것을 이해시키고 윤리적 태도와 행동양식을 주지시켜야 한다. 교육에서는 이론과 지식, 다양한 사례에 대한 정보제공이 필요하다. 일반 직원뿐만 아니라 관리자와 최고경영자에 대한 교육도 이루어져야 할 것이다. 나아가 윤리 경영이 기업에게는 장기적 경쟁력 확보의 원천이며, 반대로 비윤리적 경영은 기업과 개인을 한순간에 파멸하게 하는 일임을 널리 알려 위기의식을 조성하는 것이 필요하다.

10) 윤리감사의 실시가 필요하다. 윤리적 기업경영이 정착되기 위해서는 윤리적 경영의 수준을 감시하고 평가하는 윤리 감사를 실시하는 것이 필요하다. 윤리감사는 기업이 투명하고 깨끗한 경영을 실현하기 위해 자율적으로 내부 모니터링을 하는 시스템이다. 기업은 전문 인력을 배치하여 정기적이거나 불시에 기업 전반 및 비리 발생 예상 요소에 대해 점검하고 문제 요소에 대해서는 적절한 조치를 취해야 한다(강승완,2011).

6. 윤리적 리더십과 기업 경영의 성과

세계화로 선진국의 대기업이 국내 시장에서 세계적으로 영업활동을 적극적으로 펼쳐 나간 결과 많은 다국적 기업이 탄생했다. 이들 다국적 기업은 세계 시장에서 영업 활동을 전개하는 과정에서 이윤 극대화를 추구 하면서 사회, 경제, 환경 문제를 일으켜 세계 사회는 이들에 대해 경각심을 갖게 되었다(조영주,2012;재인용). 최근 들어 세계화의 부작용으로 발생하고 있는 빈부격차 심화, 고용 없는 성장의 일반화, 환경 파괴 가속화 등의 문제를 완화하기 위해 세계는 기업에게 사회적 책임, 지속 가능 경영, 윤리경영을 요구하고 있다.

기업 현장에서의 윤리적 리더십은 기업윤리, 사회적 책임(CSR), 윤리경영, 녹색 경영 등으로 나타나고 있으며, 기업들은 불공정하고 비인도적인 노동 관행을 철폐하기 위한 최초의 국제표준 규격인 SA 8000이나 국제표준기구(ISO)에서 기업의 환경, 노동, 인권과 지역사회 기부 활동을 지수화 하여 제시한 ISO 26000을 준수하기 위한 활동을 강화해 가고 있는 상황이다. 이 같은 노력에 대해 혹자는 기업은 이윤 극대화를 추구하기 때문에 사회적 기여를 강요받아서는 안 된다고 주장한다. 그러나 세계화 시대에서 기업의 목적은 이윤 극대화가 아니며, 윤리경영을 바탕으로 영업 활동을 전개하다 보면 결과로서 이윤이 창출된다고 보는 생각이 일반화되어있다. 사회적 기여는 기업 이윤과 반하는 것이 아니며 오히려 세계로 나가기 위해 필요한 기업의 경쟁우위로 작용한다. '기업의사회적 책임 라운드(CSR Round)'라 부르는 비관세 장벽을 넘을 수 있게 해주기 때문이다.

여러 연구에 의하면 기업의 이익과 윤리수준을 잘 조화 시키는 기업은 사회적으로 존경받고 이익도 창출하는 것으로 나타나고 있다.

[표 9-1] 선진국 다국적 기업의 윤리 경영 시스템

기업명	윤리 강령	준수 감독 조직	교육을 통한 공감
존슨앤드존슨 (Johnson & Johnson)	• 사회적 책임 공표 • 우리의 신조 36개 국어로 번역	• 인사부 • 승진 및 인사고과에 반영 • 2년마다 직원 대상 설문조사	• 임원 대상의 신조 (Credo) • 윤리적 의사 결정 기법 교육
인터내셔널 페이퍼 (Internation Paper)	• 자원 관리 책임 서약 • 윤리경영	• 윤리 및 비즈니스 관행 사무국 • 윤리 핸드북 발간 교육 • 제보 전화 운영	• 제보 전화를 통해 접수된 사례 중심
노드롭 (Northrop)	• 군수 사업 윤리 강령 • 기업행위표준	• 기업윤리 사무국 • 제보전화 운영 • 직원 설문조사를 통한 평가	• 사례, 토론 중심 교육 • 셰익스피어의 『헨리 5세』를 임원들의 교육 교재로 활용
아세아 브라운보베리 (Asea Brown Boveri)	• 지속 성장을 위한 사회 정책	• 지속 가능 업무 부서에서 전담	• 지속성 상금 3만불 지급

* 출처: 조영주,2012:194 재인용

1) 윤리적 경영 리더십의 좋은 사례

(1) 인물 : 미국 SAS - 짐 굿 나이트 회장

SAS란 기업은 소프트웨어를 개발하는 업체로 직원은 4000명 정도이며, 연 매출은 2조 5천억 정도의 회사다. 이 회사는 미국에서 가장 일하고 싶은 기업 1위이기도 했고, 12년 동안 가장 일하고 싶은 100대 기업에 이름을 올리고 있는 회사다.

불황에도 불구하고 무려 33년 동안 지속적으로 성장하고 있다. 그 이유는 바로 이 회사의 직원들을 위한 다양한 프로그램과 경영 때문이다. SAS는 약 120만 평 대지에 25개의 건물이 자리 잡고 있으며, 4,200여 명이 근무하고 있는 SAS캠퍼스 안에는 피트니스센터 외에도 병원, 유아원, 세탁소, 미용실, 병원 등 다양한 편의 복지시설이 갖춰져 있다. 특히 직원들은 아이들과 함께 출근했다가 아이들과 함께 퇴근할 수 있으며, 점심시간도 아이들과 함께

할 수 있다. 또한 SAS에서는 직원들이 매주 35시간 이상 일을 하지 못하도록 하고 있다. 야근보다는 맑은 정신력의 집중력을 짐 굿나이트 회장이 선호하는 철학이기 때문이다. 정년이 없는 SAS에서는 60세가 넘는 직원도 흔히 볼 수 있다. 이것은 짐 굿나이트 회장이 장기 근속자들의 경험과 지혜를 높이 사기 때문이다.

내부 직원관리만큼 중요한 부분은 없다고 짐 굿나이트 회장은 단언한다. 이처럼 직원이 행복하면 좋은 제품이 개발되고, 소비자의 구매가 늘어나면서 회사는 성장하는 것이라는 강한 짐 굿나이트의 윤리적 리더십 덕분에, SAS는 앞으로도 일하고 싶은 회사로 영원히 각인 될 것이다.

(2) 기업: 교보생명 & 교보문고

가. CEO의 강력한 실천의지

교보생명이 추구하는 기업관은 나눔과 베풂의 상생하는 직업관으로써 고객만족이 이루어지면 Loyalty 고객이 증가하고 그렇게 되면 보다 많은 이익창출로 이어져 업무환경 및 성장의 기회가 늘어나며 이로 인해 신바람 나는 일터가 되어 향상된 상품과 서비스를 제공하여 고객이 만족하는 선순환이 이루어져 결국은 고객, 임사원, 투자자 등 모든 이해관계자가 상생(Win-Win)하여 지속적 성장과 인류 사회의 공동번영을 이룰 수 있다는 CEO의 강한 의지를 표명하여 임사원이 이를 적극 실천하고 있다. 또한 모든 중요한 의사결정에 있어서 언제나 고객, 컨설턴트, 투자자, 사원이주시하고 있다는 것을 알고, 이를 이해관계자의 눈으로 바라본 균형 잡힌 의사결정을 하겠다는 의지 표명으로 경영층이 주요 의사결정을 하고 있는 회의실에 이해 관계자의 눈'이라는 액자를 걸어 놓고 의사결정시 다시 한번 이해관계자 모두를 생각토록 하고 있다.

나. 윤리경영 실천 Program

교보생명은 내부신고 채널을 운영하고 있다. 인터넷 홈페이지를 통해 불합리한 관리로 인한 성과 창출저해행위, 인권침해 행위, 인사 관련 비위행위 등 위법 행위에 대한 신고 및 해결을 의뢰하며, 이에 대한 결과를 통보하고 있다. 또한 사내 인트라넷을 통한 준법감시인에 대한 건의사항, 회사 제도 중 불합리한 사항 등 준법 관련 개선 및 건의를 실행한다. 직무와 관련된 부정 비리 및 규정 등 위반사항에 대해 24 시간 무료 전화를 운영하고 있다.

다. 사회 공헌 활동

건강한 삶, 아름다운 노후, 희망찬 미래를 위해 단순한 이윤추구가 아닌 '인간'자체에 가치 중심을 두어 '소외계층'과 함께하며 경영이념을 실천하고 있다. 교보 다솜이 간병봉사단 같은 경우 간병인 활동을 원하는 저소득 여성 가구주에게 소정의 교육과정을 통해 전문 간병인으로 양성한 후, 간병인이 필요하지만 활용하지 못하는 생활보호 (의료보호) 대상 환자 및 독거 어르신들에게 무료로 간병서비스를 제공하게 하고 이에 대한 보상으로 간병급여를 제공하는 사업이다. 미숙아 지원사업 또한 진행하고 있다. 세상에 새롭게 태어난 소중한 존재인 미숙아들이 건강을 회복하여 생명을 이어갈 수 있도록 지원하고, 미숙아 출산으로 인해 경제적으로 정신적으로 역경을 겪고 있는 가족들의 역경극복지원 프로그램이다.

2) 윤리적 경영 리더십의 나쁜 사례 : 피존 회장 청부폭행 사태

: CEO의 자만심과 피존의 몰락

우리나라 섬유유연제의 대명사 [피존]이 몰락하여 무려 15%나 뒤진 성적으로 2위가 되었다. 일단은 이 몰락의 원인을 [CEO의 자만심]이라고 평한다. '피존은 전문 경영인의 무덤' 이라 불리게 된 것은 2007년부터 4명의 전문경영인을 불러 들여 회사를 맡겨 보았지만, 그들이 회사의 상태를 파악하고 새로운 경영을 시작하기 전 불과 4개월 만에 쫓아냄으로 인해 회사 경영은 정상 궤도를 잃고 방황하게 되었을 때 부터 이다. 이런 경쟁 상태에서 2,3년의 경영 정상화가 아닌 비정상적인 경영으로 회사가 제대로 잘 움직여 지지 못할 것은 당연한 일이다.

이윤재 회장이 '청부폭행 사건'으로 구속까지 당하는 상황에서 회사가 정상가동을 한다는 것은 쉽지 않은 일일 것이다. '마음에 들지 않는 사원은 데려다 두들긴다.' 등의 말이 떠돌면서 회사의 명예와 위신은 땅바닥에 떨어지고 사회 사람들의 비난의 대상이 되었다. 이 회장을 비난하고, 질타하는 소리가 드높았다. 이렇게 회사 경영이 느슨해 졌을때 대림점주가 관리가 소홀한 틈을 타서 가짜제품을 유통시키는 사고까지 터졌다. 이런 상황에서 소비자들은 '피존 제품에 가짜가 많다.' 라는 소리까지 듣게 되다 결국은 2위로 밀리고 형편없는 성적을 거두게 되어 버린 것이다.

이것은 피존의 경영이 나빠지게 된 것이 순전히 CEO의 비윤리적인 리더십 때문이라는 것을 짐작하게 한다. 자기 회사를 위해서 열심히 일해 주는 사원들에게 폭행을 가하는 회장, 사장이라고 불러다가 자기 말을 안 듣는다고 3~4개월 만에 내쫓는 회장, 자기에게 불리한 폭로를 하였다고 청부폭행을 시킨 회장, 이정도면 사회에서 지탄을 받을만하다. 진정 기업을 운영하는 사람이라면, 내 회사에서 일하는 사람들이 피와 땀으로 발전해가는 회사를 생각한다면 일하는 사람들에게 감사해 하고 그들에게 베풀 줄 아는 사람이어야만 존경 받고 회사도 더욱 발전을 하게 되는 것이다. 비윤리적으로 회사를 경영하는 사람에게는 장래가 없다는 것을 표본처럼 보여준 사건이라 할 수 있다(조영래,2012).

제10장

공유리더십(Shared Leadership)

팀워크는 공통된 비전을 향해 함께 일하는 능력이며,

평범한 사람들이 비범한 결과를 이루도록 만드는 에너지원이다.

- 앤드류 카네기(Andrew Carnegie) -

복잡성과 다양성으로 표현되는 오늘날의 사회와 조직은 전통적인 수직적 사고에서 수평적 사고로의 전환을 요구하고 있다. 이러한 사회적 요구는 수직적 관료주의에서 수평적인 조직으로 사고와 행위의 중심이 옮겨가야 함을 강조한다. 문제 상황에 대한 신속한 대응 및 고객의 욕구에 부응할 수 있는 창의적 아이디어의 중요성이 강조되면서 나이와 직위 또는 경력에 의한 수직적 상명하달이 아닌 수평적인 의사결정이 이루어지는 팀 체제의 확립을 요구하는 것이다(최은수외,2013:190). 즉, 특정 리더에 의존하는 리더십에서 구성원 간의 관계성을 기반으로 한 구성원 중심의 리더십의 필요성이 부각된다고 할 수 있다.

공유리더십은 서로 다른 독특한 개성을 지닌 사람들이 뜻을 모아 효율적으로 계획을 추진하여 새로운 차원의 창의성, 혁신, 문제해결을 도모하는 것에 초점을 맞추고 있다. 즉, 공유리더십은 조직의 목적과 성과향상을 위해 구성원들과 목표와 책임감을 공유하고, 서로를 향한 존중과 활발한 의사소통을 기반으로 한 문제해결 과정을 통해 개인 및 조직의 발전과 성장을 가져오는 수평적 리더십이다. 따라서 서로를 세우는 과정을 통해 변화를 추구하는 공유리더십의 개념과 관점 및 구성요소를 살펴보고 공유리더십의 특징 및 효과에 대해서 알아보고자 한다.

1. 공유리더십의 이해

1) 공유리더십의 개념

공유리더십은 팀이나 조직의 목표달성을 위해서 구성원들이 리더의 역할을 나누어 수행하는 역동적 과정에서 발생하는 집단적 관계패턴으로 정의되며, 최근 공식적인 1인의 부서장이 아닌 집단 내부에 나타나는 수평적인 리더십이 연구자들의 관심을 받게 되면서 발전된 개념이다(이진경,2015:12).

공유리더십은 리더의 역할이 중요하다는 전통적 리더십이론을 인정하면서도 구성원 각자가 나름대로 자기 수준에서 리더십을 발휘할 수 있으며, 구성원 간 상호영향력의 방향성 측면에서 리더가 슈퍼리더십을 발휘할 때 구성원이 셀프리더십을 키우면서 전체적으로 조직내 리더십수준이 향상될 수 있다는 점을 알 수 있다(유인승,2015:16). 즉, 공유리더십은 팀 내부에서 발현되는 구성원들 간의 상호 리더십 영향 관계 또는 공식적 팀 리더가 아닌 팀 내부 구성원들 간의 지속적이고 동시적인 영향 프로세스 등으로 정의할 수 있다(이지혜,2011:28).

실제로 공유리더십은 구성원들 간에 리더십의 균형을 맞추려는 성향을 자극하여 질 높은 아이디어를 생성, 확산하며 실행하기 위해 정보의 공유와 혁신행동에 긍정적 영향을 준다(고경민,2016:2).

공유리더십은 조직 구성원 각자가 조직목표달성에 이르도록 하기 위해 구성원들 사이에 일어나는 역동적이고 상호작용적인 영향력 과정이며, 이 영향력 과정에는 동료 또는 수평적 영향력이 포함되기도 하고 때로는 상향 또는 하향의 위계적 영향력도 포함된다(김미성,2015:6).

2) 공유리더십의 형성배경

경영분야의 선구적인 이론가였던 Follett(1924)은 정해진 유일한 리더보다는 주어진 특정 상황에 정보를 가장 많이 가진 사람이 중요하다고 주장하면서 공유리더십의 가능성을 언급하였다. Bowers와 Seashore(1966)는 정해진 리더가 아닌 팀 구성원이 리더십을 발휘할 수 있다는 주장을 하였으며, 2000년대에 접어들면서 거대하고 복잡한 업무환경은 다양한 전문가들이 모여 팀을 이루기를 요구하면서 공유리더십에 대한 연구가 가속화 되었다(서재교,2015:13)

공유리더십의 발전에는 세 가지 중요한 이유가 있었다. 업무 복잡성의 증가, 서비스의 질과 속도에 대한 소비자의 기대도 증가, 업무 자율성을 원하는 지식 근로자의 증가이다(정병헌,2015:5).

오늘날의 거대하고 복잡한 업무환경은 한 사람이 처리할 수 없는 상황을 해결하기 위한 다양한 분야의 전문가들을 필요로 한다. 이러한 상황은 리더들뿐만 아니라 조직 구성원들도 총체적으로 리더십 기능을 발휘할 수 있도록 만들었고, 더 많은 공유된 책임과 지식이 필요하게 만들었다. 복잡하고 빠르게 변화하는 환경에서는 최고 경영자가 효과적으로 의사결정을 하는데 필요한 지식들이 충분하지 않을 수도 있다. 때로는 초급 관리자들이 의사결정과 팀을 이끄는데 필요한 적절한 정보들을 가지고 있을 수도 있다. 따라서 경영진이 복잡한 환경 속에서 보다 효과적으로 의사결정을 하는데 있어 필요한 다양한 관점과 역량은 많은 정보를 분석하는데 도움이 될 수 있기 때문에 정보의 공유, 의사결정, 리더십은 모두 중요하다고 주장하고 있다(김진욱,2016:9).

또한 융통성, 적응성, 신속성을 요구하는 팀의 특성상 공식적인 팀 리더뿐 아니라 팀 구성원 모두가 서로서로에게 영향력을 주고받으며 팀 전체가 집합적으로 리더십을 행사하는 공유리더십이 팀 체제에게 필요한 리더십이라는 인식이 확산되고 있다(서재교,2015:2).

3) 공유리더십의 관점

(1) 분산된 영향력

분산된 영향력 관점에서의 공유리더십은 특정 리더가 아닌 팀 구성원들 사이에서 고르게 나타나거나 높은 빈도로 나타나는 현상에 초점되어 있다(이진선,2016:12). 분산된 영향력이란 구성원 상호간 정보, 방향성 등 영향관계에 의해서 제공받는 것으로 영향력은 구성원 사이에 높은 빈도로 분배되는 데 초점을 맞추고 있고, 개념의 측정을 위해 사회적 네트워크 이론을 활용하고 있다(신정현,2014:18). 사회적 네트워크 이론 관점에서 높은 상태로 나타나는 공유리더십은 첫째, 편중되지 않고 고르게 나타나는 영향력, 둘째, 종합적 영향력의 합이 큰 경우, 셋째, 상호 영향력의 빈도가 구성원들 간 높은 경우로 해석된다(최민경,2016:7).

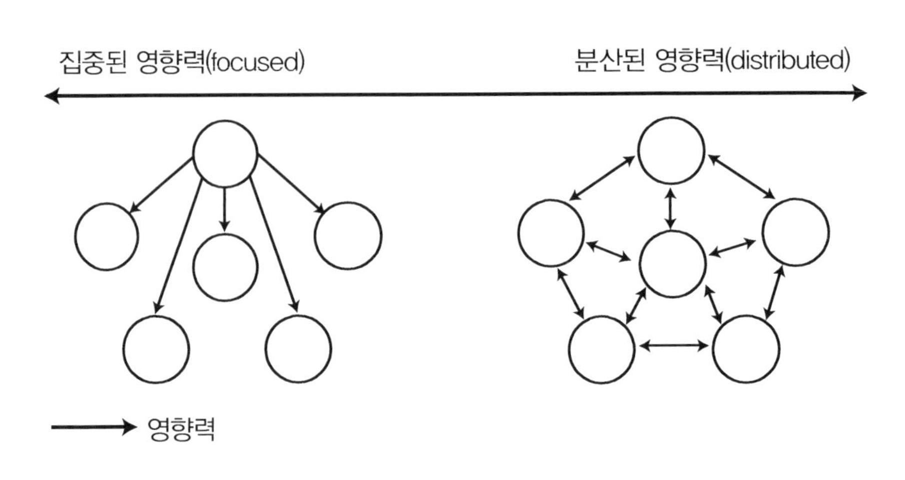

* 출처 : 방호진,2013:32.

[그림 10-1] 분산된 영향력

(2) 집합적 리더십

집합적 리더십이란 팀 내 구성원 개개인의 관계가 아닌 집단 내부의 상호 관계의 활성화 정도에 초점을 맞추고 있으며, 이러한 관점은 역할 이론에 근거를 두고 있다(신정현,2014:18). 집합적 리더십 관점에서 공유리더십을 접근하는 연구자들은 팀 내부 공식적인 1인의 리더가 아닌 구성원들의 전반적 리더십 역할 수행 상황을 보여주고 있다(최민경,2016:7). 집합적 리더십은 팀 구성원들에 의해 비공식적으로 받아들이고 나타나는 리더십 역할에 기반하기 때문에 리더십 역할이 공통적으로 나타나고, 팀을 구성하는 구성원들 간의 의사소통과 관계가 핵심적 요소로 작용하며, 이는 곧 협력적 리더십 역할을 수행하기 위함이다(이진선,2016:12).

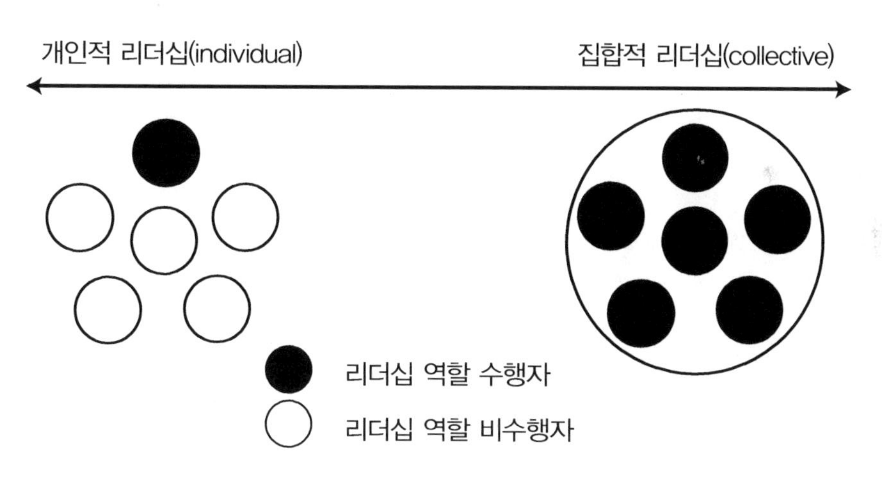

* 출처 : 방호진,2013:33.

[그림 10-2] 집합적 리더십

4) 공유리더십의 행동양식

Cox 등(2003)은 공유리더십의 행동양식으로 거래적 공유리더십, 변혁적 공유리더십, 지시적 공유리더십, 위임형 공유리더십 총 네 가지 공유리더십 행동을 제시한다(이진선,2016:13).

(1) 거래적 공유리더십

거래적 공유리더십은 조직 구성원들이 할당된 업무의 긍정적 성과를 보일 때 조직 구성원들의 욕구를 파악하여 그에 대한 보상을 하는 것으로 서로의 교환거래관계를 기본으로 한 리더십이다(이진선,2016:13). 거래적 공유리더십은 조직원들이 성과를 얻기 위해 동기 부여차원에서 주어지는 보상에 영향을 받을 때 발생한다.(정병헌,2015:9). 따라서 공유된 거래적 리더십은 팀을 위해 노력한 결과와 기여도에 대한 개별적인 인정 또는 주요 성과 지표를 개발하거나 그러한 지표를 기반으로 보상을 제공하는 것이 포함된다(신정현,2014:15).

(2) 변혁적 공유리더십

변혁적 공유리더십은 카리스마가 있고, 선견지명이 있으며 개인의 필요와 감정, 영감에 민감하다. 또한 구성원들이 조직의 전반적인 공동의 목표와 가치에 초점을 두고 그들을 변화시키는 것을 목적으로 한 리더십이다(이진선,2016:13). Burns(1978)는 이러한 변혁적 리더십을 리더와 구성원이 서로 동기와 도덕성을 높은 수준으로 끌어올리는 과정으로 설명하고 있으며(이지예,2011:25), Strang(2005)은 변혁적 이론을 추종자들이 조직의 전반적 목표와 가치에 더욱 주의를 기울이게 하여 그들을 변화시키는 것을 목적으로 하는 이론이라고 설명한다(정병헌,2015:9).

(3) 지시적 공유리더십

지시적 공유리더십은 목표를 달성하기 위하여 지시와 명령에 초점을 준 리더십이다. 이러한 행동은 팀 내에서 선정된 리더에게 영향력과 권한이 집중되어 있으며 팀의 업무성과와 리더의 명령 및 지시를 준수하고 있는지 모니터링 하는 역할이 포함된다(이진선,2016:13).

공유된 지시적 리더십은 핵심 리더들이 전략적 계획을 발전시키는데 전념하고 내부 시스템과 구조를 형성하도록 지시적인 교환관계를 구성원들에게 표현하는 형태를 말한다(신정현,2014:15).

(4) 위임형(임파워링) 공유리더십

위임형 공유리더십은 구성원들에게 권한을 위임함으로써 특정 리더의 통찰력보다 팀의 통찰력을 존중하여 의사결정 하거나 문제를 해결하는 리더십이다. 이는 조직 구성원들이 스스로 목표를 설정하고 설정된 목표를 달성하고자 하는 욕구가 높을 때, 그리고 본인에게 할당된 업무를 수행하는데 필요한 지식수준과 기본 역량이 높을 때 적용 가능하다(이진선, 2016:13). 팀 구성원의 상호작용을 통해 서로간의 이해와 신뢰, 응집력을 높여 주어진 성과를 달성하는 것은 임파워먼트(Empowerment) 이론을 기반으로 한 공유리더십의 역할로 볼 수 있다(김미성,2015:9).

2. 공유리더십의 구성요소

1) 계획과 조직화

계획과 조직화란 팀의 업무를 완수하기 위한 의사결정 및 팀원들과 함께 목표를 수립하고 우선순위에 따라 필요자원을 효율적으로 배분하는 것을 의미한다(정희원,2016:14). 또한 계획과 조직화는 의사결정 과정, 목표 설정과 물적 그리고 인적자원을 효율적인 방식으로 활용하는데 참여시켜 설정된 목표들을 공유하는 것을 포함한다(신정현,2014:21).

공유된 목표는 팀의 업무에 대한 몰입과 권한위임, 동기부여를 가져오며, 이것은 팀 구성원들이 팀의 리더십에 대한 책임을 기꺼이 나누어 가지고 다른 팀원들을 지원하는 행동을 취하게 만든다(이진경,2016:25). 팀의 공유된 목표가 존재하는 것은 팀 구성원들이 팀 존재 유무의 목적과 업무 달성 이유에 대해 이해하고 있음을 알 수 있으며, 구성원 간 목표 달성을 위해 구성원 간 상호 정보를 공유하는 것은 조직성과를 달성하는데 보다 효과적인을 의미한다(최민경,2016:18).

2) 문제해결

문제해결이란 업무와 관련된 당면한 문제들을 분석하고, 팀 구성원들의 전문성을 활용하여 해결책을 모색하고, 함께 해결방안을 개발하여 공유하는 것을 말한다. 또한 문제해결은 구성원들의 사회적 관계를 통하여 문제를 탐구하고 주어진 문제를 함께 해결하는 협력 활동을 포함한다(정희원,2016:15).

이러한 문제해결은 개인 또는 조직이 직면한 장애요인을 제거하고 현재 상태를 개선하거나, 목적을 달성하기 위하여 대안을 모색하는 것이다. 따라서 문제해결능력은 개인이나 조직이 직면한 장애요인을 제거하고 현상을 개선하거나, 목적하는 바를 달성하기 위한 대책을 마련하여 궁극적으로는 성과를 극대화할 수 있게 하는데 있어서 결정적인 영향을 미치는 중요한 요인이다(정태영,2011:50). 이때 문제해결 과정에서 요구되는 자원이 적절하게 투입되는 것은 물론 유연성 있는 방안을 선택하는 것 또한 중요함을 인지해야 한다.

3) 지원과 배려

지원과 배려란 구성원들을 지지하며 도와주려고 마음 쓰는 것을 의미한다. 또한 인내심 있게 대하는 것은 물론 응집력 있는 팀 분위기를 조성하고, 팀 구성원들의 의견에 귀 기울이고 격려해주는 것을 포함한다(정희원,2016:16). 구성원 간 지원과 배려는 상호의존성이 높아지고, 감정적 측면에서 발생할 수 있는 장애요인을 보완하는 역할을 한다. 즉, 팀에 속한 구성원들 간 성공과 실패의 내용을 함께 공유하기 때문에 신뢰 및 유대관계가 형성되어 구성원 간 서로 지원하게 되는 것을 의미한다(최민경,2016:19).

사회적 지원은 정서적이고 심리학적인 힘을 서로에게 제공하기 위한 팀 구성원의 노력이라 정의하며, 팀 구성원들은 팀 기여와 성취에 대해 격려와 인정을 통하여 서로를 지원한다. 이러한 지원은 팀 구성원을 더 협력하며 일하게 하고, 팀 결과에 대해 책임을 공유하게 만든다(이진경,2016:25).

4) 개발과 멘토링

개발과 멘토링(mentoring)이란 경력에 대한 조언 및 교환, 팀 구성원들에게 상호 보완적인 역할모델을 제공하고 동료 간 업무 및 기술을 함께 공유하는 것을 의미한다. 이러한 개발과 멘토링 활동은 팀 구성원의 개발 능력 향상이 팀 역량뿐만 아니라 조직의 성과향상으로 이어지게 된다(정희원,2016:16).

조직 구성원의 역량과 전문성을 개발하기 위해서는 조직 내 멘토(mentor)와 멘티(mentee)를 매칭한 지속적인 상호간의 멘토링 활동이 필요하다. 이러한 멘토링은 비슷한 요구 수준을 가진 동료들이 서로 지원하고 보완적인 영향관계를 맺게 되며, 팀 구성원들 간의 멘토링을 하는 과정에서 상호작용이 강화됨으로써 공유된 정서나 태도를 구축하게 된다고 하였다(김진욱,2013:10).

이처럼 서로 다른 업무 기술과 능력을 가진 구성원들이 자신이 가진 강점을 발휘해 다른 구성원들의 약점을 보완해 수 있다. 또한 팀 구성원의 성공과 실패 사례를 공유함으로써 팀 내 신뢰 및 유대관계가 형성되어 구성원 간 상호 지원이 강화된다(이진경,2016:). 따라서 팀 내 구성원들이 상호 영향관계를 통해 자신의 경험과 노하우를 전수해준다면 개인은 팀과 조직에 효과적으로 적응할 수 있고, 조직의 경쟁력 향상을 기대할 수 있다(정희원,2016:17).

3. 공유리더십의 특징

1) 공유리더십의 영향요인

공유리더십이 형성되는 과정이나 영향요인을 살펴보면, 공유된 목적, 지원적인 팀 분위기, 그리고 생산적인 의사소통과 발언에 의해 영향을 받는 것으로 알려져 있다. 실질적으로 팀 내 공유된 가치와 목적, 비전 등이 존재한다는 것은 팀 구성원들이 팀 존재의 목적과 팀 과업 달성의 이유에 대해 유사한 이해를 하고 있음을 의미한다. 따라서 이처럼 목적의식에 대한 공통분모를 가지게 되면 구성원들은 팀의 목적과 과업 달성을 위해 책임감을 공유하게 되고 이를 통해 보다 높은 수준의 공유리더십을 가지게 된다. 또한 팀 내 활발한 의사소통을 통해 대화와 생산적인 담론이 적극적으로 이루어짐으로써 구성원의 참여와 몰입도가 높아질 뿐 아니라 구성원들의 과업에 대한 관심과 지원은 공유리더십의 구축에 긍정적인 영향을 미치게 된다(고경민,2016:9).

Rickard와 Mogger(1999)는 조직의 성과에 영향을 미치는 혹은 성과를 결정하는 요소로 이해의 틀, 공유된 비전, 조직의 분위기, 아이디어에 대한 주인의식, 실패로부터의 회복력, 네트워크의 촉매제, 경험적 학습의 일곱 가지를 들었다.

첫째, 이해의 틀은 조직 구성원이 서로의 생각과 가치, 관점을 존중해 주고 인정해 줄 때 생성되는 화합의 효과를 발휘한다. 둘째, 공유된 비전은 업무에 대한 목표와 책임의식 그 이상의 것이다. 모든 조직은 어떤 것을 성취하고자 하는 목표와 책임의식을 가지고 있지만, 그러한 것을 공유된 비전으로 발전시키는 조직은 거의 없다. 공유된 비전은 조직이 발전하고 유지될 수 있도록 한다. 셋째, 조직의 분위기는 조직 내의 창조적인 변화와 발전을 위한 심리적인 분위기를 말한다. 창의적인 조직의 분위기는 성공적이고 혁신적인 변화로 이어진다. 넷째, 아이디어에 대한 주인의식은 조직 구성원이 의사 결정을 통하여 합의된 아이디어에 스스로 주인의식을 갖는 것이다. 다섯째, 실패로부터의 회복력은 말 그대로 조직이 문제를 해결하던 중 실패나 좌절을 경험했을 때 좌절하지 않고 다시 일어나서 나아갈 수 있는 힘을 말한다. 이상적인 조직도 때때로 실패를 겪는다. 이러한 경우에 실패로부터의 회복력은 조직의 성공을 위한 중요한 요소가 된다. 여섯째, 네트워크 촉매제는 조직 외부의 주요 인사들과 관계를 잘 맺는 조직 내의 구성원이다. 이러한 구성원은 비공식적인 통로로 주요 인사들과 교류하고, 아이디어를 교환하며, 지원받는 활동을 한다. 일곱째, 경험적 학습은 경험을 통한 학습을 말한다. 기본적으로 경험을 통한 학습 없이는 다른 여섯 개 요소에서의 발전을 기대할 수 없다(최은수외,2013:205-206).

2) 공유리더십의 특징

통제가 아닌 자율성을 바탕으로 구성원의 잠재력을 최대한 이끌어낼 수 있는 새로운 관리방법의 필요성과 리더십 대체이론 등의 관점들을 이론적 뿌리로 하는 공유리더십은 다음과 같은 특징을 지닌다(이광희외,2013:149).

첫째, 전통적으로 위계상 상위자에게 집중됐던 리더십의 원천을 영향력의 수동적인 수용자로만 여겨왔던 구성원으로까지 확장하였다는 것이다. 즉, 공유리더십은 특정인이 아닌 팀 전체에 의해 수행되는 리더십 관점을 택하고 있다. 하지만 공유리더십 주창자들이 전통적 및 수직적 리더십의 무용론을 주장하지는 않는다. 오히려 이들은 이 두 가지 리더십이 상호보완적인 관계임을 강조한다.

둘째, 공유리더십은 관계 중심 및 과정 중심이론으로, 팀 내에서 이루어지는 상호작용 및 역동적인 영향력 과정에 주목한다. 즉 특정 리더십 행동보다는 관계적 속성을 관심의 대상으로 삼는다. 따라서 공유리더십은 인물, 특성, 행동 중심의 고전적 리더십 관점에 고착된 우리의 이해의 폭을 넓혔다는 점에서 의의를 가진다.

또한 공유리더십은 리더와 팀원들 간의 관계가 수평적인 관계로 보는 특징을 가지고 있기 때문에 다음과 같은 상황에서 공유리더십은 잘 발생하게 된다. 첫째, 전략수립과 기획업무 등과 같이 직원들에게 높은 업무몰입이 요구되는 경우에 팀원들의 공유리더십이 높아지고 둘째, 부서업무 특성이 직원들에게 창의성을 많이 요구하는 경우에 공유리더십의 효과가 크게 나타나게 된다. 셋째, 부서의 업무특성이 상호의존적인 경우 구성원들 간의 상호 영향력으로 정의되어진 공유리더십의 효과는 더욱 커지고, 마지막으로 업무가 복잡할수록 상호의존성에 의하여 공유리더십이 많이 사용되며 업무효과 역시 향상될 것이라고 제시하고 있다(이진경,2015:20).

3) 공유리더십 리더의 역할

공유리더십에서 리더는 권위자가 아닌 조정자, 조력자, 코치 그리고 커뮤니케이터로써의 역할을 하고 있다. 효과적인 팀에서는 리더십의 기능이 구성원들 사이에 분산된 구조로 존재하는 것을 발견할 수 있으며 구성원들은 그들의 성과에 대해 궁극적으로 책임을 져야 한다는 것을 인지하게 된다. 또한, 발달의 각 단계에서 성과를 극대화하고 각 구성원들은 자신의 리더십 역량을 발전시키기 위해 솔선수범하고 다른 구성원의 리더십도 촉진시켜야 한다(김진욱, 2013:11).

Rickards와 Monger(1899)는 공유리더십을 발휘하는 리더의 중요한 특성을 네 가지로 정의 하였다. 첫째, 공유리더십을 발휘하는 리더는 상호성의 원리라고 하는 가치 체계를 가지고 있다. 그는 문제해결에 있어 모두가 상생할 수 있는 결과를 만들고자 하며, 그에 대한 믿음을 갖고 있다. 둘째, 공유리더십을 발휘하는 리더의 리더십 스타일은 권한 위임적이고 동기 부여적이다. 셋째, 공유리더십을 발휘하는 리더는 조직의 구성원으로 하여금 스스로 학습하고 문제를 해결할 수 있도록 하는 전략과 테크닉을 효율적으로 사용한다. 넷째, 공유리더십을 발휘하는 리더는 조직 구성원 각 개인들의 요구와 팀의 업무가 서로 어긋나지 않게 조정한다(최은수외,2013:207).

4) 관계의 재정립을 위한 공유의 원칙

공유리더십이 재정립하는 관계는 다음과 같은 원칙을 바탕으로 한다.

첫 번째 원칙은 목표 달성을 위한 헌신을 이끌어내는 동안 통제의 욕구를 포기할 수 있는 자신감과 겸손함을 갖는 것이다.

두 번째 원칙은 구성원이 힘을 갖고 있다는 사실을 존중하는 것이다. 이 원칙을 받아들이게 되면 좀 더 실질적이고 평등한 관계를 시작할 수 있다.

세 번째 원칙은 신뢰를 쌓기 위해 끊임없이 공유하는 것이다. 서로의 생각을 교환하면서 신뢰가 이루어진다.

네 번째 원칙은 호기심과 겸손함을 가지라는 것이다. 응답이 없을 경우 공유는 일방적인 메시지 전달 행위일 뿐이다. 다른 사람이 무엇을 하는지, 그 일이 그 사람에게 왜 중요한지에 대해 호기심이 있어야 한다. 그래야 제대로 된 공유를 할 수 있다. 겸손도 호기심에서 비롯

된다. 겸손은 아직 배울 점이 많다는 깨달음과 성숙한 지성을 갖게 해 준다.

다섯 번째 원칙은 공유에 책임을 부여하는 것이다. 책임은 쌍방의 의무다. 어떤 기대를 하고 있는지는 물론, 그 기대가 충족되지 못할 경우 발생할 결과에 대해서도 명확히 해야 한다.

여섯 번째 원칙은 실패를 용서하는 것이다. 책임을 부여한 사람이 실패할 수도 있다. 일이란 언제나 잘못될 수 있는 법이다. 실패를 용서하지 않는다면 좋은 관계가 깨질 수 있다. 물론 실패를 무조건 봐주라는 의미는 아니다. 실패가 있을 수 있음을 이해하라는 뜻이다(쉘린리,2011:17-18).

5) 공유리더십 팀의 조건

Hackman(2006)은 리더와 팀 구성원 각자 자신이 가지고 있는 전문성이나 기술을 이용하여 팀의 성과를 향상시키는 조건을 창출할 수 있다고 하면서 팀이 효과성을 증진하기 위한 조건으로 다섯 가지를 들었다.

첫째, 팀이 명목만의 팀이 아니라 진정한 팀일 것, 둘째, 문제에 대한 명확한 인식과 방향을 갖고 있을 것, 셋째, 공동 작업을 용이하게 해주는 활성화된 구조를 갖고 있을 것, 넷째, 조직적인 지원 시스템을 운영할 것, 다섯째, 조직의 팀워크를 위해 적시에 적절한 전문가 코칭을 제공할 것이다(최은수외,2013:207).

공유리더십은 공식 리더십이나 비공식 리더십과 달리 특정 개인이 발휘하는 것이 아니라 팀원 다수의 집합적 행동방식이나 공유 문화에서 발휘되는 리더십이다. 팀 구성원들은 팀장을 신뢰하고 팀의 목표를 이해하면서 내부적으로 단합한다. 결국 하도 오래 같이 일하다 보니까 분야가 다르고 직종이 달라도 그 일을 내가 가서 해도 될 만큼 서로 잘 알게 되고 문제가 하나 터지면 누가 말 안 해도 우르르 모여서 같은 곳을 보면서 해결하고 정확히 누가 맨 처음 제안했는지 기억이 안 날 정도로 말은 한 사람 입에서 먼저 나왔지만 사실은 모두의 머릿속에서 그 아이디어가 맴돌았다면 그것은 분명 최고 수준의 공유리더십이었을 것이다. 공유리더십은 팀장 리더십에 상당한 영향을 받는 것이 사실이지만 팀장조차 자연스럽게 팀의 일원으로 행동하게 만들 정도로 강력한 힘을 발휘한다(강우란외,2009:156-159).

4. 공유리더십의 효과

1) 공유리더십의 촉진 요인과 저해 요인

(1) 공유리더십 저해 요인

대부분의 사람은 리더의 역할이 구성원의 역할과 더 확실히 차별화될수록 조직의 응집력이나 생산성 및 만족도가 높아진다고 믿고 있다. 그룹 리더십에 대한 초기 연구에서는 리더가 존재하지 않았던 그룹에서도 대개는 한두 명의 비공식적 리더가 지명된다는 것을 입증하였으며, 이는 자기 주도적 팀조차도 리더십을 공유하지 않는다는 점을 나타낸다.

리더십 이론도 공유리더십에 잠재적 저해 요인이 되는데, 이는 리더 아니면 추종자라는 인지적 범주 하에 리더를 제한하는 인지적 편견이 리더십에 대한 인식에 영향을 미치기 때문이다.

그룹의 인지학적 특성도 공유리더십의 저해 요인이 된다. 연령, 교육수준, 성별, 인종의 차이는 조직이나 다른 사람들에 대한 개인의 태도와 행위에 영향을 미친다는 것을 나타낸다(최은수 외, 2013: 201-202).

(2) 공유리더십 촉진 요인

자기 주도적 팀에서 힘과 영향력의 분산은 그룹의 역동성을 통해 구성원들이 차별화된 역할을 담당할 수 있도록 이루어져야 한다. Pearce와 Sims(2000)는 최근의 연구에서 복잡한 업무 처리와 공유리더십이 긍정적 상관관계가 있음을 입증하였는데, 이는 복잡하고 복합적인 과제일수록 구성원 간의 복합적 교환관계를 요구한다는 점을 보여준다.

구성원에 의한 팀워크 성과로 이어지는 상호 보완적 역량 차원을 넘어서 구성원의 인식과 반응 역시 공유리더십을 촉진한다. Feldman(1973)은 서로에 대한 구성원의 긍정적 인식과 서로의 역량에 대한 호의적 평가 정도에 따라 공유리더십이 촉진 혹은 저해된다고 지적한다.

마지막으로 공유리더십을 촉진하는 데 중요한 요인은 적합한 그룹의 규모다. 역할과 과제의 협응 측면에서 볼 때 그룹의 규모는 공유리더십에 영향력을 미칠 수 있다. Feldman(1973)은 너무 작은 그룹 형태의 경우 공유리더십의 발현 기회가 쉽지 않으며, 지나치게 큰 그룹의 경우에는 위계가 형성되기 때문에 공유리더십이 실현되기가 어렵다고 지적하였다(최은수 외, 2013:202-203).

2) 공유리더십의 효과

(1) 효과적 실행을 위한 네 가지 인지적 구성 요인

공유리더십의 효과적 실행에 기초가 되는 네 가지의 인지적 구성 요인은 정신적 모델, 상황 평가, 초인지 그리고 태도다. 이 네 가지 구성요인 중 상황 평가와 초인지는 특정한 요구의 맥락 내에서 실행되므로 역동적인 반면에 정신적 모델과 태도는 조직 구성원에 의해 사용되는 인지적 부산물을 나타내기 때문에 정적이다.

공유리더십이 효과적이기 위해서는 구성원들이 정신적 모델을 공유해야 할 뿐 아니라 구성원 간 양립될 수 있는 지식 공유도 필요하다. 양립될 수 있는 지식 공유는 공유리더십에 영향을 미치는데, 이는 공통된 가정과 신념 하에서 구성원들이 공동 작업을 통한 시너지를 창출하기 때문이다. 공유된 정신적 모델은 리더십 기능의 완만한 이양을 통해 팀 구성원들에게 요구되는 협력적 행위를 이끌어 낸다(최은수 외, 2013:204).

(2) 공유리더십과 팀 성찰

공유리더십은 리더십 영역에서 팀 성찰을 활성화시키는 핵심변수로서 다음과 같은 효과를 가져온다. 첫째, 팀의 공유리더십 수준은 해당 구성원들에게 팀 전체의 인지적 역량수준을 향상시키는 효과를 가지며, 이러한 증가된 인지적 역량수준은 팀 성찰의 핵심이 되는 정보탐색 및 의사소통의 양과 질을 확대시킨다. 둘째, 공유리더십의 핵심적인 효과로 제시되고 있는 팀의 자원 용량확대를 통해 앞서 제시했던 정보탐색 및 의사소통의 양적 확대 뿐 아니라, 기존에는 수행되지 못했던 환경의 검토와 방향성 수정에 대한 필요성을 인식할 수 있는 비관습적 행동을 가능케 한다. 셋째, 공유리더십이 활성화되는 경우 팀 구성원 간 협력적인 교환관계와 방향성 모색이 일어날 수 있는 긍정적 팀 내 관계가 조성될 것으로 예측된다(방호진,2013:40).

(3) 공유리더십과 팀 혁신

포춘 1000에 선정된 미국 기업의 67퍼센트는 임파워링된 팀이 실시간 문제발생시 보다 혁신적인 해결책을 제시한다는 연구 결과가 있다. 이는 공유리더십이 행사되는 과정이 리더의 개인적 영향력이 아닌, 구성원 모두의 상호집단적 영향력을 바탕으로 서로를 이끌고 따르는 팀 분위기를 통해 팀 프로세스와 성과를 개선시켰기 때문이다. 공유리더십은 팀에 할당된 목표를 달성하기 위해 리더는 물론 모든 구성원들이 자유로운 의사소통을 바탕으로 자발적으로 리더십을 행사하도록 동기부여시킴으로써 팀 혁신 성향을 증대시킨다(정예지외,2014:639).

(4) 공유리더십과 팀 효능감

팀 효능감이란 팀에게 맡겨진 과업을 완성할 수 있다는 집단 차원의 믿음으로, 집단의 능력에 대한 신뢰의 정도이자 구성원들의 총체적이고도 인지적인 평가로 정의되고 있다. 리더십이 공유되고 있는 팀에서는 내면적이고 자발적인 동기부여와 상호의존성을 기반으로 하여 자신들의 약점은 팀 동료의 강점으로 보완하고 자신이 보유한 지식과 경험이 팀 동료의 부족한 점을 도울 수 있다는 믿음을 가지게 되며 궁극적으로 지원적 분위기가 팀 내에 정착된다. 이에 구성원들은 목적달성 과정에서 어려운 상황이 발생하더라도 팀 동료들에 의해 보완과 지원을 받을 수 있다는 팀 효능감을 갖게 된다(정예지외,2014:640).

(5) 공유리더십과 팀 효과성

팀은 과업 수행을 위한 목표와 전략 등에 있어서 발생할 수 있는 갈등의 최소화와 팀 구성원들의 역량을 극대화 할 수 있는 리더십을 필요로 하게 되는데 이때 적절하게 사용될 수 있는 리더십이 공유리더십이다. 공유리더십과 팀 효과성의 관계에 대해 Bergman(2012)은 공유리더십 집단이 그렇지 않은 집단보다 과업 및 사회-정서적 갈등이 낮으며, 보다 높은 신뢰와 응집성을 보인다고 보고하였다(김미성,2015:13).

Avolio et al.(1996)의 연구에서는 공유리더십에 대한 팀의 인식 수준이 높을수록 팀 효과성에는 더욱 긍정적인 영향을 미치는 것으로 검증하였으며, Sivasubramanium et al.(2002)은 경영학과 대학생들을 대상으로 한 실증연구에서 공유리더십이 팀 성과와 팀 효능감과 유사한 개념인 팀 효과성에서 긍정적인 영향을 주고 있음을 발견하였다(이진경,2015:22). 또한, Carson et al.(2007)은 MBA 학생들로 이루어진 프로젝트 팀 대상으로 공유리더십이 팀 성과에 유의한 영향을 미침을 밝혔으며, Day et al.(2004)은 공유리더십이 팀 정보교환 과정 및 학습을 통해 지식, 기술, 능력과 같은 사회적 자본을 증가시킴으로써 팀 효과성이 향상됨을 증명하였다(정희원,2016:36).

제11장

전략적 리더십(Strategic Leadership)

1. 전략적 리더십이란?

1) 전략적 리더십의 정의

리더십이란 조직 구성원의 활동에 영향을 미침으로써 조직의 목표를 이루는 지도력이라고 할 수 있다. 아무리 뛰어난 사람이라도 그를 따르는 추종자(followers)가 없으면 리더 라고 볼 수 없으며, 궁극적으로 경영성과의 실현을 통해 평가되며 훌륭하더라도 성과를 내지 못하는 리더는 좋은 평가가 어렵다. 리더십은 지위, 계급 또는 특권이 아니라 하나의 책임이다. 오늘날 리더십은 조직 및 사회 각 부분에서 발휘 될 수 있으며, 기업의 성패를 좌우하는 핵심적인 요인으로 인식되고 있다. 기업경영 뿐만 아니라 정부, 시민단체, 학교, 병원, 교회 등 사회 전반에 걸쳐 요구되는 핵심 자질이다(Durucker, Peter,2001). CEO는 사업 전체 자원의 성장과 변화 혁신에 필요한 미래를 위한 비전창출, 기업의 혁신, 기업문화의 개발, 이의실행을 위해 끈임 없는 전략적 의사결정을 해야 한다.

CEO는 기업환경이 요즘같이 급속하게 변하는 상황에서 조직이 중장기적 관점에서 어떤 방향으로 움직여야 하는지에 관해 명백하고 설득력 있는 비전을 제시해야 한다(백기복,2001:289). 비전은 기업의 미션, 즉 핵심가치, 목표, 존재이유 등과도 연관성을 가져야 한다. 이렇듯 기업의 성패를 좌우할 수 있고 매우 영향력이 큰 CEO의 리더십이 '전략적 리더십'이다. 전략적 리더십에 대한 정의는 "미래를 예견하고, 비전을 만들고, 기업조직에 유연성을 유지 시키며 또한 전략적 변화가 가능하도록 구성원들을 임파워먼트 시킬 수 있는 능력" 또는 "미래를 예측하고 계획하는 능력을 의미하며, 탄력성과 유연성을 가진 전략적 사고를 유지하며, 미래 조직의 경쟁우위를 창출하기 위해 변화를 모색하는 활동"등 다양하다(차동옥,2005).

전략적 리더십의 사고는 '분석+직관+실체' 의 합성체로서 다음과 같은 특징을 갖는다. 문제의 핵심을 정확히 파악하고, 사실에 입각한 객관적인 분석과 논리적인 사고를 전제로 하며, 기존의 고정관념을 깨고 새로운 발상의 전환을 추구하는 혁신적인 자세로서, 논리적이고 분석적인 '좌뇌'와 창의적이고 직관적인 '우뇌'를 함께 활용한다. 또한 추상적인 이론이 아니라 현실적이고 실용적인 문제해결과정을 추구한다. 그러므로 조직의 전략방향을 수립하고 다양한 문제를 해결하는데 매우 유용한 사고의 틀을 제공한다(이승주,2005:62).

2) CEO는 누구인가?

CEO(Chief Executive Officer)는 회사의 최고 경영자를 일컫는 말이다. 우리 말로는 보통 대표이사라고 한다. 회사 전반에 대해서 법적·실질적 책임을 지는 사람이므로 기업의 최고 책임자라고 할 수 있다.

CEO는 법적으로 회사의 최고 책임자로 등록이 되므로 매우 비중이 있는 자리이므로 사람을 뽑고 활용하는 일에서 자금을 은행에서 빌려오거나 주식시장에서 조달하는 일, 제품의 생산과 공장의 가동, 광고내용을 결정하고 모델을 쓰는 일에 이르기까지 제반사항에 대해서 최종 결정권을 가진다(백기복,2001:288).

CEO의 업무는 위로는 상사, 아래로는 부하, 옆으로는 동료, 바깥으로는 다양한 이해 관계자들과의 커뮤니케이션을 통하여 비전과 전략을 수립하고, 그 과정에서 조직 구성원들의 다양한 의견을 수렴하고 대화를 통해 합의를 이끌어 내야 한다. 조직 내 상이한 언어와 생각을 '통역'할 수 있어야 하며 애매모호 하고 추상적인 지시를 구성원들이 이해할 수 있게 구체화하고 현장의 구체적이고 기술적인 언어와 개념을 쉽게 이해할 수 있게 정리 할 수 있어야 한다. 조직 내 갈등을 해소 하고 종업원의 사기 진작, 코칭, 업무평가 역시 CEO의 업무이다. 고객, 주주, 언론, 협력업체, 경쟁사, 지역주민 등 다양한 외부 이해관계자들과의 협력적인 관계를 구축하고 새로운 정보 · 아이디어 · 사업기회를 발견하여 조직의 방향을 제시하는 역할이 있다(이승주,2005:62).

3) 연구대상

전략적 리더십은 기업경영에 있어서 CEO 개인의 영향력이 매우 크기 때문에 경영자 개인의 특성 또는 역량, 그리고 사례연구 비중이 크다. 연구 대상이 되는 경영활동 국면 역시 기업 전체 관점의 활동이다. 오늘날 현대 기업조직의 내·외부 환경은 급속하게 변하고 있다. 특히 새로운 기술 의 출현, 글로벌화, IT 및 인터넷 기반의 사회 환경변화 등이 급속한 변화됨에 따라 경쟁에서 우위를 확보하기 위해서는 기업 전체 차원의 경영환경의 변화에 따라 구조조정, 새로운 사업에 진출, 기업문화 개발 등 전략적 경영을 담당하는 최상위 레벨의 리더십의 기능과 역할이 매우 중요하게 되었다. 전략적 리더십의 관심분야와 주요 연구대상은 기업의 최고 경영자인 CEO의 리더십이다. CEO가 급변하는 경영환경 속에서 조직의 비전 설정과 전략경영의 추진과정, 전략경영에 영향을 미치는 환경요인 등이 중요한 연구대상이 된다. 아울러 요즈음에는 기업조직 뿐 아니라 공공부문 행정조직, 병원, 대학교까지 모든 조직의 장을 CEO라고 부르기 때문에 전략적 리더십도 기업뿐 아니라 모든 조직에 적용될 수 있다(박계홍,김종술,2013:180).

2. 전략적 리더십 모델

CEO의 개인적 특성에 따라서 전략의 선택과 실천내용이 달라지는데 그 효과가 상황변수들에 의해서 조절되며, CEO의 특성이 직접 성과에 영향을 미치기도 한다.(백기복,2001:301). 따라서 CEO들이 선택하는 전략의 특성과 그에 따른 문화와 조직구조의 특징은 그의 경험이나 성격적 특성에 따라 달라진다고 할 수 있다. 하지만 이사회에 의해서 견제를 받는 상황이거나, 규모, 조직발달의 단계, 환경의 불확실성 등의 요인들에 의해서 영향은 조절될 수 있다(박계홍,김종술,2013:183).

1) 전략리더십 역량

CEO는 조직 전체를 총괄하는 리더이므로 필요한 자질이나 역량도 중간관리자와는 상당히 다르다. CEO 역량모델 중 필요한 역량은 종합적 판단능력이라고 할 수 있는데 일반적인 분석능력, 논리적 사고, 개념을 형성하고 복잡하고 애매한 관계를 능숙하게 개념화할 수 있는 능력, 아이디어 창출과 문제해결의 창의성, 사건을 분석하고 추세를 인식하고 변화를 예상하며 기회와 잠재적 문제점들을 인식할 수 있는 능력 등이다. 이러한 능력들은 다음과 같은 기초적인 역량이 바탕이 된다(Gary Yukl,2009:269).

(1) 통찰력

통찰력은 사물의 본질을 꿰뚫어 볼 수 있는 힘이다. CEO의 능력은 통찰력에 의해서 크게 향상될 수 있다. CEO가 조직의 미래에 대한 구상과 중요한 의사결정을 하려고 할 때 정신집중을 동반한 통찰력이 필요하다(박계홍,김종술,2013:179). 통찰력은 조직의 비전과 전략방향을 수립하고, 외부환경에 대응하면서 미래를 준비하는 방향을 설정하며 혁신과 변화를 추진하면서 미래를 설계하고 구현 하도록 할 중요한 역량이다(이승주,2005:62).

(2) 직관력

직관력은 일반적으로 추리나 판단을 할 필요가 없이 대상을 직접 파악할 수 있는 능력으로서 논리적 추리나 분석보다 항상 앞선다. CEO가 새로운 정보를 접하였을 때 논리적 체계를 추리하지 않고 전체 내용과 파급효과를 일시에 파악해야 하는 경우가 많은데, 이때 필요한 능력이 직관력이다(박계홍,김종술,2013:179).

(3) 전략적 사고

CEO는 불확실한 경영상황에서 경쟁기업에 우위를 차지하고 차별화를 해야 하며 지속적인 성과개선을 이루기 위해 항상 기업의 성패를 좌우하는 중대한 의사결정을 해야 하기 때문에 철저하게 전략적 사고를 해야 한다. 전략적 사고는 문제의 정확한 인식, 객관적인 분석, 논리적 사고, 발상의 전환, 선택과 집중을 필요로 한다. 전략적 사고는 매우 현실적이고 문제해결과정이다. 그러므로 조직의 전략방향을 수립하고 다양한 문제를 해결하는데 반드시 필요한 사고의 틀이다(이승주,2005:62).

(4) 정직성

리더의 여러 자질 중에서도 정직성은 중요한 부분이다. 사람을 속이지 않고 의심할 수 없는 신용과 성실성을 갖는 것이며, 어떤 영향력에 의해서도 타협하지 않는 올바른 도덕적 원칙에 바탕을 두고 있다. 정직성의 결여는 리더에게 치명적인 결함이 된다(이승주,2005:18).

(5) 커뮤니케이션

경영자의 업무는 계속적인 커뮤니케이션 과정이라고 볼 수 있으며, 활동 중 가장 많은 시간을 커뮤니케이션 활동에 쓴다. 리더는 커뮤니케이션을 통해 조직 구성원들에게 의미를 제공하며, 조직의 전체 목표를 향해 조직구성원들을 이끌고 뭉치게 한다. 리더는 상대방이 자신의 메시지를 정확히 이해하였는지를 확인하고, 철저한 준비와 세심한 주의가 필요하다.

2) 전략리더십의 영향력

(1) 영향력의 경로

CEO가 조직성과에 영향을 미치는 경우는 크게 두 가지로 나뉜다. 첫째 CEO가 의사결정을 하는 등의 직접적 행동을 통해서 즉 CEO는 신기술 또는 신제품을 도입하거나 새로운 시장에 진입, 또는 다른 회사와의 제휴를 추진하는 등의 크고 작은 중요한 이슈에 대해 의사결정을 함으로써 직접적인 영향력을 행사한다(박계홍,김종술,2013:182).

리더의 의사결정 스타일은 다음의 6가지 유형으로 구분해 볼 수 있다.

① 독재형(Autocratic)은 구성원의 의견에 관계없이 일방적으로 결정을 내리는 강제적인 스타일이다.

② 계도형(Benevolent Autocratic)은 독재형과 유사하지만, 자신의 결정을 조직의 관점에서 설득하고 설명한다.

③ 논의형(Consultative)은 자신이 최종적인 결정을 하지만, 사전에 상대방의 의견을 듣고 결정한다.

④ 참여형(Participative)은 다양한 사람들의 참여를 통해 공동으로 의사결정을 하지만, 모든 사람들의 의견이 동등한 비중을 갖는 것은 아니다.

⑤ 합의형(Consensus)은 모든 구성원들의 합의와 찬성이 있을 때까지 논의를 진행한다.

⑥ 자유방임형(Laissez-Faire)은 모든 권한을 위임하는 방관적인 자세이다(이승주,2005:113)

둘째, 조직의 운영체계와 제도 및 조직구조를 변화시키거나 경영전략을 실행함으로써 간접적인 영향을 미친다. 구성원들은 조직의 제도나 운영체계, 조직의 구조와 설계, 조직의 규정과 시스템에 의해 지배되는 경우도 많기 때문에 간접적 영향력이 직접적 영향력보다 크게 작용할 경우도 있다(박계홍,김종술,2013:182).

(2) 영향력의 범위

CEO는 중요사안에 대한 직접적 의사결정 이외에 자원을 배분하며 보상과 벌을 시행한다. 조직하부의 리더들을 선발하고 배치·승진·육성하는 역할도 CEO의 몫이다. 아울러 CEO는 다른 구성원들에게 주목의 대상이 되므로 역할 모델로서의 노력도 소홀히 하지 않도록 해야 한다. CEO의 이러한 결정과 행동은 조직과 조직을 둘러싼 환경에 영향을 미치게 된다(박계홍,김종술,2013:182).

CEO의 결정과 행동은 그 외에도 조직의 전략, 조직문화, 조직구조, 기술, 그리고 리더십 인식 등 다양한 분야에 영향을 미친다. 이렇게 중요한 결정을 하는 CEO에게는 그만큼의 책임도 따른다(백기복,2001:383).

3. 전략적 리더십의 유형

1) 리더십 유형 구분

CEO를 비롯한 전략적 리더들의 스타일은 두 가지로 나뉜다. 하나는 '통제의지'이다. 통제의지는 사람을 리드할 때 얼마나 통제하려 하는가를 뜻한다. 통제의지가 강한 CEO는 임원이나 팀장들의 일에 대해서 일일이 간섭하려 들 것이다. 반면에 통제의지가 약한 CEO는 권한을 위임해 주고 자율적으로 결정할 수 있게 할 것이다. 다른 하나의 기준은 '도전추구'이다. 도전추구는 일에 있어 얼마나 새롭고 도전적인 자세를 갖는가를 말한다. 도전추구 정신이 강한 CEO는 계속 새로운 기회를 찾을 것이다. 새로운 경영기법도 도입하고 새로운 사업에 진출하기 위해서 기회도 열심히 찾을 것이다.

2) 유형모델

통제의지의 높고 낮음, 도전추구의 높고 낮음을 가지고 교차 시키면 고 통제 혁신 추구형

(HCI형: High Control Innovator), 참여적 혁신추구형(PI형: Participative Innovator), 현상수호형(SQG형: Staus Quo Guardian), 과정관리형(PM형: Process Manager) 와 같이 네 가지 유형이 나온다(백기복,2001:302).

(1) 고 통제 혁신추구(HIC)형

고 통제 혁신추구(HIC)형은 조직에 대해서는 강력한 통제력을 발휘하면서 동시에 도전적인 전략을 추구하는 유형이다. 이들은 새로운 시장에 진입하고 새로운 지역으로 확장해 나아가며, 비관련 다각화를 추진하는 등 위험도가 높은 전략을 추구하려는 성향이 있다. 조직 내부적으로는 강력한 유대를 중시하며 공동의 목표와 절차의 준수를 강조한다. 의사결정권한을 혼자서 행사하려는 특징도 갖는다.

(2) 참여적 혁신(PI)형

참여적 혁신추구(PI)형은 외적으로는 도전적 전략을 추구하고 내적으로는 통제보다는 조직원들의 참여와 창의를 강조하는 스타일이다. 따라서 조직구성원들의 의견을 많이 듣고 참여 시키며 좋은 아이디어는 전략에 반영한다. 첨단기술에 도전하든가 새로운 사업개념을 시도하는 경우에 이러한 스타일이 적합하다. 의사결정권한은 아래로 위임되며 조직의 문화도 일체감이나 통일성 보다는 다양성을 추구하고 존중하는 특성을 지닌다.

(3) 현상수호(SQG)형

현상수호형(SQG)형은 혁신을 추구하지 않으면서 동시에 통제의 고삐도 늦추지 않는다. 과거의 성공에 안주하려 하며 방어 전략을 주로 사용하고 내적 효율에 의한 저비용의 달성을 최고의 목표로 한다. 다시 말해 내부적으로 CEO가 조직원들을 강력히 통제하지만 새로운 것에는 별로 도전하지 않는 스타일이다. 하고 있는 사업을 지키는 것이 목적이며 잘 지키려는 마음에서 조직원들의 행동이나 태도를 강력히 통제한다. 의사결정권은 상부에 집중되어 있을 뿐 아니라 종업원들의 일거수일투족이 모두 관리의 대상이 된다.

(4) 과정관리형(PM)형

과정관리형(PM)형은 조직 내적으로는 통제보다는 참여적 방식을 채택하지만 외적으로는 현상유지 전략을 중시하는 경우이다. 참여는 시키되 새로운 것은 하지 않는 스타일이다. 다시 말해 외적인 도전이나 새로운 영역을 개척하기 보다는 현상에 초점을 두고 각자 알아서 유연하게 일을 처리해 나아가면 된다(박계홍,김종술,2013:191).

4. 조직환경 변화 및 조직혁신

1) 기업환경 변화 모니터링

오늘날 기업환경 변화의 특징은 과거에 보였던 예측 가능한 연속성이 사라지고 불연속적이고 예측이 어렵다. CEO가 해야 할 중요한 활동 중 하나는 일상적인 관리에서 벗어나 외부 환경 변화 여부를 모니터링, 즉 감시하고 그 변화가 위협인지 기회인지를 분석하고 또 변화의 방향을 예측해야 한다. 변화의 필요성을 구성원이 인식하여야 하며, 문제에 대해 철저한 진단이 있어야 한다. 진단의 결과에 따라 명확하고 설득력 있는 비전과 전략을 수립하고 지원세력을 확보한 구체적인 실행계획을 통해 변화에 대응해야 한다(Watkins, Michael,2003).

변화에 대응하여 조직 전체의 에너지를 통합하여 끊임없이 새롭게 혁신해야 한다. 변화에 대응하여 혁신하지 못하면 도태된다. 사업환경요인(수요전망, 고객니즈변화, 경쟁의 패턴, 기술적 변화, 공급체인상의 변화)와 거시환경요인(정부정책의 변화, 거시경제동향, 국제정치의 영향, 인구동향, 라이프 스타일 및 사회문화적 변화)등 과 같은 환경변수를 검토하고, 몇 가지 시나리오를 작성하여 미래의 다양한 모습을 상정함으로써 새로운 기회를 파악하고 위협에 대처할 수 있는 준비가 가능하다. 결론적으로 CEO의 가장 중요한 임무는 환경변화에 대응하는 지속적 혁신

추진이다(이승주,2005:41).

2) 지속성장을 위한 조직혁신

일반적으로 기업 조직은 제품수명주기와 마찬가지로 태동한 후 성장기를 거쳐 다시 쇠퇴기로 돌아가게 된다. 적절한 시점에 지속적인 변혁을 통해 영속기업을 유지해야 단기적 혁신뿐만 아니라 기업 전체 차원의 근본적이고 내재적인 혁신이 가능하며 통해 새로운 기업문화의 정착으로 이루어진다(John P. Kotter,1996).

(1) 위기상황 공유

조직구성원 모두가 진정한 위기 상황을 인식하지 못한 채 CEO가 외형적 변화만을 성급하게 시도할 경우 변화는 실패하고 현재의 불안한 상태만 더욱 가중되는 경우가 많다. 기업이 실패하는 이유는 대부분 외부적인 요인보다. 구성원들의 자만심이나 조직의 비대해짐에 따른 경직화, 관료주의가 조직을 현상에 만족하고 안주하며, 고객 및 외부시장의 경쟁 보다 내부 관리나 정치에 더 신경을 쓰게 만든다. 이러한 함정에 빠지면 조직이 보수화되고 새로운 변화와 혁신을 거부하게 된다. 환경변화에 둔감해지고, 외부충격에 직면해도 현실을 부정하거나 자기합리화의 함정에 빠지며, 최악의 경우에는 위기감과 불안감을 혼동해 구성원들의 저항이 오히려 더 커지는 결과를 가져올 수도 있다. 이러한 위기상황에서 리더는 상황에 따른 리더십을 발휘해야 한다. 위기 상황에서 직원들은 강한 리더를 찾게 된다. 그러므로 가까이서 직원들의 안전에 먼저 신경을 쓰고, 다음으로 주요 이슈들을 다룬다. 직원들이 자유롭게 감정을 표현하고 공유할 수 있는 환경을 조성하고, 리더 자신이 동정심과 인간성을 보이면서, 혼란과 불확실성하에서 의미를 찾도록 도와준다. 회사의 숭고한 가치를 설명하면서 자기가 하는 일의 의미와 가치를 상기시켜 구성원들이 정상적인 근무를 할 수 있도록 한다. 사람들은 자기 자신이 무언가 유익한 일을 한다고 느낄 때 긴장이 완화되고 두려움을 극복할 수 있다(Dutton, Jane,2002).

(2) 추진 구심체 구축

변화추진의 구심체를 구성하고 하나의 조화된 팀으로 일할 수 있도록 유도해야 한다. 변화 초기에 추진 구심체를 갖추지 못한 변화노력은 단기간의 진전은 보일 수 있겠지만, 변화에 대한 저항 세력이 결집되면 변화시도는 바로 중단되고 만다.

① 사명감 고취(The Mission Values and Pride Path) : 조직의 미션과 가치에 대해 강한 믿음과 자부심을 갖게 하여 조직과 개인의 이익을 일치시키는 방법이다.

② 합리적 평가시스템(The Process and Metrics Path) : 명확하고 구체적인 성과지표와 투명하고 신뢰성 있는 평가과정을 통해 합리적인 평가를 이룩하는 방법이다.

③ 기업가정신 고취(The Entrepreneurial Spirit Path) : 개인의 창의성을 존중하고, 자신의 판단에 따른 리스크를 부담해야 하는 반면, 성공에 따른 높은 보상을 기대할 수 있다.

④ 개인 업적 중시(The Individual Achievement Path) : 개인의 업무실적을 중시하고, 철저한 개인별 능력주의 평가를 통해 프로정신을 고취한다.

⑤ 인정과 축하(The Recognition and Celebration Path) : 개인 실적보다는 그룹 및 조직전체의 실적을 강조하며, 서로 인정하고 축하함으로써 조직에 대한 소속감을 제고하는 방법이다(Katzenbach, Jon,2000).

(3) 비전 창조

변화의 노력을 이끄는 데 목표가 되는 비전을 창출하고 비전달성을 위한 전략을 수립해야 한다. 비전이란 목표를 가시화시키며 현실과 목표를 결부시킨 장기적 경영구상이며, 미래의 구체적으로 형상화된 개념이다. 최고경영자의 경영철학, 의지 및 방향을 사업환경, 미래전망, 시나리오 분석, 핵심역량 등 전략적 분석을 통해 구체적으로 형상화 한다. 하지만 이때 이 비전이 얼마나 구성원들의 마음속에 공유되고, 조직구성원의 희망, 꿈, 열정 등 감성적 · 직관적 측면이 반영되었는지가 구성원의 참여와 공감대 형성을 이끌어내는 중요 요인이다(이승주,2005:40).

(4) 비전전파

비전 전파 단계에서는 다양한 방법으로 비전과 전략을 전파하여야 한다. 비전은 많은 사람들에게 공유되어야 하고, 설레임을 주어야 하고, 구성원들의 꿈이어야 한다. 조직구성원들의 피부에 와 닿는 비전이어야 하며, 실제 행동을 통해서 비전이 실현되어지는 경험을 할 수 있도록 하는 것이 바람직하다. 전사적으로 효과적으로 공유 및 전파 되려면 다음과 같은 전략이 필요하다. 비전은 불일치하거나 모순되어서는 안되며, 누구나 쉽게 이해할 수 있도록 그림, 비유, 사례 등으로 간결하며, 다양한 방법으로 설명한다. 또한 다양한 채널을 통해 반복적으로 전파 하여 일상생활에 체화될 수 있게 한다.

비전은 동기부여의 가장 핵심인 것이며, 리더는 수행하는 업무가 구성원 자신에게 주는 이점과 조직의 비전이 실현되면 구성원에게 돌아가는 유·무형의 혜택을 정확히 전달하여 구성원이 조직의 비전 달성을 위해 혼신의 힘을 쓸 수 있도록 유도해야 한다(Kotter John,1996).

(5) 임파워먼트

조직이 변화를 성공적으로 수행하기 위해서는 사람들이 변화 노력에 참여해야 하며 비전 실천의 장애가 되는 조직구조나 시스템을 변경해야 한다. 장애요인은 사람일 수도 있고 조직구조나 시스템일 수도 있다. 만일 그 장애요소가 사람이라면 새로운 비전과 일치하도록 유도하고, 조직구조나 시스템은 비전과 일치하는 방향으로 개선해야 한다.

① 의미(A Sense of Meaning) : 자신이 수행하고 있는 업무가 중요하고 가치가 있다고 생각한다.

② 능력(A Sense of Competence) : 업무를 성공적으로 수행할 수 있다는 능력과 자신감을 갖는다.

③ 자율성(A Sense of Self-Determination) : 위로부터 세세한 간섭을 받지 않고, 업무 수행을 위한 충분한 권한을 갖고 있다고 생각한다.

④ 영향력(A Sense of Impact) : 자신의 의사결정과 행동이 성과개선에 기여하고 조직 및 사회에 영향을 미친다고 생각한다(Spreitzer,1995).

(6) 단기성과 창출

기업의 보상 시스템은 외재적 보상(Extrinsic Rewards)과 내재적 보상(Intrinsic Rewards)으로 구성된다. 외재적보상은 주로 금전적 보상을 말하며, 실적차이에 따른 개인별 또는 그룹별 인센티브의 비중 및 적용기준을 결정하는 것은 직원의 사기와 조직성과에 영향을 주는 중요한 결정이다.

반면 내재적 보상은 성취감, 책임감, 개인적 성장, 자부심 등 비금전적 보상을 말하는데, 사람에 따라 내재적 보상이 외재적 보상보다 중요할 수 있다. 조직의 성격 및 개인의 성향에 따라 상대적 중요성이 다를 수 있다. 일반적으로 외재적 보상이나 내재적 보상 한쪽으로만 충족되어서는 곤란하며, 양쪽 모두 균형 있게 제공되는 것이 바람직하다(이승주,2005:129).

변화에 성공하기 위해서는 단기 목표를 수립하고 이를 달성할 경우 이를 인정하고 관련된 사람들에게 보상하여 성공의 맛을 보게 해야 한다.

그러기 위해서는 보상정책에 대한 충분한 커뮤니케이션이 이루어지고, 보상시스템 설계단계에서 직원들이 참여하여 경영진과 직원간의 신뢰형성이 만들어지고 이를 바탕으로 의도적 단기성과를 만들어 내는 것도 필요하다.

(7) 성과통합 및 가속

1~2년의 노력 후에 사람들은 성과향상의 결과를 보게 되는데, 이때 구성원들은 변화에 성공하였다고 자축한다. 그러나 이때, 변화가 끝났다고 속단하는 것은 매우 치명적인 실수가 된다. 변화관리의 성공이 높지 않은 이유는 구성원의 위기의식의 부족으로 변화의 필요성을 구성원들이 느끼지 못하며 변화를 주도하는 강력한 핵심 그룹이 형성되지 못하였다. 명확한 비전이 없거나 있다 하더라고 공유부족으로 기업문화로 정착되지 못하였기 때문이

다(Kotter John,1996).

변화의 결과가 조직문화로 스며들기 까지 오랜 세월이 소요되기 때문에 변화에 성공하기 위해서는 단기적인 성과로 형성된 신뢰를 활용해서 보다 큰 과제에 도전하게 해야 한다.

(8) 조직문화로의 정착

이 단계에서는 새로운 행동규범과 성공 간의 관계를 명문화하여 조직문화로 정착 시켜야 한다. 새롭게 변한 조직문화가 비로소 완전히 정착되는 변화의 완성 단계다.

5. 비전달성을 위한 전략 경영

1) 조직 혁신과 전략경영

조직혁신에는 위험감수 및 실패에 대한 두려움, 단기실적에 대한 압력, 업무과중으로 시간부족, 리더십 지원의 부족, 관료주의 문화, 과거 성공에 집착, 부서 간 협조부족, 정치적 조직역학 관계 등 여러 가지 장애요인을 가지고 있다. 그러므로 조직혁신이란 기업 전체 차원에서 근본적 체질을 바꾸는 매우 거시적인 경영활동이다. CEO에 의해 제시된 비전을 실제로 실현하기 위한 체계적이고 구체적인 실행계획이 수립되고 실행되어야 한다. 왜냐하면 전략이 없는 혁신 추진은 목표와 방향만 있을 뿐, 구체적 방법론이 없는 선언적이고 추상적인 구호에 그칠 것이기 때문이다. 환경변화에 대응하여 기업체질을 바꾸기 위해서는 비전과 혁신을 추진하기 위한 구체적 계획서이자 설계도가 필요하다. 그 계획서가 '경영전략'이고 전략을 실행하는 과정을 '전략경영' 이라고 할 수 있다. 결론적으로 전략경영은"기업이 참여하고 있는 사업에서 지속적으로 경쟁우위를 확보하고, 나아가 고부가가치 사업구조를 형성하여 경영성과의 향상을 꾀하는 합리적이고 체계적인 경영활동" 이라고 정의할 수 있다(D. J. Gillham,1998).

2) 전략경영 프로세스

(1) 환경분석

① 외부환경 분석

외부환경 분석은 외부환경요인을 기회(Opportunity)요인과 위협(Threat)요인으로 나누는 것이다.

기회요인은 현재 혹은 미래에 기업에게 유리한 영향을 줄 수 있는 새로운 수요발생, 소요 원자재 가격 하락, 글로벌 경제의 호전, 경쟁기업의 후퇴, 해당 산업이나 기업에 대한 정부의 지원, 생산성을 향상시킬 수 있는 기술개발 등과 같은 환경요인이다.

위협요인은 현재 혹은 미래의 기업 활동에 중대한 불이익을 초래하는 환경요인으로, 수요 감소를 초래하는 새로운 기술출현, 새로운 경쟁자의 출현, 정부의 규제 강화, 글로벌 경제 악화로 인한 환율강세, 공급업자의 교섭력 강화, 급격한 소비자의 욕구 변화 등을 들 수 있다.

이때 리더가 유의할 점은 기회요인과 위협요인을 동일한 환경요인이라도 상황에 따라 인식이 달라질 수 있다는 것이다. 경기침체로 어떤 회사들은 자신들의 재고를 다른 기업에 매각할 때, 자금의 여유가 있는 회사들은 다른 그 재고품을 싼 가격으로 매입한 후 그 산업에서 독점적 지위를 확보할 기회를 얻기도 한다.

② 내부능력 분석

내부능력 분석은 기업내부의 강점(Strenght)과 약점(Weakness)을 체계적으로 분석하여 외부환경의 기회요인을 활용하여 실제 기업활동에 유리한 상황을 만들어낼 수 있는지를 규명하는 활동이다. 기업내부의 강점은 기업이 참여하는 시장의 욕구 및 경쟁자에 대하여 경쟁우위를 달성할 수 있는 기업내부의 능력을 말한다. 그리고 기업 내의 약점은 기업이 효과적인 경영성과를 산출하는 데 심각한 방해가 되는 것으로서 진부한 기술, 인적자원의 부족, 보유시설의 노후화, 자금부족, 대립적 노사관계 등을 들 수 있다.

③ SWOT 분석

외부환경요인 및 기업내부요인에 대한 분석결과를 기초로 SWOT 분석을 한다. SWOT 분석은 기업의 강점(S)과 약점(W), 외부환경의 기회(O)와 위협(T)을 종합적으로 파악하여 전략적 대안을 도출하는 분석방법이다. 이를 통해 기업의 강점을 최대한 활용하면서 새로운 기회를 포착하고, 약점을 보완하면서 위협에 대처하는 효과적인 전략을 모색할 수 있다.

분석에 있어서 막연한 희망이나 지나친 자신감은 위험하며, 기회·위협 분석에 있어서도 현실을 직시할 수 있도록 사실에 입각한 개관적인 분석이 중요하다. 현재의 강점이 약점이 될 수 있고 약점이 강점이 될 수 있으며, 기회가 위협이 되고 위협이 기회가 될 수 있으므로, 상황의 변화를 자신에게 유리하게 활용할 수 있는 발상의 전환을 모색해 본다.

(2) 전략대안수립

SWOT 분석을 통해 네 가지 전략적 상황이 구분되면, 각 상황에 대응하기 위한 대안들을 개발할 수 있다. 현실적으로 네 가지 상황을 모두 대응할 전략을 수립한다는 것은 거의 불가능하다. 따라서 네 가지 전략적 상황들을 적절한 비율로 조합하고, 비교 평가해 최적의 특정전략을 선택하게 된다.

보통 CEO의 전략적 리더십 의사결정이 영향을 미치는 수준과 범위에 따라 어떤 사업에 참여할 것인가를 결정 하는 기업전략(corporate strategy), 결정된 사업에서 어떻게 경쟁할 것인가를 결정하는 사업전략(business srearegy) 등으로 구분할 수 있다.

(3) 전략실행

수립된 경영 전략은 강한 목표의식을 가지고 효율적으로 추진되어야 한다. 전략실행과정에서 CEO의 역할은 크게 두 가지를 수행한다.

첫째, 상징적 역할이다. CEO가 전략추진에 강하게 몰입하는 경우 구성원들 역시 강한 몰입강도를 보이며, 기업 전체의 변화를 가져올 경우 CEO의 상징성은 더욱 강해진다. 둘째,

전략수립과정에서 CEO의 가치, 신념, 철학이 반영되었으므로 전략실행과정에서도 방향과 지침이 일관성 있게 반영되도록 CEO가 적절한 의사결정을 하여야 한다. CEO 한 사람만의 노력으로는 기업경영전략을 성공적으로 완성할 수 없다. 구성원들은 변화로 인해 자신들의 지위와 역할이 불확실해지는 것 때문에 불안을 느끼며 그것은 저항으로 연결된다, 이때 CEO는 어떤 역할을 해야 하는지를 구성원들에게 명확하게 제시해 준다면 그들의 저항은 상당히 감소할 것이다.

(4) 전략실행결과의 평가

경영전략 추진과정의 마지막 단계는 전략의 실행결과를 평가하는 과정이다.

첫째, '목표는 제대로 설정 되었는가'이다. 즉, 전략목표는 앞서 말한 바와 같이 전략 계획단계에서 설정되므로 계획단계에서 전략목표가 제대로 설정되지 못한다면 효과적인 통제활동도 기대하기 어렵다.

둘째, '계획된 목표대로 성과가 이루어 졌는가'이다. 경영전략의 실제성과와 계획된 성과를 비교함으로써 조직의 문제점을 밝히는 활동으로서 전략실행 평가활동의 핵심이다. 성과평가 시 신뢰성 있는 정보를 통해 최종 성과를 구성하는 세부 활동들에 평가도 함께 하여 문제점을 발견하는 데 초점을 둔다.

셋째, '평가결과가 미래에 어떤 도움이 되는가를 피드백 하는 것'으로서 실행결과의 평가결과가 미래의 관리활동의 기초자료로 활용되도록 하는 활동이다. 피드백은 성과평가의 결과를 토대로 하여 수정 · 보완하기 위한 직접적인 활동이며, 문제점 확인의 원인이 되는 전략목표, 전략 그 자체 혹은 전략실행활동 등을 수정 및 조정할 수 있다(백기복,2001:271).

3) 전략경영에서의 CEO 리더십 발휘

전략경영 과정에서의 CEO가 전략적 리더십을 얼마나 잘 발휘하느냐에 따라 기업의 전략경영이 성공적으로 수립되고 실행될 것이다.

(1) 실패를 두려워하지 않는 문화조성

대부분의 사람들은 새로운 것을 추구하는 데 있어서 실패와 실수에 대한 두려움을 갖게 된다. 그러나 미래의 성공을 위해서는 실패와 실수가 없을 수 없기 때문에 당연한 현상으로 받아들이고 실패의 경험을 통해 장기적 전략의 성공에 필요한 교훈을 얻을 수도 있다.

(2) 전략선택의 우선순위 원칙 공유

세부 전략 중 어떤 전략을 우선적으로 적용해야 하는가를 미리 설정하여 전 조직원이 공유하도록 해야 한다. 전략선택 시 팀이나 개인이 상사의 지시를 받는 단계를 거칠 필요 없이 신속한 결정을 할 수 있기 때문에 더욱 적극적으로 많은 전략적 활동들을 수행할 수 있다.

(3) 신속한 의사결정과 대응

CEO는 매 전략적 의사결정 시에 시기를 놓치면 안 되며, 필요한 만큼만 관여한 후에 빠져 나와 다른 중요한 영역에 에너지를 투자해야 하며, 신속한 대응과 의사결정을 함으로써 다른 구성원들에게 자신이 능동적인 변화주도자 라는 점을 인식 시켜야한다.

(4) 지나친 원칙고수보다는 유연한 대응

전략을 실행 시 얻을 수 있는 지식과 경험, 정보를 총 동원해서 기회와 위협요인을 파악하고 전략을 개발하고 선택하는데, 이때 지나치게 원칙을 고수하거나 세부적인 전략에서 답을 못 찾아 헤매다가 전체의 흐름에서 융통성을 발휘하지 못할 수 있다. 따라서 작은 의사결정을 할 때 중요한 가치를 놓치지 않기 위해서는 유연하고 열린 마음으로 준비되어야 하며, 갑작스러운 상황에서 즉흥적이고 독창적으로 적절히 대응할 수 있어야 한다.

6. CEO 리더십 실패의 원인과 영향

CEO의 전략적 결정이 잘못되어 조직성과가 매우 나빠지는 경우가 종종 있다. 그 원인으로는 CEO가 조직의 비전을 자신의 개인적 시각에 치중하여 조직성과에 영향을 미치는 변수들에 대한 충분한 고민이 없었거나, 잘못된 관행을 답습하거나, 비윤리적 행동에 관여하거나 이를 허용하거나, 생산성이나 품질 및 혁신에 별로 관심을 두지 않거나, 시간과 자금을 잘못 배분하는 경우 등에 의 해 실패를 하게 된다.

한 연구에서는 시장에 대한 초점을 상실한 것을 중요한 원인으로 제시하기도 하는데 시장에 초점을 맞춘 기업은 모든 이해 관계자들의 장기적 가치와 시장의 변수들에 즉각 대응하여 각종자원들의 배분을 지속적으로 조정해 나간다. 두 번째는 직관력의 약점이다. 중대 사안에 대해 CEO가 신중하고 합리적인 분석을 하지 않고, 직관에만 의존하여 서둘러 결정을 할 경우 실패를 하게 된다. 전략결정에 필요한 모든 구체적 사실과 데이터를 근거로 분석적으로 접근하지 않고 본능적 직관에 의존하여 대응하는 본능적인 능력이 CEO가 가진 직관력이다. 그러한 직관이 상상력, 창의성, 혁신 및 회사의 성공에 활력을 불러일으키지만, 때로는 그로 인해 엄청난 실수를 초래 하는 경우도 있다. 따라서 전략적 의사결정에 있어서는 직관력과 합리적 분석판단이 균형 있게 작용해야 한다 셋째, 전략적 판단에 있어서 윤리적이나 도덕적으로 타락한 것에 기인한다. CEO는 윤리적 행동이 조직 내에서 일상화되게끔 지속적인 관리 프로그램을 경영의 틀 속에 구축하고 정착해야만 한다. 또한 CEO는 성실해야 한다. CEO가 성실하지 않으면 조직 내 · 외부 구성원과 이해관계자들로부터 신뢰를 얻지 못하고 당연히 전략적 리더십은 실패하게 된다(박계홍·김종술,2013:186).

제12장

서번트 리더십(Servant leadership)

1. 사회복지조직과 서번트 리더십

사회복지조직을 효과적으로 관리하기 위해서는 서비스의 질과 생산성이라는 두 가지 측면을 적절하게 혼합할 수 있는 리더십 스타일을 찾는 것이 중요하다. 외부환경에 의존적인 사회복지서비스 조직들에서는 리더십 평가의 기준을 자칫 생산성이나 효율성에 국한되어 강요받을 수도 있다. 그러한 기준들도 일견 중요하지만, 그럼에도 그것들이 서비스의 질이나 효과성 기준을 능가하는 것이 되어서는 안 된다. 사회복지서비스의 목적개념은 서비스의 효과성에 내재해 있기 때문이다. 이런 이유로 사회복지행정의 원리는 몰가치적 행정보다는 오히려 전문직의 가치개입을 통한 리더십을 강조한다(김영종, 2010).

사회복지조직은 일반행정 조직과 다르다는 것을 알 수 있다. 리더십의 특성을 충분히 고려해야 할 것이다. 사회복지리더십의 활용 방안으로는 사회복지실천기술의 활용으로서, 사회복지조직은 수립한 프로그램의 목표를 달성하기 위하여 동원가능한 모든 기술과 기법을 활용해야 한다. 이를 위해서는 조직의 리더뿐만 아니라 조직구성원 전체의 능력을 증진시켜야 한다. 또한 조직 내의 사기를 진작시킬 수 있는 환경과 분위기를 만들어가는 것도 중요하다. 리더가 조직 내에서 어떠한 리더십을 발휘하고 활용하느냐에 따라 달성 여부가 결정된다는 점을 반드시 고려해야 한다.

섬김(servant)의 리더십은 전통적 리더십 스타일의 대안으로 직원들이 개인적으로 성장함과 동시에, 조직의 질적인 개선을 시도한 새로운 리더십 이론이다. 섬김의 리더십에서는 팀워크, 지역공동체, 의사결정에 참여, 윤리적 행태 등을 강조한다. 스피어(L. Spears)는 섬김의 리더십을 인간개발의 새로운 시대에 알맞은 진정한 희망과 방향을 제시하는 것으로 주장하고 있다. 섬김의 리더십은 1970년 그린리프(R. Greenleaf)가 '섬김의 지도력'(servant-leadership)이라는 저서에서 도출해 낸 용어이다. 그린리프는 헤르만 헷세의 동방기행에 등장하는 여행단의 하인인 레오에게 아이디어를 얻어 섬김의 리더십을 고안하게 되었다. 그린리프는 섬김의 리더십을 먼저 다른 사람에게 봉사하는 사람으로 규정하고 있다. 섬기는 자나 하인은 먼저 봉사하고자 하는 자연스러운 감정이 들면 지도자가 하고자 하는 것을 의식적으로 선택하게 된다는 것이다(김성철, 2007).

섬기는 지도자의 특성은 경청, 감정이입, 영적인 치유, 자각, 설득, 개념화, 통찰력, 봉사정신, 성장의 몰입, 공동체 확립 등을 강조하고 있다. 이는 쉽게 얻어지는 특징이나 자질이 아니라 지도자가 되고자 하는 사람들의 절대적인 노력이 필요하기 때문이다. 스미스(R. Smith)는 전통적 리더십과 섬기는 리더십의 차이를 이론, 가치, 신념, 수수께끼 풀이, 리더십 스타일, 부하의 스타일 등으로 규정하고 있다(김성철, 2007).

사회복지조직에서의 리더의 역할을 보면 조직의 성격에 따라 다른데, 즉, 기업의 최고경영자는 이윤을 최대로 추구하는 것이며, 공공기관조직의 리더인 경우는 정책의 일관적 집행을 가장 중요한 기준으로 삼고 있다. 그러나 사회복지조직의 리더는 클라이언트와 지역사회에 제공되는 서비스 및 활동의 질로서 평가 받게 된다. 따라서 사회복지조직에서의 리더의 역할은 ① 조직에서 생산되는 산출물에 의해 직접적인 평가를 받는다. ② 양질의 서비스를 효율적으로 공급하는 것이 그들의 가장 중요한 임무가 된다. ③ 전통적 경영기술과 함께 사회복지정책 형성과정에서도 중요한 역할을 수행한다. ④ 기관 생산성에 대한 강조와 동시에 클라이언트의 문제 및 욕구에 대해 민감할 것을 요구 받는다(김치영·최용민, 2006).

리더는 조직 및 구성원의 발전에 대한 책임이 있다. 리더는 뚜렷하고 분명한 목표제시와 방향을 구성원에게 할 뿐만 아니라 솔선수범하는 자세를 보여줘야 한다. 그리고 리더는 상황을 직시하고 분명한 통찰력으로 문제의 핵심을 잘 진단하고, 구성원에게 합리적인 방법을 제시할 수 있는 능력을 가져야 한다. 구성원들이 문제해결 방안을 선택하면 리더는 조직이 갖춘 모든 역량을 동원하여 문제를 해결할 수 있도록 추진해 나가야 한다. 리더는 조직의 안정을 위협할 수 있는 정치적·경제적·사회적 원인들에 대하여 분석하고, 이러한 원인들이 미칠 파장을 고려하여 대비책을 마련해야 한다.

따라서 사회복지조직의 최고관리자는 당면문제의 원인을 분석하고 해결방안을 모색할 수 있지만, 최종적인 방안의 선택은 리더의 몫이기 때문에 리더는 심사숙고해야 한다. 조직의 위기는 조직을 붕괴시킬 수도 있고 조직을 한 단계 발전시키는 결과를 가져오기도 한다. 탁월한 리더는 상황에 따라 적절한 방안을 제시하여 구성원들로 하여금 스스로 문제의 원인을 찾고 해결할 수 있는 능력을 갖춘 자라 할 수 있다.

2. 전통적 리더십의 개념과 구성요소

거래적 리더십(transactional leadership)은 리더가 상황에 따른 보상을 지급하면서 부하들에게 영향력을 행사하는 과정이라고 정의할 수 있다. 즉 리더와 부하의 관계는 일상적인 과업수행과정에서 복종과 보상을 주고받는 거래 관계를 말한다. Bass(1990)는 거래적 리더십에 대해 일련의 교환 또는 협상에 토대를 둔 리더와 부하의 관계에서 기대되는 노력 또는 협상된 노력을 발휘하도록 동기부여가 되는 리더십이라고 정의하고 있다.

Burns(1978)에 의하면 거래적 리더십은 개인이 가치있는 어떤 것을 교환할 목적으로 다른 사람과의 계약에 있어 주도권을 취할 때 발생한다. 즉 리더는 교환이라는 시각을 가지고 부하에게 접근한다는 것이다. 거래적 리더들은 부하들에게 명백한 책임을 부여하고 또한 자신이 기대하는 바를 정확히 제시함으로써 부하들이 조직에서 요구하는 바를 충족시키기 위해 최선을 다하도록 하는 묵시적인 계약관계를 형성한다.

거래적 리더는 부하들이 보상을 받기위해서 무엇을 해야 하는지, 또한 처벌을 피하기 위해서 무엇을 해야 하는지를 부하와 함께 합의 한다. 그리고 리더는 부하가 성취한 결과에 대하여 인정을 한다(Bass, 1990). 조건적 보상은 리더 자신이 규정한 수준에 맞게 부하가 성과를 달성하였을 때 동기부여의 강화를 위해 인센티브와 보상을 제공하는 것을 말한다. 그리고 아이디어 창출보다는 관리의 효율적인 과정에 초점을 두고 이루어진다. 거래적 리더들은 작업수행에 있어서 무엇이 진실된 것인가를 모색하기 보다는 작업을 어떻게 수행해야 하는가에 더 많은 관심을 집중시킨다. 따라서 거래적 리더들은 관리의 효율적인 과정을 유지하거나 개선시키기 위해 그들이 소유한 권력을 융통성 있게 발휘함으로써 보상과 처벌을 적절하게 사용한다. 예외에 의한 관리는 리더가 예외적 사건이 발생했을 때에만 간섭하고 그렇지 않은 경우에 부하들이 부여받은 임무를 수행하도록 하고 적절한 시기에 적절한 비용으로 목표가 달성될 때까지 간섭하지 않는 것을 말한다. 예외에 의한 관리에는 리더가 부하를 사전에 감독하여 효율적으로 임무를 수행하도록 시정조치를 취하는 적극적 예외에 의한 관리와 수용 가능한 성과기준에서 명백히 이탈했을 경우에 한하여 개입하여 처벌과 같은 교정조치를 취하는 소극적 예외에 의한 관리가 있다.

예외에 의한 관리는 리더가 부하의 잘못된 행동에 대해서만 개입을 하기 때문에 상황적 기피 강화를 의미한다. 부하들의 성과가 기준 이하로 떨어질 경우에는 리더는 부하들이 성과 기준에 도달할 수 있도록 피드백을 제공한다. 이러한 피드백에는 부하들에게 조건적 보상과 함께 경고등과 같은 부정적 피드백도 포함된다. 예외에 의한 관리에서 리더는 부하의 성과가 낮은 원인이 부하의 노력 부족이라고 진단되면 부하를 훈련시키거나 대체시켜야 한다. 따라서 예외에 의한 관리는 변혁적 리더의 행동이나 조건적 보상 보다는 부하의 성과와 추가적인 노력에 적게 기여하게 된다(Mitchell & Wood, 1980). 거래적 리더십의 근본 성격은 조건 강화적이고 조작적인 측면이 있다. 조건 강화적인 측면은 리더가 부하들에게 언제나 부하 자신의 사적 이해관계만을 위해 행동하도록 유도하고, 조작적인 측면은 당근과 채찍의 원리에 의하여 부하가 계속적으로 조작되고 프로그램화 되도록 유도한다. 그리고 과업에 대한 순응과 보상을 교환하기 때문에 순응형 부하를 양산하기 쉽고, 양적 목표 달성에 집착하여 질적 목표 달성이 희생될 우려가 있으며 , 복잡한 보상체계는 모호성을 가중시켜 의미 없는 게임 플레이를 유발하게 할 수 있다.

변혁적 리더십(transformational leadership)은 장기적 효과와 가치의 창조에 중점을 두어 부하에게 단순히 복종할 것을 요구하는 것이 아니라, 부하의 신념, 욕구, 가치를 바꾸고 틀 자체를 변화 시켜 새로운 기회를 창출하도록 하는 매우 진취적인 리더십이다. Burns(1978)는 변혁적 리더십을 리더와 부하가 서로 보다 높은 수준의 도덕성과 동기부여의 상태로 상호고양 시켜주는 과정으로 정의했다. 리더가 부하들에게 공포, 욕심, 질투, 미움과 같은 감정에 호소하는 것이 아니라 자유, 정의, 평등, 평화 ,인간주의 등과 같은 고차원의 이념과 도덕적 가치에 호소하여 부하들의 의식을 고양시키는 것으로 부하들의 고차원 욕구를 활성화 시키는 것을 의미한다.

Bass(1990)는 변혁적 리더십이 다음과 같은 세 가지 방식으로 부하를 동기부여 시킨다고 한다. 첫째, 리더는 부하들이 과업에서 성과를 산출하는 것에 대해 더 많은 중요성을 느끼도록 한다. 둘째, 부하 자신의 개인적인 이득 보다는 조직이나 팀의 이득을 우선시 하도록 한다. 셋째, 부하가 가지는 욕구보다 더 높은 수준의 욕구를 자극하고 이를 충족하도록 만든다. 물론 이를 위하여 리더는 부하에게 솔선수범을 보이고 자신의 개인적 이득을 포기하고 자신을 희생하고 있다는 것을 보임으로써 부하들이 리더에 대해 신뢰, 존경심, 충성심 등을 느끼도록 해야 한다.

Burns(1978)와 Bass(1990)의 차이점은 Burns(1978)가 변혁적 리더를 계몽적인 리더에 한정하고 부하들의 긍정적 가치와 고차원적인 욕구에 호소하는 반면, Bass(1990)는 리더십의 효과가 부하들에게 편익이 되느냐와 상관없이 그들의 동기를 활성화시키고 몰입감을 증가시키면 변혁적 리더가 된다고 보았다. 그리고 Bass(1990)는 거래적 리더십이 부하의 성과를 리더나 부하가 기대하는 수준으로 이상으로 제고 시킬 수 없다는 문제점을 지니고 있다는 점에서 Burns(1978)의 주장과 일치하지만, 거래적 리더십과 변혁적 리더십을 상호 배타적인 이원론적 개념으로 보았던 Burns(1978)와는 달리 Bass(1990)는 모든 리더는 변혁적 리더십과 거래적 리더십을 동시에 발휘하지만 그 양에 있어서는 차이가 있다는 이원론적 개념을 주장한 점에서 차이가 있다고 할 수 있다. 또한 Bass(1990)는 변혁적 리더 행동과 거래적 리더 행동은 상호 배타적이 아니라 상호 보완적인 것이며 동일한 리더가 상황에 따라 두가지 유형의 리더십 행동을 적절하게 사용할 수 있다고 보았다.

카리스마는 변혁적 리더십의 가장 중요한 구성요인으로서 할당된 직무에 대해 부하들이 열중하도록 만들고 조직에 대하여 충성심을 불어 넣어준다. 카리스마 리더는 매력 있는 비전과 사명을 선포함으로써 부하들이 리더를 존경하고 신뢰성을 가지며 자신감을 갖고 리더와 자신들을 동일시 하도록 한다. 이러한 리더는 비전에 의하여 부하를 각성 시키고 분발 고취 시킨다. 그러나 개인 지향적인 카리스마는 변혁적 리더로 인식되지 못하고, 사회지향적인 카리스마만이 부하의 자율성을 고취시키며 높은 성과를 달성하도록 하고 부하의 발전을 고무하며 비젼과 사명을 내면화 하도록 한다. 이러한 리더들은 부하의 잠재력을 가장 높은 수준으로 개발하여 자신을 대체하는 리더로 성장시키는 위험부담을 가지게 된다.

분발고취는 부하에게 비전을 제시하고 신바람을 불러일으키며 격려를 통하여 기운을 북돋우고 업무에 열심히 매진하게 만드는 행동을 말한다. 부하들의 자아이상(ego-ideal)으로 여겨지는 카리스마 리더와는 달리 분발고취 리더는 바람직한 목표를 제시하고 이를 성취할 수 있는 수단들을 제공함으로써 부하들이 보다 더 능력이 있다는 것을 느끼도록 해준다. 분발고취와 카리스마는 유사점이 많기 때문에 분발고취를 카리스마의 구성요인으로 간주하여 구분하지 않는 경우도 있지만, 최근의 연구에서는 분발고취와 카리스마를 별개의 차원으로 다루는 경우가 많다.

개별적 배려는 리더가 부하들에게 개별적인 관심을 보여주고 지도하며 조언해 주는 것을 말한다. 개별적 배려 리더는 부하 개개인이 가지는 욕구의 차이를 인정하고, 그들이 가지는 욕구 수준을 보다 높은 수준으로 끌어 올리며 부하들로 하여금 높은 성과를 올릴 수 있도록 잠재력을 개발해 준다. 리더는 부하들의 자아상을 확립시켜 주고, 부하들의 정보 확보에 대한 욕구를 고양시키며, 의사 결정에 따른 책임의식을 갖도록 만들어 주게 된다. 그리고 지적 자극은 부하들에게 이해력과 합리성을 드높이게 하고 리더가 현 상황의 문제점을 자신이 규정한 미래에 대한 비전의 관점에 대비시켜 부하들로 하여금 문제에 대한 인식을 다르게 하여 문제해결 방법에 대한 인식을 새로운 방향으로 각성시키는 것을 말한다. 변혁적 리더십은 리더십에 대한 전통적, 거래적 견해에 대한 대안을 제시하고 있다. 변혁적 리더는 조직의 미래에 대한 비전 설정, 비전과 조직구성원의 연결, 기대 이상이 동기를 촉진하고 고무한다. 그러므로 변혁적 리더는 부하의 일상과업수행에 연연해 하지 않고 보다 장기적인 철학을 가지고 부하 개개인을 격려하고 발전시킬 수 있다. 변혁적 리더십은 위기상황이나 사회적 변화가 일어나고 있는 시기에 효과를 발휘할 가능성이 높다. 또한 기계적 구조 보다는 유기적 구조를 지닌 조직에서 효과를 거둘 가능성이 높다. 이에 따라 명확한 규범이나 체제 또는 제도가 존재하는 구조화된 환경은 변혁적 리더십이 효과를 발휘하기 어려운 제약 조건으로 작용 할수 있다. 변혁적 리더십은 팀 단위로 업무를 수행하고 통합적인 노력이 필요한 상황에서 효과를 발휘할 가능성이 높다. 그 이유는 팀 단위로 업무가 수행되는 상황에서는 자기 희생과 추가적인 노력 그리고 팀 구성원간의 협동이 크게 요구되기 때문이다.

리더십에 대한 새로운 패러다임은 과거의 리더십 이론에서 다루었던 리더가 부하에게 미치는 영향과는 질적이나 양적인 측면에서 크게 다른 것으로 나타났다. 즉 부하의 변화를 중점적으로 다루는 동시에 전통적 이론에서 간과되어 왔던 리더와 부하 사이의 실질적인 영향력 관계를 파악함으로써 보다 나은 리더십의 본질에 접근하는 기틀을 마련하였다. 전통적 리더십 모델들에 대한 대안 중의 하나로 제시되는 서번트 리더십은 Greenleaf(1970)에 의해 처음 제시된 개념으로 타인을 위한 봉사에 초점을 두며, 조직구성원, 고객 및 지역공동체를 우선으로 여기고 그들의 욕구를 만족시키기 위해 헌신 하는 리더십이다.

3. 서번트 리더십(servant leadership)의 개념과 구성요소

서번트 리더십은 조직구성원을 존중하고(Block, 1998) 조직구성원들에게 창의성을 발휘할 기회를 제공함으로써 성장을 돕고, 부서 혹은 팀이 진정한 공동체를 이루도록 이끌어 가는 리더십이다(Senge, 1995; Smith, 1995). 이러한 서번트 리더십에 대한 학자들의 정의를 요약하여 정리해 보면 [표 12-1]과 같다.

학자들의 견해로서 Covey(1991)는 서번트 리더십은 자연의 법칙이며, 사회의 가치시스템을 만들어 가는 리더십이라고 정의하였고, Senge(1995)는 모든 사람의 존엄성과 가치에 대한 믿음, 리더의 권력은 조직구성원으로부터 기인한다는 민주적인 원칙에 입각한 리더십이라고 표현하면서, 서번트 리더십에 의해 모든 조직구성원들이 부서나 팀의 일에 자발적으로 참여함으로써 학습이 촉진된다고 주장하였다.

그리고 Spears(1995)는 서번트 리더십은 관리자가 처음에는 조직의 기관원을 도와주기 위한 것이었으나 점차 개인 단체들에게 서비스를 확장시키는 방법이라고 정의하였다. 또한 서번트 리더십은 실천 철학이며, 공식적인 지위를 가지고 있든지 아니든지 간에 협력, 믿음, 예지, 경청, 권력과 역량강화의 도덕적 사용을 장려하는 것이 특징이라고 주장하고 있으며, 서번트 리더십은 인간 개발의 새로운 시대에 적합하고 진정한 희망과 방향을 제시하는 것이라고 정의하였다.

서번트 리더십은 조직구성원을 인간으로서 존엄성과 가치를 존중하는 것이라고 정의하면서 Sims(1997)는 그들의 창조적 역량을 일깨워 주는 것이 서번트 리더십이라고 정의하였다. 그리고 Boyer(1999)는 서번트 리더십을 섬세하며, 경청하는 리더, 조직구성원들과 동료들의 발전을 장려하고 권한을 위임하는 리더라고 정의하였다.

그리고 그는 조직구성원을 이해하려고 노력하는 사람, 조직구성원을 격려하고 보살피며 편안한 분위기를 만들려고 노력하는 사람, 조직구성원을 존중하는 사람, 도덕성을 갖추고 신뢰할 만한 사람, 권한을 위임하고 학습을 장려하는 사람, 상하관계와 공동체를 형성하는 사람, 조직구성원의 가능성을 신뢰하는 사람 등이 서번트 리더십이라고 규정하였다.

[표 12-1] 서번트 리더십의 정의

학 자	정 의
Greenleaf(1991)	타인을 위한 봉사에 초점을 두며, 조직구성원, 고객 및 커뮤니티를 우선으로 여기고 그들의 욕구를 만족시키기 위해 헌신하는 리더십
Covey(1991)	자연의 법칙이며, 우리의 사회 가치시스템을 만드는 리더십
Senge(1995)	모든 사람의 존엄성과 가치에 대한 믿음, 리더의 권력은 조직구성원으로부터 기인한다는 민주적인 원칙에 입각한 리더십
Spears(1995)	공식적 지위를 가지고 있든지 아니든지 간에 협력, 믿음, 예지, 경청, 권력과 역량 강화의 도덕적 사용을 장려하는 리더십
Sims(1997)	조직구성원을 인간으로서의 존엄성과 가치를 존중하고, 그들의 창조적 역량을 일깨워 주는 리더십
Block(1998)	조직구성원을 존중하고, 그들에게 창의성을 발휘할 기회를 제공함으로써 성장을 돕고, 부서 혹은 팀이 진정한 공동체를 이루도록 이끌어 가는 리더십
Boyer(1999)	섬세하며, 경청하는 리더, 조직구성원들과 동료들의 발전을 장려하고 권한을 위임하는 리더
Levering(2000)	일하기에 가장 훌륭한 부서와 회사를 만들기 위한 노력으로 조직구성원 상사 및 경영진과의 관계
이관응(2001)	조직에서 가장 가치 있는 자원은 사람, 늘 학습하는 태도, 경청, 설득과 대화로 업무 추진, 공동체 형성, 권한위임을 하는 리더십

Levering(2000)은 일하기에 가장 훌륭한 부서와 회사를 만들기 위한 노력으로 조직구성원의 상사 및 경영진과의 관계를 서번트 리더십으로 규정하였다. 이관응(2001)은 조직에서 가장 가치 있는 자원은 사람, 늘 학습하는 태도, 경청, 설득과 대화로 업무 추진, 공동체 형성, 권한위임을 하는 것이 서번트 리더십이라고 정의하였다.

이상에서 서번트 리더십의 개념에 대한 여러 정의를 살펴보았다. 이외에도 여러 학자들이 각자의 정의를 내리고 있다. 그러나 서번트 리더십의 정의와 측정방법에 대한 합의는 아직도 이루어지지 않고 있는 실정이다. 그럼에도 불구하고 문헌연구와 연구결과를 통해 볼 때 서번트 리더십은 인간존중을 바탕으로 조직구성원들이 업무를 수행하는데 있어 자신의 잠재력을 최대한 발휘할 수 있도록 도와주는 리더십이며 조직구성원들이 공동의 목표를 이루어 나가는데 있어 정신적·육체적으로 상호 협력과 원조 환경을 조성해 주고 도와주는 리더십이다(김성철, 2003).

서번트 리더십의 구성요소에 대한 연구자들의 개념적 틀을 비교해 보면 [표12-2]와 같다. 서번트 리더십의 구성요소를 Spears(1995)는 경청, 공감, 치유, 설득, 인지, 통찰, 비전의 제시, 청지기 의식, 구성원의 성장, 공동체 형성으로 제시하였다. Sims(1997)는 솔직한 대화, 상대의 입장을 이해, 공유비전의 촉진, 타인의 필요를 위해 노력, 성장, 공동체 형성과 협력을 서번트 리더십의 구성요소로 보았다.

[표 12-2] 서번트 리더십의 구성요소

Spears (1995)	Sims (1997)	Boyer (1999)	Laub (1999)	Levering (2000)
경청 (listening) 공감 (empathy) 치유 (healing) 설득 (persuasion) 인지 (awareness) 통찰 (foresight) 비전의 제시 (conceptualization) 청지기 의식 (stewardship) 구성원의 성장 (commitment growth) 공동체 형성 (community building)	솔직한 대화 (communicate honestly) 상대의 입장을 이해 (be vulnerable. not promoting self) 공유비전의 촉진 (promote a shared vision) 타인의 필요를 위해 노력 (use power to care other's needs) 성장 (builds up others) 공동체형성과 협력 (builds community and collaboration)	질문과 이해 (asking& understanding) 이해와 존중 (respectful& appreciation) 격려와 보살핌, 편안함 (encouraging& caring&open) 도덕성 (authentic& direct) 권한위임과 학습조장 (second –place) 관계와 공동체의 형성 (relational) 신뢰(trust)	사람에 대한 존중 (values people) 리더십 공유 (shares leadership) 리더십 발휘 (provides leadership) 도덕성 (displays authenticity) 성장 (develops people) 공동체 형성 (community building)	진실성 (credibility) 존중성 (respect) 공정성 (fairness)

Boyer(1999)는 서번트 리더십의 구성요소를 질문과 이해, 이해와 존중, 격려와 보살핌 그리고 편안함, 도덕성, 권한위임과 학습조장, 관계와 공동체의 형성, 신뢰라고 규정하였다. 서번트 리더십의 차원으로 Laub(1999)는 사람에 대한 존중, 리더십 발휘, 성장, 도덕성, 공동체의 형성, 리더십 공유로 규정하였다. 이상의 선행 연구자들의 이론을 종합하여 볼 때 서번트 리더십의 구성요소에 대한 함축적인 의미로는 Levering(2000)이 제시한 세 가지 요소에 Spears(1995), Sims(1997), Boyer(1999), Laud(1999)의 서번트 리더십의 구성요소가 포함되어 있다.

그중 첫 번째인 진실성(credibility)에 경청, 공감, 솔직한 대화가 포함 되며, 두 번째인 존중성(respect)에 인지, 통찰, 상대의 입장, 공유비전의 촉진, 신뢰, 질문과 이해, 이해와 존중을 포함된다. 그리고 세 번째인 공정성(fairness)에 비전의 지시, 청지기 의식, 구성원의 성장, 공동체 형성, 타인의 필요를 위한 노력, 성장, 공동체 형성과 협력, 격려와 보살핌이 포함된다.

4. 전통적 리더십과 서번트 리더십의 차이

전통적 리더십 모형의 핵심적인 개념은 통제와 의존성을 강조하는데(Bass, 1990), 서번트 리더십 모형에서는 개인, 관계, 조직 등이 보다 능동적이고 지속적으로 재창조하는 방법을 강조했다(Senge, 1995). 또한 서번트 리더십은 일방적으로 지시하고 통제하는 데서 벗어나 조직의 가장 중요한 자산인 조직구성원을 존중하고, 배려하는 것을 우선 가치로 삼는다(Laub, 1999). 즉, 다른 사람의 성장을 돕는 가운데 그들을 이끌어 가는 새로운 리더십 패러다임이 바로 서번트 리더십이다. 전통적 리더십과 서번트 리더십의 연구결과를 비교 연구해 보면 [표 12-3]에 나타난 것과 같다.

[표 12-3] 전통적 리더십과 서번트 리더십과의 차이점

	전통적 리더십	서번트 리더십
자원에 대한 인식측면	• 조직구성원을 자신이 활용할 수 있는 자원 중의 하나라고 생각 • 조직구성원들은 자신이 지시한 것의 결과를 만들어 내는 대상 • 일의 결과, 추진 과정 및 방법에 관심	• 조직의 목적을 달성하는데 가장 중요한 자원이 조직구성원이라고 생각 • 조직구성원들의 성장을 도와주고 능력을 육성시키는 것이 리더의 역 할이라고 생각
조직의 생산성 측면	• 인간보다는 과제중심 • 가시적이며 양적인 기준을 중심으로 평가	• 과제보다는 인간중심 • 구성원들의 자발적인 행동의 정도를 평가
직원에 대한 믿음과 임파워먼트	• 자신의 경험과 지식이 조직구성원의 지식보다 우위에 있다고 생각 • 조직구성원들의 비판이나 반대 의견을 무시하는 경향	• 조직구성원의 능력을 믿음 • 조직구성원들의 판단을 존중하고, 조직구성원들에게 권한을 위임 • 조직구성원의 능력이 부족한 경우, 필요한 자원을 지원
투자와 커뮤니케이션 방법	• 상의하달식의 일방적 커뮤니케이션에 익숙	• 구성원들의 애로사항을 경청 • 목표수립 과정에서 조직구성원과의 커뮤니케이션을 활성화 시켜 크고 작은 정보를 모두 공유

※ 자료: Bass(1990)

전통적 리더십과 서번트 리더십의 차이점을 네 가지 측면에서 비교해 보면 다음과 같다. 첫째, 자원에 대한 인식측면에서 전통적 리더십은 조직구성원을 자신이 활용할 수 있는 여러 가지 자원 중의 하나이다. 이들은 과제를 우선적으로 보기 때문에 조직구성원들은 자신이 지시한 것의 결과를 만들어 내는 대상으로 생각한다. 반면에 서번트 리더십에서는 조직의 목적을 달성하는데 있어서 가장 중요한 자원이 조직구성원들이라고 생각하고 조직구성원들의 업무추진과정에서 조직구성원들의 성장을 도와주고 능력을 육성시키는 것이 리더의 역할이다.

둘째, 조직의 생산성 측면에서 전통적 리더십은 인간보다는 과제중심의 관리에 치중하기 때문에 시간이나 경비, 또는 생산량 등 가시적이며 양적인 기준을 중심으로 평가한다. 이에

반해 서번트 리더십은 조직의 생산성을 측정할 때 조직의 과업이 사람보다 먼저 일 수 없다는 사람 중심의 리더십 철학을 가지고 일의 결과와 함께 조직구성원들의 자발적인 행동의 정도를 평가하게 된다.

셋째, 조직구성원에 대한 믿음과 임파워먼트 측면에서 전통적 리더십은 자신의 경험과 지식이 조직구성원의 지식보다 우위에 있다고 생각하기 때문에 조직구성원들을 자신의 틀 안에 가두려 하고 조직구성원들의 비판이나 반대의견을 무시한다.

하지만 서번트 리더십은 조직구성원들이 스스로 움직일 때 조직의 성장에 가장 큰 힘이 된다는 믿음 하에 조직구성원의 능력을 믿으며, 업무와 관련하여 그들의 판단을 존중하고, 조직구성원들에게 권한을 위임하고 조직구성원들이 그러한 권한을 행사하면서 업무를 추진할 할 수 있도록 필요한 자원을 지원해 준다.

넷째, 투자와 커뮤니케이션 방법측면에서 전통적 리더십은 상의하달식의 일방적 커뮤니케이션에 익숙한 반면 서번트 리더십은 자기 시간 중 많은 시간을 조직구성원을 위하여 사용하여 조직구성원들의 애로사항을 경청하고 이를 해결하기 위하여 대부분의 시간을 할애한다. 또한 목표수립 과정에서 조직구성원과의 커뮤니케이션을 활성화시켜 크고 작은 정보를 모두 공유한다.

이상을 종합하여 보면 전통적 리더십은 인간보다는 과업 중심의 관리에 치중하여 양적인 기준을 중시하는 반면, 서번트 리더십은 조직구성원들에게 권한을 위임하고 조직구성원들이 그러한 권한을 행사하면서 업무를 추진하는 사람중심과 관계중심의 관리 형태이다.

| 참고문헌 |

강규식(2003), 셀프리더십이 리더십유형에 따라 조직유효성에 미치는 영향, 청주대학교 석사학위 논문.

강우란 · 박성민(2009), 혁신의 리더들, 삼성경제연구소.

강윤진 · 송영수(2012), 국내 기업 적용을 위한 감성역량의 정의 및 구성요인 탐색, 한국기업교육학회.

강재구(2014), 상사와 부하 감성지능이 변혁적 리더십, 팀 긍정정서, 팀 창의성, 팀 효율성 및 팀 성과에 미치는 영향, 동국대학교 대학원 박사학위 논문.

강한철(2014), 컨택센타 상담사의 감정노동, 직무소진, 자기효능감, 이직도간의 연구, 경기대학교 e-비즈니스학과 박사과정 논문.

게리 유클 저, 강정애 외 역(2009), 현대조직의 리더십 이론, 시그마프레스,

게리 콜린스 저, 양현주 · 이규창 역(2016), 코칭 바이블, IVP.

게리 콜린스 저, 정동섭 역(2004), 크리스천 코칭, IVP.

고경민(2016), 공유리더십이 조직학습역량에 미치는 영향, 중앙대학교 글로벌인적자원개발대학원 석사학위 논문.

고부섭(2016), 감성리더십과 직무태도 간 관계에서 적합성의 조절효과 분석, 호남대학교 대학원 박사학위 논문.

고현숙(2014), 코칭의 모델과 프로세스의 비교, 대한리더십학회.

고현숙(2016), 유쾌하게 자극하라, 올림.

곽유진(2012), 구성원이 지각하는 고유리더십과 팀 유효성, 영남대학교 경영대학원 석사학위 논문.

구연원(2005), 조직문화 유형과 리더십 유형이 조직 유효성에 미치는 영향에 관한 연구, 용인대학교 대학원 박사학위 논문.

권기창(2015), 코칭리더십, 직무특성, 조직효과성 변인 간의 구조적 관계, 호서대학교 벤처대학원 박사학위 논문.

김경수 외(1999), 개별화된 리더십, 인사조직 연구, 제7권 제1호.

김경수 외(1999), 허시와 블랜차드의 상황적 리더십이론의 재 고찰, 전남대학원 경영학과 박사학위 논문.

김경수(2005), 조직행동. 법문사.

김기원(2008), 상황적 리더십이론의 검정:Kelley의 두 가지 부하의 차원을 중심으로, 전남대학교 대학원 석사학위 논문.

김남현(2013), 리더십, 경문사.

김덕수(2009), 파워리더십, 지인북스.

김동원 · 김영혜 · 이난 · 최혜란 · 한동승(2015), 의사소통의 리더십, 공감북스.

김동홍(2007), 카리스마적 리더십이 직무만족에 미치는 영향 연구, 경희대학교 대학원 논문.

김두영(2015), 사회복지사의 셀프리더십이 조직성과에 미치는 영향, 대구한의대학교 대학원 박사학위 논문.

김명수 · 장춘수(2012), "Authentic Leadership이 긍정심리 자본과 정서적 몰입에 미치는 영향," 인적자원개발연구 제15권 1호, 한국인적자원개발학회.

김미성(2015), 팀 효과성에 대한 변혁적, 공유 리더십의 영향, 광운대학교 대학원 석사학위 논문.

김선면(2006), 교회의 감성교육에 관한 연구, 한국기독교교육학회.

김성수(2004), 21세기 윤리경영론, 삼영사.

김성진(2013), 상사의 감성리더십이 직원들의 자기효능감과 혁신행동에 미치는 영향, 울산대학교 경영대학원 석사학위 논문.

김성철(2002), 미래사회와 인간. 서울: 평화사회복지연구소.

김성철(2007), 사회복지적 리더십. 서울: 한국학술정보(주).

김성철(2001), 사회복지의 역사. 서울: 평화사회복지연구소.

김성호(2007), 사회공헌은 아름다운 동행, 삼영사.

김숙희(2016), 패션기업 CEO의 감성적 리더십이 경영성과에 미치는 영향, 호서대학교 벤처대학원 박사학위 논문.

김연주(2015), 치과위생사의 감성리더십, 몰입도, 환자지향성과 직무성광의 관련성, 가천대학교 보건대학원 석사학위 논문.

김영기(2010), 상황적 리더십 유형에 따른 배구선수의 만족도에 관한 연구, 경기대학교 교육대학원 석사학위 논문.

김영헌(2014), 조직문화와 조직유효성과의 관계 연구, 경희대학교 대학원 박사학위 논문.

김예은(2016), 교사가 지각한 원장의 감성리더십이 교사의 임파워먼트와 조직몰입에 미치는 영향, 건국대학교 교육대학원 석사학위 논문.
김윤정(2015), 윤리적 리더십의 선행요인과 성과에 관한 연구, 제주대학교 경영대학원 경영학과 인사관리 정공 석사학위 논문.
김은숙(2015), 사회복지기관의 혁신풍토가 사회복지사의 혁신행동에 미치는 영향, 한영신학대학교대학원 사회복지학전공 박사학위 논문.
김장연(2013), 안과 의료서비스조직 종사자가 지각하는 코칭리더십과 이직의도 및 조직신뢰의 관계, 인제대학교 보건대학원 석사학위 논문.
김재규(2012), 콜센터 상담사의 업무과부하와 고객 스트레서가 이직의도에 미치는 영향에서 사회적 지원과 코칭리더십의 조절효과, 대구대학교 대학원 석사학위 논문.
김정현(2014), 셀프리더십과 긍정심리자본이 주관적 경력이 성공에 미치는 영향, 숙명여자대학교 사회교육대학원 석사학위 논문.
김정현(2015), 조직구성원이 인식한 최고경영자의 감성리더십, 학습조직, 구성원의 긍정심리자본 및 조직유효성 간의 구조적 관계, 숭실대학교 대학원 박사학위 논문.
김종재(2002), 카리스마적 리더십 행동 유형이추종자의수용도에 미치는 영향. 전남대학교대학원 박사학위 논문.
김진욱(2013), 공유리더십이 종업원 직무태도에 미치는 영향, 경희개학교 대학원 박사학위 논문.
김진욱 · 장영철 · 정병헌(2016), 공유리더십이 조직신뢰에 미치는 영향, 피터드러커 소사이어티.
김진욱 · 장영철 · 정병헌(2016), 공유리더십이 조직웰빙에 미치는 영향, 한국산학기술학회.
김철수(2016), 변혁적 · 거래적 리더십이 조직몰입과 조직시민행동에 미치는 영향에 관한 연구, 동신대학교 대학원 석사획위 논문.
김평빈(2015), 호텔종사원의 감성지능이 대인관계능력과 역할 내 행동에 미치는 영향, 경기대학교 관광전문대학원 박사학위 논문.
김학범(2016), 새일즈코칭리더십이 영업사원의 성과에 미치는 영향, 신라대학교 리더십대학원 석사학위 논문.
김치영, 최용민(2006), 사회복지 행정론, 21세기사.
넬슨 만델라 저, 윤길순 역(2013), 나 자신과의 대화-넬슨 만델라 최후의 자서전, 알에이치코리아.
도로시 리즈 저, 노혜숙 역(2016), 질문의 7가지 힘, 더난출판사.
랜디 포시 저, 심은우 역(2008), 마지막 강의, 살림.
랸 류 저, 황선영 역(2011), 세상을 움직이는 경영구루 13인의 대화- 리더십이란 무엇인가.
류기령(2007), 카리스마적 리더십과 혁신행동 간의 관계에 대한 핵심 자기평가의 조절효과에 관한 연구, 울산대학원 석사학위 논문.
류성동(2005), 수퍼리더십이 목회적 적용에 관한 연구, 평택대학교 신학전문대학원 목회학 박사학위 논문.
류정란 · 조영복 · 주규하(2012), 윤리적 리더십이 구성원의 혁신행동과 이직의도에 미치는 영향, 인적관리연구 제19호, 한국인적관리학회.
문형남(2007), 숙명리더십연구 제6집, 학술저널.
민도식(2016), 공유리더십과 직무배태성의 영향 관계에서 조직사회화의 매개효과, 중앙대학교 글로벌인적자원개발대학원 석사학위 논문.
박계홍 · 김종술(2013), 변화와 혁신을 위한 리더십, 학현사.
박민영 · 장영철(2016), 문화콘텐츠 기업구성원의 협력문화에 미치는 감성 리더십과 진성 리더십의 영향력, 대한경영학회.
박병규(2012), 초급지휘관의 윤리적 리더십이 군 장병의 직무스트레스 및 군 생활 적응에 미치는 영향, 고려대학교 경영정보대학원 석사학위 논문.
박보식(2014), 리더십(이론과 실제), 대영문화사.
박수미(2015), 콜센터에서 코칭리더십이 상담사의 이직의도에 미치는 영향, 전남대학교 대학원 석사학위 논문.
박수봉(2014), 조직 활성화를 위한 코칭, 한언.
박승(2016), 담임교사의 감성적 리더십이 학생의 자기주도 학습과 학교생활만족도에 미치는 영향, 제주대학교 교육대학원 석사학위 논문.
박용구(2003), 우리 안의 타자: 인권과 인정의 철학적 담론, 철학과 현실사.
박유진(2011), 리더십 마인더와 액션, 양서각.
박정기(1996), 어느 할아버지의 평범한 리더십 이야기, 을지서적.
박정영(2011), 효과적인 그룹코칭 프로세스 개발에 관한 연구, 한국코칭학회.
박정영(2015), 감성지능과 감성리더십이 직무성과에 미치는 영향에 관한 연구, 창원대학교 경영대학원 석사학위 논문.
박주현(2015), 코칭리더십이 조직몰입에 미치는 영향, 서울벤처대학원대학교 박사학위 논문.
박지원(2011), 조직구성원의 감성지능과 조직몰입의 관계에서 코칭리더십의 조절효과 연구, 고려대학교 교육대학원 석사학위 논문.
박철준(2015), 경찰공무원의 수퍼리더십이 셀프리더십과 조직몰입에 미치는 영향, 영산대학교 법무경영대학원 행정학 석사논문.

방원석(2001), 카리스마적 리더십이 부하의 조직몰입에 미치는 영향에 관한 연구, 서강대학교대학원 석사학위 논문.
방호진(2013), 공유리더십과 심리적 안전 분위기가 팀 성과, 팀 몰입 및 변화지향 조직시민행동에 미치는 영향에 대한 연구, 성균관대학교 경영전문대학원 박사학위 논문.
방호진 · 차동욱 · 이정훈(2008), 공유리더십의 효과에 관한 연구, 한국인사관리학회.
배성화(2013), 항공사 서비스 인카운터 직원의 감성지능과 자기오락화 능력이 서비스수행에 미치는 영향, 대구대학교 대학원 박사학위 논문.
배은경(2016), 셀프리더십 코칭, 가림출판사.
백기복 외(2012), 리더십의 이해, 창민사.
백기복(2000), 이슈리더십. 창민사.
백기복(2005), 리더십리뷰(이론과 실제), 창민사.
백은실(2016), 감성리더십이 혁신행동에 미치는 영향, 울산대학교 대학원 석사학위 논문.
변상우(2016), 리더십, 도서출판 청람.
서영근(2016), 셀프리더십, 좋은땅.
서용(2015), 변혁적 · 거래적 리더십과 직무관련 결과변수 간의 관계에서 직열의의 매개효과에 관한 연구, 숭실대학교 대학원 박사학위 논문.
서재교(2015), 공유리더십이 혁신행동에 미치는 영향과 무형식학습, 직무임베드니스의 매개효과, 중앙대학교 글로벌인적자원개발대학원 석사학위 논문.
선우희영(2014), 공유리더십이 팀 효과성에 미치는 영향과 팀 학습 행동의 매개효과, 중앙대학교 글로벌인적자원개발대학원 석사학위 논문.
손은일 · 송정수(2012), 윤리적 리더십과 심리적 임파워먼트 및 조직몰입과의 관련성 연구, 한국인적자원관리학회.
손호중 · 유용식(2012), 감성리더십이 조직효과성에 미치는 영향, 한국조직학회.
송영선(2006), 한국HRD연구 창간호.
송영수(2011), 기업 내 성과개선을 위한 외부 전문코치의 주요역량 탐색, 한국인력개발학회.
쉘린 리 저, 정지훈 역(2011), 오픈 리더십, 한국경제신문.
스캇 펙 저, 윤종석 역(2007), 거짓의 사람들, 비전과 리더십.
스티븐 코비 저, 김경섭역(2016), 성공하는 사람들의 7가지 습관, 김영사.
시릴 피베 저, 유정현 역(2011), iCEO 스티브잡스, 이콘.
신완선(2012), 컬러리더십, 더난출판.

신일철(1992), 프랑크푸르트 학파, 청림문화사.
신정길 · 문승권 · 문형남(2004), 감성경영 감성리더십, 넥스비즈.
신정현(2014), 공유리더십이 팀 효과성에 미치는 영향, 부산대학교 대학원 석사학위 논문.
신준섭(2010), 조직문화유형과 코칭리더십이 조직몰입과 직무만족에 미치는 영향, 한양대학교 대학원 석사학위 논문.
신호균 · 문국현(2005), 유한킴벌리의 윤리 및 환경경영 사례연구, 한국로스경영학회.
아빈저연구소 · 차동옥 · 서상태 역(2006), 상자 안에 있는 사람 상자 밖에 있는 사람, 위즈덤 아카데미.
안병용 외(2008), 블루오션리더십, 보명.
안성아 · 정봉재(2010), 방사선사의 직무요구와 소진간의 관계에서 감성지능의 역할, 대한방사선과학회.
안영진 · 안은정(2012), 내안의 셀프 리더쉽 형성하기, 공동체.
안임기(2014), 크리스천 코칭 리더십에 대한 연구, 목원대학교 대학원 박사학위 논문.
안재현(2014), 보육교사가 지각한 민간어린이집 원장의 감성리더십이 보육교사의 직무만족도와 이직의도에 미치는 영향, 건국대학교 교육대학원 석사학위 논문.
앤터니 머시노 저, 권오열 역(2008), 프로젝트를 성공으로 이끄는 감성리더십, 비전과리더십.
양동민(2005), 상사의 리더십이 부하의 셀프리더십과 성과에 미치는 영향, 전남대학교 대학원 석사학위논문.
양동민 · 노현재 · 심덕섭(2012), 프로젝트 팀 내 공유리더십이 팀 효능감과 팀 몰입에 미치는 영향, 한국기업경영학회.
양전형(2004), 카리스마 리더십과 창의성 및 혁신행동 간의 관계, 제주대학교경영대학원 석사학위 논문.
엄지현(2013), 코칭 리더십이 심리적 임파워먼트에 미치는 영향, 광운대학교 대학원 석사학위 논문.
오세진(2015), 초등담임교사의 감성적 리더십과 학급집단응집성의 관계, 서울교육대학교 교육전문대학원 석사학위 논문.
오영호(2015), 외식산업종사자의 감성리더십이 조직성과에 미치는 영향, 성결대학교 일반대학원 박사학위 논문.
유영기(2013), 카리스마 리더십이 조직 유효성에 미치는 영향에 관한 연구, 서울벤츠대학교대학원 박사학위 논문.

유인승(2015), 공기업에서 공유된 리더십이 조직성과에 미치는 영향에 대한 연구, 서울대학교 행정대학원 석사학위 논문.

유필화(2010), 역사에서 리더를 만나다, 흐름 출판.

유해숙(2013), 유아교육기관장의 감성리더십과 서번트리더십이 교사의 직무만족에 미치는 영향, 동아대학교 교육대학원 석사학위 논문.

윤미희(2015), 직장인의 감성리더십, 자기효능감 및 자기이미지가 조직유효성에 미치는 영향, 한서대학교 일반대학원 박사학위 논문.

윤인철(2016), 감성리더십과 자기효능감이 직무몰입에 미치는 영향에 관한 연구, 경희대학교 경영대학원 석사학위 논문.

윤정구(2012), 진성성이란 무엇인가?, 한언.

윤정구(2015), 진성리더십, 엘코케이.

윤천성(2007), 카리스마적 리더십이 성과에 미치는 영향에 대한 연구, 국민대학교 대학원 석사학위 논문.

이강영(2006), 카리스마 리더십이 다차원적 조직 몰입에 미치는 영향, 중앙대학교 대학원 석사학위 논문.

이광희(2016), 감성리더십이 게임산업 종사자의 창의성에 미치는 영향, 중앙대학교 글로벌인적자원개발대학원 석사학위 논문.

이광희 · 김진호 · 노명화 · 손승연(2013), 공유리더십이 팀 성과에 미치는 영향, 한국인적자원관리학회.

이기철(2009), 학교장의 수퍼리더십이 체육교사의 인지적 셀프리더십과 직무만족에 미치는 영향, 한국체육과학회지.

이명신 · 손승우 · 장영철(2009), 윤리적 리더십의 영향요인과 조직성과, 대한경영학회지 제22권 제6호, 2009년 12월:3169~3193

이명신 · 장영철(2010), 윤리적 리더십과 조직 몰입간의 관계, 인적자원관리연구, 제 17권 제3호.

이미셀린(2013), 전시회 부스요원의 감성지능과 효능감이 팀워크역량과 참가업체의 성과에 미치는 영향, 동국대학교 대학원 석사학위 논문.

이미진(2009), 수퍼리더십이 직무만족 및 혁신행동에 미치는 영향. 서울시립대 경영대학원 석사학위 논문.

이민호(2007), 코칭 리더십의 공공부문 도입에 관한 연구, 단국대학교 대학원 석사학위 논문.

이상봉 · 우종범(2014), 공유리더십이 팀 성과에 미치는 영향, 대한리더십학회.

이승덕(2006), 상사의 수퍼리더십이 부하의 셀프리더십과 개인학습에 미치는 영향, 광운대학교 석사학위 논문.

이승일(2005), 임파워링 리더십이 조직구성원의 혁신행동과 조직 시 민 행동에 미치는 영향, 조선대학교 박사논문.

이승주(2005), 전략적 리더십, 시그마인사이트컴.

이은주(2011), 그룹코칭 프로그램이 팀장의 리더십역량 향상에 미치는 효과, 광운대학교 교육대학원 석사학위 논문.

이인석(2011), 리더십이론 발전과정을 통한 리더십개발에 관한 연구, 동신대학교 대학원 석사학위 논문.

이인화(2015), 진정성 리더십 향상을 위한 그룹코칭 프로그램의 개발 및 효과, 광운대학교 교육대학원 석사학위 논문.

이재연(2015), 감성경영 인사이트, 형설이엠제이.

이전호(2014), 코칭훈련을 통한 소그룹 리더십 향상에 관한 연구, 장로회신학대학교 목회전문대학원 박사학위 논문.

이정희(2014), 중간관리자의 코칭리더십 향상을 위한 그룹코칭의 효과, 광운대학교 교육대학원 석사학위 논문.

이종원(2014), 대학생의 셀프리더십, 사회적지지, 진로동기, 진로결정 자기효능감, 진로성숙도 변인 간의 구조적관계, 숭실대학교 대학원 박사학위 논문.

이준우(2010), 코칭리더십이 소속원의 직무만족에 미치는 영향에 관한 연구, 호서대학교 벤처전문대학원 석사학위 논문.

이지혜(2011), 변혁적 리더십과 공유리더십의 창의성에 대한 효과, 이화대학교 대학원 석사학위 논문.

이진경(2015), 공유리더십이 팀 효과성에 미치는 영향, 국민대학교 일반대학원 박사학위 논문.

이진선(2016), 공유된 리더십과 조직 커뮤니케이션의 관계에서 회복탄력성의 조절효과 검증, 이화여자대학교 교육대학원 석사학위 논문.

이창우(2015), 공유리더십이 혁신 행동과 직무 임베드니스에 미치는 영향에 관한 연구, 금오공과대학교 컨설팅대학원 석사학위 논문.

이한석(2017), 중소기업에서 경영자의 감성리더십이 조직구성원의 철회행동에 미치는 영향, 한남대학교 대학원 박사학위 논문.

이현정(2011), 감성지능이 조직시민행동에 미치는 영향, 이화여자대학교 대학원 박사학위 논문.

이현정(2014), 코칭 기반 수업설계 프로세스 개발, 우리말교육현장학회.
이형민 · 손승연 · 김경규(2015), 임파워링 리더십이 지식공유에 미치는 영향, 대한리더십학회.
이화용(2004), 변혁적 리더십이 조직의 유효성에 미치는 영향에 관한 연구, 경희대학교 대학원 박사학위 논문.
이화용、장영철(2004), 감성지능이 조직 유효성에 미치는 영향에 관한 연구, 한국인사관리학회.
장동섭 외(2000), 글로벌 경영시대의 조직행동, 삼영사.
장석남(2015), 코칭을 활용한 다락방 리더 훈련 활성화 방안에 대한 연구, 장로회신학대학교 목회전문대학원 박사학위 논문.
장정혁(2016), 리더의 코칭행동이 조직구성원의 직무만족과 직무몰입에 미치는 영향, 제주대학교 교육대학원 석사학위 논문.
장지선(2016), 감성리더십이 창의성에 미치는 영향, 중앙대학교 산업 · 창업경영대학원 석사학위 논문.
잭 캔필드 · 피터 치 저, 정재완 역(2013), 불가능을 가능하게 만드는 코칭 파워, 매일경제신문사.
전유정(2012), Hospitality Management 전공 대학생의 성격특성이 대처 및 자기효능감에 미치는 영향, 경희대학교 대학원 박사학위 논문.
전타식 · 남택영(2012), 호텔기업 종업원의 감성지능이 고객지향성과 CRM성과에 미치는 영향, 한국유통학회.
정경호(2016), 혼자강해지는 힘 셀프리더십, 리텍콘텐츠.
정경훈(2016), 상사의 감성리더십이 조직구성원의 직무 만족에 끼치는 영향, 광운대학교 경영대학원 석사학위 논문.
정그린(2015), 코칭리더십이 조직시민행동에 미치는 영향, 광운대학교 대학원 석사학위 논문.
정리라(2015), 팀 리더의 코칭리더십이 팀 효과성에 미치는 영향, 중앙애학교 대학원 석사학위 논문.
정병헌(2015), 공유리더십이 조직신뢰와 커뮤니케이션에 미치는 영향, 경의대학교 대학원 박사학위 논문.
정소라(2015), 언장의 코칭리더십과 보육교사의 직무스트레스 및 임파워먼트가 조직몰입에 미치는 영향, 동아대학교대학원 석사학위논문.
정예지 · 김문주(2014), 팀 내 공유 리더십이 팀 효능감고 ㅏ팀 혁신 성향에 미치는 영향에 관한 연구, 대한경영학회.
정은정(2014), 감성리더십이 자기효능감과 조직성과에 미치는 영향 연구, 경기대학교 대학원 박사학위 논문.
정은정 · 조경희(2015), 감성리더십이 자기효능감에 미치는 영향 연구,
정재완(2015), 코칭 리더십 실천노트, 매경출판.
정태영(2011), 기업 관리자의 평생교육 코칭리더십과 조직구성원의 문제해결능력 및 대인관계 능력간의 구조적 관계, 아주대학교 대학원 박사학위 논문.
정희원(2016), H사 구성원의 공유리더십과 팀 효과성의 관계에서 팀 학습행동의 조절효과, 고려대학교 교육대학원 석사학위 논문.
조경훈(2008), 윤리적 리더십이 조직 몰입과 직무 몰입에 미치는 영향, 인하대학교 대학원 박사학위 논문.
조수연(2013), 코칭리더십이 직무성과와 이직의도에 미치는 영향, 한양대학교 교육대학원 석사학위 논문.
조용현(2005), 상황적 리더십 이론의 확장. 분수와 분석수준 관점, 전남대학교 대학원 경영학과 박사학위 논문.
조은영(2015), 코칭리더십이 조직유효성에 미치는 영향, 한양대학교 교육대학원 석사학위 논문.
조은현(2011), 코칭리더십 척도 개발 및 타당화와 코칭리더십이 조직태도에 미치는 영향, 광운대학교 대학원 박사학위 논문.
조정대(2016), 사립유치원 원장의 감성적 리더십, 유치원 교사의 정서지능, 교사효능감 및 직무만족 간의 관계, 인하대학교 대학원 박사학위 논문.
조천제 외(2007), 켄플랜차드의 상황대응 리더십, ㈜북21.
존 W. 가드너 저, 김교홍 · 이재석 역(202016), 의사소통의 리더십. 도서출판 선인.
존 휘트모어 저, 김영순 역(2016), 성과향상을 위한 코칭리더십, 김영사.
주시각(2013), 감정노동이 직무스트레스, 직무소진, 이직의도에 미치는 영향에 관한 연구, 한양대학교 대학원 박사학위 논문.
차동옥(2005), "리더십 연구의 최근 동향 : CEO 리더십을 중심으로," 인사관리연구. 제29집 4권, 한국인사관리학회.
찰스 만쯔 저, 정일재 역(1995), 수퍼리더십, 21세기 북스.
찰스 만쯔 · 헨리 심슨 공저, 김남현 역(2002), 수퍼리더십, 경문사.
채성현(2009), 사회복지기관의 윤리경영이 사회복지사의 조직몰입에 미치는 영향, 숭실대학교 사회복지대학원 석사학위 논문.
최민경(2016), S사 구성원의 공유리더십과 조직몰입의 관계 분석, 고려대학교 교육대학원 석사

학위 논문.
최은수 외(2013), 뉴 리더십 와이드, 학지사.
최은정(2005), 코칭리더십이 동기부여적 자아개념과 직무만족에 미치는 영양에 관한 연구, 중앙대학교 산업경영대학원 석사학위 논문.
최호승(2004), 교사의 수퍼리더십과 학생의 자기 주도적 학습간의 관계에 관한 연구, 공주대학교 교육대학원 논문.
켄 시걸(Ken Segall) 저, 박수성 역(2016), 싱크 심플(Think simple), 문학동네.
폴 허시 저, 이영운 역(2000), 상황을 이끄는 리더가 성공한다, 도서출판 햇불.
폴정(2016), 코칭설명서, 아시아코치센터.
폴정, 우수명(2015), 5R 코칭 리더십, 아시아코칭센터.
피터 노스하우스 저, 김남현 역(2013), 리더십 이론과 실제, 경문사.
피터 드러커 저, 남상진 역(2005), 실천하는 경영자, 청림출판.
피터 드러커 저, 현영하 역(2010), 비영리 단체의 경영, 한국경제신문.
필립 코틀러 · 케빈 레일 켈러 공저, 윤훈현 역(2012), 마케팅 관리론, PEARSON.
하원식(2011), 코칭리더십이 맥락수행 및 창의적 행동에 미치는 영향, 광운대학교 대학원 석사학위 논문.
한국기업교육학회(2010), 상황적 리더십이론(HRD)용어사전.
한영수(2013), 경영자의 코칭리더십과 코칭역량이 조직구성원의 조직몰입에 미치는 영향, 숭실대학교 교육대학원 석사학위 논문.
헬렌 켈러 저, 박에스더 · 이창식 공역(2008), 사흘만 볼 수 있다면, 산해.
홍석(2012), 학교장의 감성리더십과 교사의 자기주도적 학습능력 및 직무만족이 교사의 학교조직몰입에 미치는 영향, 숭실대학교 대학원 박사학위 논문.
홍의숙(2009), 중소기업 리더 코칭이 자기 효능감을 매개로 직무관련성과에 미치는 영향에 관한 연구, 숭실대학교 대학원 박사학위 논문.
황명구 · 홍명준(2014), 사회복지기관의 윤리경영을 위한 비윤리 행위 유형에 관한 탐색적 연구, 사회과학연구 제25권 4호, 충남대학교 사회과학연구소.
황재기(1999), 청소년의 감성지능과 학업성취, 적응행동과의 관계. 연세대학교 교육대학원 석사학위 논문.
후지야 신지 저, 손혜진 역(2012), 피터 드러커의 리더십, 골든북리더십.

Adler, Paul & Kwon, Seok-Woo(2002), "Social Capital:Prospects for a New Concept".Academy of Management Review 27, PP.17-40.

Avolio, B. J. & Gardner, W. L.(2005), "Authentic Leadership Development: Getting to the Root of Positive Forms of Leadership". Leadership Quarterly 16. pp.315-338.

Baundra, A.(1986), Social foundation of thought and action, Englewood Cliffs, NJ: Printice-Hall.

Burr, Vivien(1995), An Introduction to Social Constructionism. London: Routledge.

C. C. Manz and H. P. Sims(1989), Superleadership Leading Other to Lead Themselves, NY, Berkely Books.

Charles. (1989). Sources of the Self: The Making of the Modern Identity. University of Cambridge.

Cooper, C. Scandura, T. A.(2005), "Looking forward but Learning from Our Past: Po-tential Challenges to Developing Authentic Leadership Theory and Authentic Leaders". Leadership Quarterly 16, pp.475-495

D. J. Gillham(1998), Images of servant Leadership in education, doctoral dissertation, Northern Arizona univ.

Durucker, Peter(2001), The Essential Drucker, Harper Business.

Dutton, Jane(2002), "Leading in Times of Trauma", Haruard Business Review, January.

Elder-Vass, Dave(2012), The Reality of Social Construction. Cambridge University Press; Berger, Peter L. and Luckmann, Thomas. The Social Construction of Reality: A Treatise in the Sociology of Knowledge. Doubleday.

Erikson, E. H.(1979), Dimensions of a New Identity: The Jefferson Lectures in the Humanities. W.W. Norton & Company, Inc.

George, Bill (2003), Authentic Leadership: Rediscovering the Secrets to Creating Lasting Value. Jossey-Bass.

George, Bill, Sims, Peter & Gergen, David. (2007). True North: Discover Your Authentic Leadership. jossey-Bass.

Gini, A(1997), Moral leadership : An Overview, Journal of Business Ethics.

Goldsmith, Marshall(2012), Feedforward: Comic book. Round Table Press; Carter, Louis et al.(2001), Best Practices in Onganization Development and Change: Culture, Leadership,

Retention, Performance, Coach-ing, Jossey-Bass, San Francisco.

Haidt, J.(2003), "The Moral Emotions". In R. J. Davisdon, K. R. Scherer & H. H. Goldsmith, Handbook of Affective Sciences. (pp.852-870) Oxford: Oxford University.

http://iep.utmedu/james-o

Jensen, S. M. & Luthans, F.(2006), "Relationship between Entrepreneurs' Psychological Capital and Their Authentic Leadership". Journal of Managerial Issues, 18, pp.254-273.

Johnson-Laird, P. N.(1983), Mental Models: Towards a Cognitive Science of Language, inference, and Consciousness. Cambridge: Cambridge University.

Katzenbach, Jon(2000), Peak Performance, Harvard Business School press,

Kernis, M. H. & Goldman, B. M.(2006), A Multicomponent Conceptualization of Authenticity: Theory and Research. In M. p. Zanna(Ed.) Advances in Experimental Social Psychology, (Vol. 38, pp.283-357), San Diego: Academic press.

Kotter John(1996), Leading Change, Harvaed Business School Press.

Papert,S. & Harel, I.(1991), Situatng Constructionism. Ablex Publishing Corporation, pp.193-206.

Putnam, Robert(2000), Bowling Alone: The Collapse and Revival of American Community. Simon & Schus-ter.

Resick, C, J., Hanges, P. J., Dickson, M. W. & Mitchelson, J. K.(2006), A cress-cutural examination of ethical leadership, Journal of Business Ethics.

Shamir, B. & Eilam, G.(2005), "What is Your Story? A life-Stories Approach to Authentic Leadership Development", Leadership Quarterly. 16. pp395-419.

Spreitzer(1995), "Psychological Empowerment in the Workplace", Academy of Management Hournal.

Tangney, J. P.,Stuewig, J. & Mashek, D. J.(2007), "Moral Emotions and Moral Behavior", Annual Review of Psychology 58, pp.345-372.

Watkins, Michael,(2003), The First 90 Days, Harvard Business School Press, www.brainyquote.com/quotes/authors/m/michael_jordan.html.

사회복지 경영리더십

1판 1쇄 발행 2018년 02월 28일
1판 2쇄 발행 2022년 03월 10일
저 자 김성철 外
발 행 인 이범만
발 행 처 **21세기사** (제406-00015호)
경기도 파주시 산남로 72-16 (10882)
Tel. 031-942-7861 Fax. 031-942-7864
E-mail : 21cbook@naver.com
Home-page : www.21cbook.co.kr
ISBN 978-89-8468-747-9

정가 20,000원